LA BRÈCHE AUX BUFFLES

UN RANCH FRANÇAIS DANS LE DAKOTA

PAR

LE BARON E. DE MANDAT-GRANCEY

Dessins de R. J. DE BOISVRAY

LA

BRÈCHE AUX BUFFLES

L'auteur et les éditeurs déclarent réserver leurs droits de traduction et de reproduction à l'étranger.

Ce volume a été déposé au ministère de l'intérieur (section de
la librairie) en janvier 1889.

———

PARIS. TYPOGRAPHIE DE E. PLON, NOURRIT ET Cie, RUE GARANCIÈRE, 8.

UN DÉJEUNER A FLEUR DE LIS.

LA
BRÈCHE AUX BUFFLES

PAR

Le Baron E. de MANDAT-GRANCEY

Dessins de R. J. DE BOISVRAY

PARIS

LIBRAIRIE PLON

E. PLON, NOURRIT et Cie, IMPRIMEURS-ÉDITEURS
RUE GARANCIÈRE, 10

1889

Tous droits réservés

PRÉFACE

Les Américains ont assez mal pris les quelques plaisanteries, — bien anodines cependant, — que je m'étais permis de faire sur eux, tout en racontant aux lecteurs des *Montagnes Rocheuses* mes pérégrinations dans leur pays. Il n'y a qu'à lire leurs livres et leurs journaux pour savoir ce qu'ils pensent et ce qu'ils disent des étrangers en général et de nous en particulier; mais ils ont l'épiderme particulièrement sensible et se fâchent volontiers quand ils soupçonnent qu'on a envie de leur rendre la pareille.

Telle n'a jamais du reste été ma pensée. J'ai toujours soutenu et je soutiendrai toujours que, touriste austère et consciencieux, je me borne à raconter ce que je vois, à répéter ce que j'entends, ou à décrire mes impressions, laissant à ceux qui me font l'honneur de lire mes récits le soin de tirer les conclusions que ces récits leur paraissent comporter. Si je puis prouver que ces conclusions sont éminemment favorables à l'Amérique et aux Américains, j'aurai donc prouvé que ces narrations, bien loin de cacher, sous les modestes fleurs littéraires dont je me suis efforcé de les orner, le crotale de la calomnie ou la vipère de la médisance,

— *anguis in herba*, — que mes narrations, dis-je,
sont en réalité empreintes d'un amour profond pour
les États-Unis et d'une admiration sincère pour leurs
institutions ; amour et admiration à peine tempérés
par quelques restrictions. Ouf! voilà une phrase dont
j'ai eu de la peine à sortir ; mais voilà ce que l'on peut
appeler un syllogisme élégamment troussé!

Que les conclusions inspirées par lesdits récits à la
masse de mes lecteurs aient été entièrement favorables
à l'Amérique ; qu'elles lui aient même été infiniment
plus favorables que je ne l'eusse cru, voilà ce dont je
ne saurais douter, ayant reçu environ neuf cents (je
dis neuf cents) lettres de personnes qui me déclaraient
que les États-Unis en général et le Dakota en particulier, tels que je les leur décrivais, étaient bien décidément les pays de leurs rêves ; que c'était à moi qu'elles
devaient cette révélation, et qu'elles m'en auraient une
reconnaissance éternelle. A ces paroles flatteuses elles
ajoutaient que, en vertu du grand principe « bienfait
oblige », il était de mon devoir strict de leur découvrir
dans le susdit pays une situation lucrative et agréable
convenant aux aptitudes spéciales qu'elles se connaissaient et dont elles m'envoyaient l'énumération. Elles
ajoutaient parfois des recommandations particulières.
Un monsieur belge me confiait notamment qu'il était
père de quatre jeunes filles, la première de dix-sept,
la dernière de quatre ans. Il me demandait de lui
trouver un emploi quelconque dans les montagnes
Rocheuses. Mais n'ayant confiance, pour l'éducation

de ces jeunes personnes, que dans un Ordre de religieuses dont il me donnait le nom, il me recommandait de lui trouver cet emploi à proximité d'un couvent de cet Ordre, où il pût les envoyer tous les matins, ce qui, est-il besoin de le dire? compliquait singulièrement la mission qu'il me faisait l'honneur de me confier.

Ces lettres-là donnent la note gaie : elles sont l'exception. Les sept ou huit cents autres constituent un dossier qui serait bien précieux pour qui voudrait faire l'histoire économique de la France *Grévy et Carnot regnantibus*. Il est instructif. Ce sont des hommes déjà âgés qui me parlent des angoisses que leur cause l'avenir. On vivait, de père en fils, petitement, mais honorablement, en province; les garçons entraient dans la magistrature, l'administration ou l'armée. Ils donnaient à l'État toute leur vie en échange d'un salaire dérisoire que leurs petits revenus héréditaires rendaient suffisant. Maintenant, la plupart de ces carrières leur sont fermées; on ne veut plus d'eux nulle part, car ils n'ont pas les idées qui plaisent aux puissants du jour : d'ailleurs, les ressources disparaissent; on a déjà diminué les fermages; malgré cela, les fermiers ne payent plus et parlent d'abandonner la ferme; les vignes sont dévastées : il faut donc avoir recours au vrai travail, à celui qui donne un salaire dont on vit. A tort ou à raison, — à tort selon moi, — ils trouvent qu'il y a là comme une dérogation. Puisqu'il faut que les fils travaillent de leurs mains, que ce soit au loin, là où ils ne sont pas connus, et aussi où ils ne seront pas persécutés par la haine basse du fonctionnaire hostile et tout-puissant. On a causé bien souvent de toutes ces choses le soir, en famille; et puis, un jour, je leur ai parlé des montagnes Rocheuses, et alors on m'a écrit pour me demander conseil!

Dans ma collection, il y a aussi beaucoup de lettres de jeunes gens : ce sont celles qui m'intéressent le plus. A mesure que je m'éloigne de ma jeunesse, je sens mieux quelle vilaine chose est la vieillesse, et j'aime de plus en plus les jeunes gens. Il y en a de charmantes, de ces lettres. Elles me font penser, quand je les relis, à ces cadets de famille de l'ancienne monarchie qui s'en allaient gaiement guerroyer et coloniser partout où le hasard les conduisait, prenant le temps comme il venait, et puis, vers quarante ans, se retiraient dans une petite gentilhommière avec la croix de Saint-Louis et une maigre pension, s'y mariaient et faisaient souche d'enfants qui leur ressemblaient. Ce sont ces hommes-là qui ont fait l'ancienne France à force de bravoure, d'abnégation et d'esprit aventureux. Plus tard, on les a retrouvés faisant le coup de feu derrière les haies de la Bretagne et de la Vendée contre les bandits de la Convention. Ensuite on les a vus reparaître à Castelfidardo et à Mentana : ils s'y préparaient à la journée de Patay. La race n'en est pas éteinte : grâce à Dieu. Seulement, ils ne savent plus que faire, dans un temps où l'on compte sur la savante tactique de groupes parlementaires pour nous tirer du bourbier où nous nous enlisons.

D'ordinaire, je n'encourageais guère mes correspondants. Je n'aime pas à donner des conseils, surtout quand d'un conseil peut dépendre toute l'orientation d'une vie. On sait ce que je pense de l'émigration. C'est le pain des forts, mais c'est aussi le poison des faibles : et pour nous autres Français, habitués à vivre dans l'encadrement des traditions et de la famille, le danger est particulièrement grand. Aussi, pour un qui réussit, dix qui s'enfoncent, et qui s'enfoncent d'une manière irrémédiable. Cependant, deux ou trois de ces jeunes gens me semblaient être dans des conditions très favorables, matériellement et moralement. Ils disposaient d'un petit capital, chose indispensable, ne fût-ce que pour compenser l'infériorité où se trouve un étranger vis-à-vis des gens du pays : ils avaient reçu une excellente éducation. N'ayant jamais vécu à Paris, ils avaient conservé très vif le goût des choses de la campagne. Frappés par ce qu'on disait de l'élevage des chevaux français en Amérique, ils avaient envie de tenter une spéculation de ce genre.

Le moment me semblait d'ailleurs bien choisi. La vogue de nos percherons en Amérique va toujours croissant. C'est dans le bassin du Mississipi qu'ils ont été introduits d'abord, et le croisement avec les juments du pays y a donné de tels résultats que les compagnies d'omnibus et de tramways de cette région ont adopté ce genre de chevaux, à l'exclusion de tous les autres. Celles de New-York et des autres grandes villes de l'Est commencent même à venir recruter leur cavalerie dans l'Iowa et l'Illinois, malgré les quinze cents ou deux mille kilomètres qui séparent ces deux pays, uniquement pour avoir des demi-sang percherons.

Jusqu'à une époque toute récente, l'élevage de ces chevaux s'est fait dans les mêmes conditions que chez nous. Chaque fermier avait un nombre plus ou moins grand de juments poulinières qui prenaient part à tous les travaux de la ferme. Mais depuis quelques années on s'est avisé d'appliquer à l'élevage des chevaux les principes qui avaient si bien réussi pour la production du bétail. On a reconnu qu'il était infiniment plus économique, au lieu de procéder comme par le passé, d'élever les chevaux à l'état à peu près sauvage dans les grandes plaines désertes de l'Ouest, où leur nourriture ne coûte rien, sauf à les amener, par les chemins de fer, sur les marchés de l'Est, quand ils sont d'âge à travailler. On aurait pu craindre que les chevaux percherons ou même demi-sang percherons ne pussent pas résister, comme les chevaux du pays, à des froids de trente à trente-cinq degrés, sans jamais rentrer à l'écurie et sans jamais recevoir d'autre nourriture que l'herbe gelée qu'ils trouvent en grattant la neige. Ils se sont tirés à leur honneur de cette épreuve, et ce fait est maintenant si bien établi que, de tous les côtés, il s'établit des ranchs où l'on n'élève plus que des chevaux de race percheronne.

C'est ce genre d'opération que je conseillai à mes deux jeunes gens. Ils allèrent d'abord s'initier pendant quelques mois à toutes les finesses du métier chez un des meilleurs étalonniers du Perche, auquel je les adressai. Puis, au printemps de 1884, ils partaient emmenant quatre étalons, deux percherons et deux arabes. Les lecteurs des *Montagnes Rocheuses* se souviennent peut-être du vieux Kemmish, en compagnie duquel Montblanc et moi avions traversé, deux ans auparavant, le désert d'Alcali. Je lui avais écrit pour lui demander d'aller les chercher à Sydney. Le voyage se fit sans incidents. Au commencement de mai, ils s'établissaient provisoirement à Custer avec leurs chevaux.

Les débuts furent pénibles. Ces braves garçons ne se découragèrent pas, ils coururent le pays pendant plusieurs mois, cherchant une localité favorable pour y établir le centre de leur baras. Ce fut un hasard qui leur fit trouver ce qu'ils cherchaient. Il y avait alors dans les environs deux personnages qui jouissaient d'une grande notoriété. Ils s'appelaient, l'un *Lame Johnny,* et l'autre *Speckled-bellied-Jim.* On les soupçonnait véhémentement d'être de simples voleurs de chevaux, mais comme ils avaient la réputation d'avoir le coup de revolver juste et facile, on leur témoignait une grande considération, et le shérif ne s'aventurait jamais dans les environs de l'endroit où l'on savait qu'ils avaient établi leur quartier général.

Malheureusement ou heureusement, un soir que *Speckled-bellied-Jim* avait bu plus que de raison dans un bar de Custer, il s'oublia à ce point, qu'il chercha querelle au shérif qui venait justement de boire un *cocktail* avec lui, et la querelle s'envenimant, il annonça

l'intention de lui casser la tête d'un coup de revolver.
Le shérif, très peu rassuré, énumérait tous les titres
qu'il avait à sa reconnaissance, mais Jim s'entêtait et
déjà faisait mine de tirer son revolver de sa gaine, quand
un ami du magistrat, qui assistait à la scène, s'avisa
de prendre son lasso et de le lancer par derrière sur
le col de l'infortuné Jim. Quand ils virent qu'il n'y
avait plus rien à craindre, tous les assistants s'attelèrent
à la corde, et l'on traîna le cadavre de bar en bar, aux
grands applaudissements de tous les citoyens proéminents et autres du pays qui étaient ravis de penser que
leurs chevaux ne seraient plus volés.

Lame Johnny occupait seul le domicile commun
quand survint cette malheureuse aventure, qu'un ami
vint aussitôt lui conter. Il jugea sagement que son pres-
tige avait reçu un grand coup, et qu'il serait prudent de
quitter le théâtre de ses exploits, au moins pour un
temps. Aussi, le soir même, il se mit en route pour
aller rejoindre le *stage-coach* de Deadwood, qui passait
non loin de sa maison. Malheureusement, le hasard
voulut que deux ou trois des acteurs du drame de
Custer se trouvassent dans la voiture; ils se jetèrent
sur lui dès qu'ils le reconnurent, prirent la bride
de son cheval et s'en servirent pour le pendre à un
gros peuplier qui s'appelle encore maintenant *Lame
Johnny tree,* de même que le ruisseau qui coule
devant la maison assez rudimentaire que s'était construite le défunt, s'appelle le *Lame Johnny creek.* Du
haut de son peuplier, il aura pu se dire, comme

un personnage de l'antiquité : *Non omnis moriar!*

La succession des deux associés se trouvant vacante, M... et A... se déclarèrent ses héritiers. Ils se trouvaient là sur la lisière de la forêt qui s'étend sur tous les Black-Hills. La vallée, assez étroite d'abord, s'élargit en descendant du côté de la Chayenne. Le pays, très accidenté par les derniers contreforts des montagnes, produisait une herbe abondante et de très bonne qualité, et cependant le sol était si rocailleux, que de longtemps on n'aurait pas à redouter l'arrivée des émigrants. En s'assurant des trois cours d'eau qui coulent aux environs, on pouvait disposer d'un parcours de vingt à vingt-cinq mille hectares.

Avec les sapins que leur fournissait la forêt, ils construisirent eux-mêmes une écurie pour leurs étalons. Dans un coin, ils s'étaient ménagé un petit réduit, et c'est là qu'ils passèrent leur premier hiver. Au printemps suivant, rejoints par un ami, ils allèrent dans l'Orégon et y achetèrent un troupeau de soixante-quinze juments qu'ils ramenèrent à petites journées, — sept ou huit cents kilomètres, — malgré la neige et les Indiens. En route, les juments commencèrent à pouliner. Il fallait marcher quand même, car on ne pouvait pas s'arrêter. Dix ou douze poulains moururent; quarante-cinq survécurent. Dans le nombre, il y en eut une quinzaine qui firent plus de deux cents kilomètres dans les dix premiers jours qui suivirent leur naissance. Le général Daumas dit quelque part qu'un poulain arabe peut résister à autant d'heures

de marche qu'il a de jours de vie. Il paraît que ce
principe s'applique également aux poulains américains.

Tous ces détails, on me les écrivait dans des lettres
qui respiraient tant de joie, tant de contentement, quand
tout marchait bien ; tant de résignation et de courage,
quand il survenait un accroc, que leur arrivée était un
vrai régal pour moi. Plus tard, les résultats obtenus
semblèrent si encourageants, qu'on songea à donner
plus d'extension à l'affaire en augmentant considérablement le nombre des juments poulinières. Les
parents et les amis des émigrants voulurent fonder une
société et me demandèrent d'en être le président.
Voilà pourquoi je suis allé deux fois à Fleur de Lis
Ranch. C'est le nom que les jeunes gens ont voulu
donner à leur établissement, nom qui leur a tout de
suite conquis la sympathie des nombreux Canadiens
établis dans les environs. Mes premiers récits étaient
le résumé des impressions d'un touriste passant rapidement à travers un pays inconnu. Maintenant que je
sais qu'il y a en France tant de gens qui pensent à
l'émigration, je voudrais décrire la vie que mènent
les Français, déjà assez nombreux, qui ont émigré.
C'est donc à ceux qui voudraient les imiter, et notamment à mes neuf cents correspondants qui m'ont parlé
de ces projets, que je dédie cette nouvelle étude.

Grancey. — 1888.

BRÈCHE AUX BUFFLES

UN RANCH FRANÇAIS DANS LE DAKOTA

CHAPITRE PREMIER.

Le Fremont-Elkhorn and Missouri-Valley-Railroad. — Les docteurs Chr..., Po... et Gi... — Arrivée à Buffalo-Gap. — La belle Laura. — Fleur de Lis. — Le *French-Creek*.

18 *septembre.* — A cinq heures, je suis réveillé par le conducteur nègre du pullman-car dont je suis l'hôte depuis quarante-huit heures. Le jour se lève. Un coup d'œil jeté à travers la portière qui s'ouvre à la tête de mon lit nous montre l'éternelle prairie que nous n'avons pas quittée depuis Chicago. Cependant l'approche des montagnes Noires modifie son aspect. Ce n'est plus cette immense plaine, verte au printemps, jaune en automne, formant autour de l'œil un cercle parfait dont la circonférence se découpe sur le ciel avec une régularité si absolue, qu'on se croirait sur le pont d'un navire. Depuis dix-huit mois, ce nouveau chemin de fer, le Fremont-Elkhorn et Missouri-Valley-Railroad, a fini par atteindre le pied des Black-Hills malgré le long détour qu'il lui a fallu faire pour éviter la réserve indienne des Sioux. Cette nuit, venant de l'Est, nous sommes entrés dans le désert d'Alcali, et main-

tenant, remontant vers le Nord, nous suivons à peu près la route que je parcourais il y a quatre ans avec le vieux Kemmish. Nous longeons la base de collines couvertes d'une herbe maigre et rare, laissant voir un sol crevassé par les grandes chaleurs. Au fond des vallons, des ruisseaux d'eau saumâtre coulent lentement dans un lit trop large, entre les berges qu'ont rongées les crues du printemps. De loin en loin, sur les bords de l'un d'eux, quelque malheureux émigrant est venu s'établir, attiré par les promesses d'un prospectus menteur. On voit sa maison, une pauvre hutte (*sod house*) dont les murailles sont faites de mottes de gazon, car il aurait fallu aller à quarante ou cinquante kilomètres dans la montagne pour trouver un arbre. On a déjà eu bien de la peine à se procurer les maigres piquets qui servent à soutenir les rangées de ronces artificielles au moyen desquelles on a enclos une centaine d'acres le long de la voie. Pas un buisson en vue; rien que de l'herbe. Seulement, de distance en distance, une grosse boule végétale, d'une régularité parfaite, ayant un peu l'apparence de ces touffes de gui qui envahissent nos pommiers. C'est le *bundle grass*. Souvent, en automne et en hiver, la racine très ténue qui la fixe en terre se casse. Et alors on voit ces boules énormes s'avancer par milliers, poussées par le vent, bondissant sur le sol et causant des terreurs folles au bétail et surtout aux chevaux. En somme, l'impression générale est lugubre.

Il n'y a pas de temps à perdre, car c'est à six heures que nous devons arriver à notre station de Buffalo-Gap; je fais réveiller mes compagnons, qui, étendus dans leurs couchettes, en face de moi, dorment encore du sommeil du juste.

Il me semble que voici le moment venu de présenter
au lecteur le personnel de notre caravane, car nous
constituons une véritable caravane. Mes trois compagnons de route appartiennent au corps qu'illustra
Hippocrate et dont se divertit tant M. Poquelin de
Molière. La médecine a la réputation d'être une profession éminemment sédentaire. D'ordinaire, un médecin qui se respecte s'installe chaque jour dans son
cabinet, fait entrer l'un après l'autre les clientes qui
encombrent son salon, leur tapote le dos, met son
oreille sur leur estomac et se fait payer toutes ces pri-
vautés deux louis. C'est une profession facile, agréable
et lucrative. Comment se fait-il que trois de ses adeptes
en aient quitté momentanément l'exercice pour parcourir, en ma compagnie, la grande prairie du Dakota?
C'est ce que je voudrais expliquer en procédant des
causes générales aux particulières, ainsi qu'il convient
à tout esprit qui se pique de philosophie.

Selon moi, on a toujours, jusqu'à présent, enseigné
la zoologie d'une manière tout à fait incomplète, parce
qu'on persiste à se placer à un point de vue beaucoup
trop matérialiste. Ainsi, comment distingue-t-on les
animaux? D'après la nature de leurs dents, la forme
de leurs os et le nombre de leurs pattes. Cela suffit-il?
Évidemment non. Quand j'entreprends un voyage, je
désire être renseigné non seulement sur l'apparence
des animaux que je dois rencontrer, mais encore sur
leur caractère, car il est très certain que les bêtes ont
des caractères très différents. Ainsi, par exemple,
observez une vache dans un herbage. Elle a l'air d'être
parfaitement heureuse. Cependant elle ne fait que
boire, manger et dormir. Si elle n'a pas besoin de distractions, c'est qu'elle en trouve dans son for intérieur.

Je suis donc autorisé à dire que c'est un animal naturellement gai.

Voyez au contraire les baleines et les marsouins. Quand ils ne sont pas occupés à manger, il leur faut tout de suite une distraction. La baleine se met à lancer des jets d'eau par ses évents, et les marsouins ne se lassent pas de s'exercer à faire la culbute. Ils s'ennuient évidemment dès qu'ils restent seuls avec eux-mêmes. Ce sont des animaux naturellement tristes.

Or, et c'est là que je voulais en venir, l'homme, et surtout l'homme civilisé, doit être, je crois, rangé dans cette dernière catégorie. Il a besoin de distractions. Seulement notre civilisation est ainsi faite que plusieurs catégories d'hommes éprouvent quelque peine à s'offrir ces distractions, cependant si nécessaires, et cela parce que, à tort ou à raison, notre société exige d'eux une gravité d'allure incompatible avec lesdites distractions. Mais cette société, moins sévère en réalité qu'elle n'en a l'air, les tolère très bien et même les encourage, pourvu qu'on sauve les apparences en leur donnant un prétexte scientifique ou patriotique. Une demi-douzaine de notaires ou de magistrats qui quitteraient la petite ville de province où ils se morfondent d'ennui, en annonçant qu'ils vont se plonger pendant huit jours dans les délices de la capitale, seraient peut-être enviés par leurs concitoyens, — en secret, — mais, en public, on les conspuerait : on leur vote au contraire des remerciements s'ils y vont comme délégués pour assister aux obsèques d'un grand homme, ou simplement s'ils se donnent à eux-mêmes la mission d'aller renseigner leur député sur l'état de l'opinion dans leur arrondissement. A la rigueur, on leur paye même leur voyage.

Il y a une foule de sociétés scientifiques, politiques

ou littéraires, dont on ne comprend pas, à première
vue, l'existence. Elles ne doivent leurs succès qu'à ce
besoin secret de déplacement. Mais, de tous les pré-
textes employés par les gens sérieux pour cacher leurs
débordements, les meilleurs leur sont encore fournis
par les congrès. Les médecins surtout en ont usé et
abusé. Jusqu'à ces derniers temps, lorsqu'un fils
d'Esculape s'ennuyait par trop dans sa province, lorsqu'il voulait revoir les petits théâtres, entendre aux
Ambassadeurs la nouvelle création de mademoiselle
Faure, en un mot recommencer les fredaines de sa
jeunesse, il annonçait à sa clientèle qu'il allait la
quitter momentanément pour figurer dans un congrès
médical à Paris. Seulement, dans ces dernières années,
la clientèle s'étant mise elle-même à voyager, médecins et malades se rencontraient en toutes sortes d'endroits où les questions scientifiques ne se discutent
guère. Il fallut aviser, car la majesté de la science
menaçait d'être compromise. On est obligé maintenant
de choisir pour les congrès médicaux des lieux de
réunion de plus en plus éloignés. Les Yankees, nés
malins, ont su exploiter cette situation; ils ont, cette
année, inondé l'Europe de prospectus annonçant que
les médecins du monde entier étaient convoqués à
Washington. Le programme des divertissements an-
noncés comportait d'abord l'étude de la cataracte du
Niagara (les organisateurs auraient-ils voulu faire un
calembour?), puis quelques dîners assez rares, enfin
l'honneur de donner une poignée de main au président Cleveland. Cela a suffi pour déterminer un peu
plus de cinq mille (je dis : cinq mille) médecins à
accourir de tous les points du globe. Pour sa part,
notre paquebot en contenait vingt-cinq!

Qu'il n'y eût pas dans le nombre quelques rares
naïfs qui prenaient au sérieux les communications
qu'ils allaient faire au congrès, c'est ce que je ne voudrais pas affirmer. J'ai remarqué notamment, parmi
les passagers de seconde, un brave homme qui avait
un bonnet gris et des pantoufles en tapisserie, des
lunettes bleues, le mal de mer à perpétuité, une chemise de flanelle qu'il ne changeait jamais, et un nom
en *er,* Müller, Fischer, Bauer, ou quelque chose d'ap-
prochant. Il venait d'un village de la Bavière tout exprès
pour faire aux Yankees une communication sur l'acarus
de la gale, et tout le monde craignait qu'il ne trans-
portât sur lui quelques-uns de ces insectes, à titre
d'échantillon. Celui-là était un convaincu, j'en suis
persuadé.

Mais les autres, qui arrivaient de Paris et lieux circonvoisins, — par lieux circonvoisins, il faut entendre
toute la France, — ceux-là étaient de bons et joyeux
compagnons bien décidés à ne pas s'ennuyer, ce qui
est le plus sûr moyen connu de ne pas ennuyer les
autres. Rien ne lie comme une traversée quand il fait
beau et qu'on n'a pas le mal de mer. Au bout de deux
jours, nous en étions aux confidences. Chacun d'eux
m'avait régalé d'une histoire d'opérations et m'avait
fait part de ses opinions sur la médecine en général et
sur les médecins ses confrères en particulier. Ce que
ces gaillards-là m'ont fait perdre d'illusions, nul ne le
saura jamais!

Moi, je leur parlais de la Prairie. Les ombres de
Fenimore Cooper, de Gustave Aymard et de tous les
autres auteurs classiques me donnaient sans doute une
éloquence extraordinaire, car, tandis qu'aucun de
mes compagnons ne m'a inspiré l'envie d'être malade,

j'étais parvenu à leur suggérer à tous, au bout de quelques jours, l'idée de laisser le congrès devenir ce qu'il plairait à Dieu, et de ne retourner dans le sein de leurs familles qu'après être venus avec moi faire un pèlerinage aux lieux qui ont rendu illustres OEil de Faucon, Renard Subtil et tant d'autres héros dont les aventures ont fait palpiter notre jeunesse.

Malheureusement, quel que fût mon désir de continuer sur les chemins de fer américains la bonne et joyeuse vie du paquebot, il m'était impossible, à mon très grand regret, d'emmener vingt-cinq médecins avec moi au ranch. Je fus donc obligé de restreindre mes invitations. Mais j'ai pu télégraphier, il y a deux jours, que j'arrivais avec trois médecins, télégramme qui, communiqué à la presse locale par une indiscrétion du télégraphiste, a produit une vive impression sur tous les habitants des Black-Hills, car ils ont cru tout d'abord qu'une invasion de quelque maladie contagieuse, tenue secrète jusqu'à présent, pouvait seule motiver une pareille affluence de docteurs.

Il me reste maintenant à les présenter individuellement au lecteur : le premier, le docteur Ch..., un Parisien, homme d'un certain âge, est bien connu par ses belles découvertes en chimie; le second ne l'est pas moins sur le littoral de la Méditerranée. En collaboration avec le soleil, le docteur P... a pour spécialité de remettre à neuf tous les poumons de qualité qui affluent chaque hiver dans le midi de la France. Le troisième, le docteur G..., est un des internes les plus distingués de nos hôpitaux de Paris.

La chimie et la médecine sont deux belles sciences. Nul n'est plus convaincu que moi de cette vérité. On peut cependant dire de la première que, parmi ses découvertes, il en est, comme la strychnine et la dynamite, par exemple, qui n'ont contribué en rien au bonheur de l'humanité, et de la seconde, qu'il n'est pas bien prouvé qu'elle rende de bien grands services à l'espèce humaine, en général, en faisant vivre quand même une foule de bossus, de rachitiques et de malingreux, maldonnes de la nature que, si elle était laissée à elle-même, elle s'empresserait de faire disparaître, pour leur plus grand bien comme pour celui de l'espèce en général.

Il y a une troisième science, au contraire, qui a droit à toutes nos sympathies, car elle s'est toujours consacrée uniquement au bonheur de l'humanité. Elle procède de la première, et de toutes ses applications, c'est assurément la plus ancienne, comme la plus utile. Elle est l'auxiliaire le plus précieux de la seconde; elle embellit notre existence. Voilà ses titres pour les utilitaires. Pour les patriotes, elle en a encore un autre : c'est la science française par excellence. Tous les peuples s'inclinent devant la supériorité de notre école, car c'est chez nous seulement que ses professeurs, s'élevant au-dessus des préceptes d'une routine vulgaire, ont fait une science de ce qui, partout ailleurs, n'est qu'une application confuse, et surtout indigeste, *rudis et indigesta moles,* de formules barbares et empiriques... Je pense qu'après cette tirade il est inutile d'ajouter que c'est de la cuisine que je parle.

Cet accès de lyrisme paraîtra peut-être à quelques-uns légèrement échevelé. Il était nécessaire, c'est là mon excuse, pour me ménager une transition, afin de présenter au lecteur le cinquième membre de la caravane que j'ai amenée à Buffalo-Gap, sans blesser la susceptibilité des autres. Ce cinquième membre n'est

autre que mon maître queux, François Préel. A mon
départ de Paris, mon valet de chambre étant malade,
François s'est aussitôt offert pour le remplacer. Inutile
de dire avec quel empressement je me suis hâté de le
prendre au mot. Je vais vivre pendant de longues semaines au milieu des cow-boys, des colonels et des
juges qui constituent la société du Far-West. J'aurai
de fréquents rapports avec les Sioux, Ogalallas, Nez-
Percés et autres Peaux-Rouges. Ce sont des gens d'humeur irascible et batailleuse. On a déjà essayé de bien
des moyens pour les faire vivre en paix. On n'en est
jamais venu à bout. J'ai toujours cru que, bien mieux
que la musique, la bonne cuisine adoucissait les mœurs.
Comment voulez-vous que des gens qui ne vivent que
de lard rance n'aient pas le caractère aigri? Initiez-les
aux félicités de la gastronomie! au lieu de s'entre-
déchirer, ils ne songeront plus qu'à s'offrir à dîner les
uns aux autres. A l'heure qu'il est, les plats favoris des
Sioux sont le chien rôti et les serpents à sonnettes
grillés. Comment s'étonner qu'ils soient féroces et barbares? Que François révèle aux Sioux l'art de mettre
un chien en civet et de servir les serpents à sonnettes à
la tartare, n'est-il pas évident que les Sioux ne se sen-
tiront pas le courage de résister à une civilisation qui
se révèle à eux par de tels bienfaits?

François a d'ailleurs conscience de la grandeur de
la mission qui lui incombe. Il l'envisage à un double
point de vue. D'une part, il est prêt à initier les peuples déshérités qu'il visite aux éléments de son art;
de l'autre, il consigne religieusement sur son carnet
toutes les observations culinaires qu'il peut recueillir.
Il m'a confié que le résumé de ces impressions devait
paraître à notre retour dans le *Moniteur de la cuisine,*

et ne m'a pas caché que cet article serait sévère pour
la cuisine américaine.

Je reprends maintenant mon récit interrompu par
ces trop longues digressions.

Le train s'arrête enfin à la station de Buffalo-Gap.
Notre wagon est aussitôt envahi par A..., M... et D...,
les trois *foremen* français du ranch, qui nous accueillent
avec une joie très communicative. Leurs pantalons
indiens en cuir fauve, garnis de franges sur les coutures, leurs feutres bossués à la don César de Bazan et
leurs gros revolvers Colt pendus au côté, leur donnent
une couleur locale qui ravit nos docteurs. Il y a là
aussi, sur la plate-forme, une demi-douzaine de citoyens
proéminents de Buffalo-Gap, avec lesquels nous échan-
geons de vigoureuses poignées de main; puis on se
met en route le long de la première avenue pour aller
déjeuner au *Commercial hotel* avant de se mettre en
route pour Fleur de Lis.

J'ai déjà décrit les hôtels du Far-West. Le *Commercial hotel* ressemble à tous les autres. Au moment où
nous entrons dans la salle à manger, je retrouve les
tables recouvertes de nappes rouges très sales : les
innombrables petits plats remplis de choses inno-
mées, entassés devant chaque convive, toute cette mise
en scène qui laisse de si douloureux souvenirs chez
tous les voyageurs aux États-Unis! Les docteurs s'arrêtent hésitants, en percevant l'odeur atroce de lard
grillé qui vous prend à la gorge. Heureusement, une
idée lumineuse traverse mon esprit au moment où le
directeur de l'hôtel accourt vers moi en s'écriant : *How
are you! baron! Glad to see you!*

— Colonel Flynn, lui dis-je, — est-il nécessaire de
dire que notre hôte est colonel! — je vous présente au

docteur C..., un des médecins les plus proéminents de France. Il a quitté le grand congrès médical de Washington pour venir étudier sur place les eaux minérales de ce pays-ci.

— Oh! dit Flynn, vivement intéressé.

Au sud des Black-Hills, tous les ruisseaux de la Prairie ont une eau exécrable; mais aucun n'est comparable, sous ce rapport, au Beever-Creek, qui coule à Buffalo-Gap. Son eau a toutes les propriétés de la source qui de nos jours a rendu si célèbre le nom des Hunyadi. Le bon Flynn se voit déjà l'associé du docteur, expédiant dans le monde entier des bouteilles étiquetées à son nom.

— *Right glad to see you, sir!* lui dit-il d'une voix émue. *Hope you are well!*

Et il se précipite sur la main du docteur, très étonné de cet accueil chaleureux.

— Justement, lui dis-je, le docteur est très fatigué : vous savez, les hommes d'un certain âge sont un peu les esclaves de leurs habitudes. Vous devriez me permettre de lui faire préparer quelque chose par mon cuisinier.

— Comment donc! s'écria Flynn, mais toute la maison est à votre disposition.

Je n'en demandais pas davantage, et faisant signe à François, je me dirigeai avec lui vers la cuisine, un abominable petit appentis attenant à la maison. Au milieu, il y a un poêle en fonte, tout graisseux. Un nègre d'une saleté épouvantable découpait gravement avec un bowie-knife des tranches de viande sur un quartier de bœuf pendu au mur; puis il les étalait à même sur la plaque du poêle, et au bout d'un instant les livrait à deux jeunes personnes qui les servaient aux consommateurs dans la salle à manger. On appelle cela des biftecks dans ce pays-ci! François frissonna, mais il se montra tout de suite à la hauteur des circonstances. En un clin d'œil, il avait découvert des œufs, des oignons, du lard, une vieille marmite et une poêle.

Vingt minutes après, la première soupe à l'oignon qui ait jamais été conçue et exécutée dans le Dakota mijotait doucement sur le feu, envoyant dans toute la maison ses réjouissants effluves, que tous les colonels et tous les juges aspiraient avec une surprise indicible. Tout le monde voulut en avoir. Les deux servantes elles-mêmes, si je puis employer une expression aussi peu respectueuse en parlant de mesdemoiselles Minnie et Laura, nièces du colonel Thompson, rédacteur en chef du *Buffalo-Gap-News,* vinrent s'asseoir entre leur oncle et moi et réclamèrent leur part, qu'elles absorbèrent en faisant des petites mines charmantes. Quand on vit arriver ensuite une omelette au lard, l'enthousiasme fut à son comble. Thompson déclara qu'il consacrerait son prochain article à la description de ces deux merveilleux *French dish.* La gloire est un aimant qui attire toujours la beauté! La belle Laura était si émue, que si François lui avait demandé sa main, elle la lui aurait accordée séance tenante; j'en suis convaincu. Bien loin d'entrer dans cette voie, il a refusé avec une grande énergie le bifteck qu'elle lui offrait; mais il n'a pu échapper, malgré la modestie qui est l'apanage du vrai talent, aux poignées de main enthousiastes de la douzaine de colonels et de juges qui lui doivent d'avoir été initiés aux délices de la soupe à l'oignon.

En sortant de table, nous allons faire quelques emplettes. Comme toutes les autres villes du Far-West,

Buffalo-Gap a eu des hauts et des bas : *boomé* et *dé-boomé,* pour employer l'expression locale. Il y a un an, quand le chemin de fer y arriva, elle avait douze cents habitants qui demeuraient à une demi-lieue d'ici. Là compagnie leur ayant joué le mauvais tour de ne pas faire passer sa ligne où ils l'attendaient, ils ont tous transporté leurs maisons aux environs de la gare, faisant comme Mahomet, qui allait à la montagne quand il était prouvé que la montagne ne voulait pas venir à lui.

Une fois qu'on eut tracé à nouveau les cinq ou six avenues et les vingt-cinq à trente rues que comporte toute *city* américaine, et que les maisons se furent de nouveau alignées le long desdites artères, le bruit se répandit que je ne sais quelle ville du voisinage *boomait*. Aussitôt tout le monde y courut, emportant la plus grande partie des maisons. Au bout de quelques semaines, les avenues n'étaient plus indiquées que par quelques rares édifices trop grands pour être emportés ou trop misérables pour valoir les frais d'une démolition. A un certain moment, il n'y avait plus qu'une centaine d'habitants restés fidèles à la fortune ou plutôt à l'infortune de la cité *déboomée*. C'étaient du reste des gaillards qui ne plaisantaient pas avec la morale. Quelques jeunes personnes d'allures un peu suspectes étaient venues s'installer dans une maison située précisément en face du bar de notre ami Flynn, auquel elles enlevèrent du coup la clientèle de tous les *cow-boys* du voisinage. Un soir, après boire, les consommateurs qui lui étaient restés fidèles déclarèrent que les citoyens sérieux de Buffalo-Gap ne pouvaient tolérer un tel scandale, et cette opinion répondait si bien au sentiment général, que séance tenante on alla tirer de leur remise les deux pompes de la ville, on en ajusta les

tuyaux à la cheminée de la maison, et une vingtaine
de colonels et de juges se mirent à pomper de si grand
cœur, qu'au bout d'un quart d'heure l'eau sortait en
cascade par la porte. Il parait que, ce soir-là, il n'y avait
pas de *cow-boys* pour prendre leur défense, car les
pauvres demoiselles ont été obligées d'aller chercher
une *cité* plus hospitalière, et leur maison a été démolie.

La vertu est quelquefois récompensée. Depuis cet
événement, la fortune a semblé sourire de nouveau à
Buffalo-Gap. On a découvert dans ses environs de superbes carrières de pierres à aiguiser (*whetstones*).
Dans ce pays-ci, il y a quatre ans, tout le monde voulait me vendre des mines d'or ou de mica. Maintenant,
l'or et le mica sont méprisés. Personne n'en parle plus.
En revanche, depuis ce matin, une douzaine de citoyens
proéminents (*prominent citizens*) m'ont attrapé successivement par un bouton de ma jaquette, m'ont em-
mené dans un coin, et là, mystérieusement, m'ont
montré des échantillons de pierres à aiguiser, en me
proposant une association appelée à donner des divi-
dendes fabuleux : j'ai déjà dans mes poches de quoi
me monter un établissement de rémouleur, à mon retour à Paris. Ce serait peut-être le moyen le plus sûr
d'en tirer parti.

L'exploitation de toutes ces richesses doit naturellement ouvrir pour Buffalo-Gap une nouvelle ère de
prospérité : aussi tout le monde prévoit un *boom* im-
minent. Les terres à bâtir vont prendre une valeur
fabuleuse, et l'on commence déjà à colporter partout le
plan de la ville... telle qu'elle sera. Les connaisseurs
prédisent que la troisième avenue va devenir le rendez-
vous du monde élégant, — *the fashionable resort;* —
mais ils se demandent si *Pine-Street* pourra contenir

toutes les banques qui s'y accumuleront. En attendant, dans la troisième avenue, il y a un champ où j'ai vu de bien beaux potirons, et dans *Pine-Street,* j'ai levé un vol d'au moins trois cents *black birds.*

J'avoue, à ma très grande honte, que j'ai toujours trouvé assez fastidieuse la besogne de visiter des monuments; mais quelles que soient l'éloquence et la bonne volonté des ciceroni, on se lasse encore bien plus vite de visiter simplement l'endroit où des monuments s'élèveront peut-être... plus tard. Aussi n'ai-je pas cru déplaire à nos hôtes, en donnant promptement le signal du départ. On avait amené de Fleur de Lis deux *buggies* et un wagon. On a chargé les bagages dans le wagon, sur le siège duquel François a pris place à côté d'un cow-boy à l'air féroce qui servait de conducteur. Les docteurs et moi, installés dans les *buggies,* nous avons pris les devants, suivis par A... et D... à cheval.

Le soulèvement géologique qui a fait surgir les Black-Hills au milieu de la Prairie a agi comme un coup de poing qui crèverait de bas en haut un cahier de feuilles de papier de couleurs différentes. Il a retroussé en forme de bourrelet circulaire la couche de terre végétale, profonde de cent cinquante ou deux cents mètres, qui forme le sol de la plaine, de sorte qu'avant d'arriver aux formations rocheuses il faut traverser une série de collines terreuses. C'est ce qu'on appelle les *Foot-Hills.* Les Foot-Hills ont conservé dans une très grande mesure la singulière inaptitude qu'a le sol de la Prairie pour toute végétation arborescente. Sur les sommets seulement, on voit de loin en loin quelques sapins mal venus. En revanche, ces collines sont couvertes d'une herbe très drue et possédant des qualités excessivement nutritives. Aussi les pâturages des Foot-Hills sont-ils, de tous, les plus appréciés. L'eau y est seulement fort rare. Ce qui s'explique facilement. En effet, les ruisseaux qui descendent des montagnes vers la plaine, parcourant des strates relevées verticalement, finissent presque toujours par en rencontrer une qui est perméable, et alors ils disparaissent au moins pendant une bonne partie de l'année, sauf à revenir à la surface un peu plus loin.

Du reste, le régime des eaux de ces contrées mériterait une étude particulière. Le pays a dû être beaucoup plus humide qu'il ne l'est aujourd'hui. A chaque pas, on rencontre des lits de ruisseaux dont les berges indiquent qu'ils ont roulé un volume d'eau considérable, et qui maintenant ne contiennent jamais une goutte d'eau. A quoi tient ce dessèchement? Depuis dix ans que les Indiens ont été chassés d'ici, on a coupé les bois de la montagne sans trêve ni relâche. Il est bien probable qu'il est inutile d'aller chercher plus loin la raison.

Ce pays est, en somme, parfaitement laid. Je me rappelle avoir vu, dans je ne sais quel ouvrage de M. Flammarion, un dessin représentant une vue d'un paysage lunaire. Je ne sais pas si l'artiste garantissait la ressemblance, mais je ne peux pas parcourir ce pays-ci sans penser à cette gravure. Au loin, on distingue les belles montagnes des Black-Hills, recouvertes de forêts superbes; mais les premiers plans n'offrent à l'œil attristé qu'une série de collines rondes, s'étageant l'une sur l'autre, formant un paysage d'une monotonie désespérante; et les coloristes n'ont pas plus à se réjouir que les amateurs de belles lignes, car, à partir du mois de juillet, l'herbe desséchée prend une teinte jaune uniforme que j'ai particulièrement en horreur.

C'est dans cette région, tout à la fois si accidentée et si monotone, que nous nous enfonçons en quittant Buffalo-Gap, qui se trouve à la limite de la grande Prairie. On peut pénétrer dans le massif des montagnes par trois ou quatre brèches (*gaps*). La première était bien connue du temps des Indiens. Ils lui avaient donné un nom dont Buffalo-Gap (*la brèche aux buffles*) est la traduction, parce que c'était par là que passaient chaque année les immenses troupeaux de buffles qui, après avoir hiverné dans les prairies du Sud, regagnaient au printemps le Nord. D'innombrables guerres indiennes ont eu pour objet la possession de ce terrain de chasse, car les tribus qui pouvaient se l'assurer y faisaient des chasses merveilleuses. On dit que certains jours, on y a tué trois ou quatre mille buffles; encore maintenant, le sol est littéralement couvert de leurs crânes.

Nous avons aujourd'hui été chercher un autre passage un peu moins difficile. Pendant une heure et demie, nous montons et nous descendons au grand trot des côtes invraisemblables sans voir âme qui vive. Une fois seulement nous apercevons, au sommet d'une colline, à deux ou trois kilomètres, quelques points noirs, que D... assure être une bande de nos juments. Il part au galop dans leur direction, et nous le voyons bientôt revenir, poussant devant lui à fond de train une trentaine de belles juments, presque toutes suivies de leurs poulains et de leurs *yearlings,* qui viennent croiser la route à quelques pas devant nous. Une ou deux portent des marques étrangères, mais toutes les autres ont la fleur de lis marquée au fer rouge sur l'épaule droite. Les juments ordinaires du Colorado

et de l'Orégon ont environ un mètre cinquante-cinq
de hauteur, et, pour employer l'expression du pays,
elles pèsent neuf cents à mille livres. Elles ont tous
les traits caractéristiques de la race américaine : des
pieds admirables, des membres excellents, quoiqu'un
peu grêles, et le rein trop long; en somme, d'excellents petits chevaux de trait, pleins de cœur et d'ac-
tion, mais beaucoup trop légers pour le service de
la culture et surtout du camionnage. Les *yearlings*
qui les accompagnent sont de la même race que leurs
mères. Elles étaient pleines quand on les a achetées l'an
passé. Mais les poulains sont des demi-sang percherons. Ils atteindront la taille d'un mètre soixante-cinq
environ et pèseront douze à treize cents livres, c'est-
à-dire à peu près la moyenne entre le poids de la mère
et celui du père. Aucun de ces animaux n'a jamais
pénétré dans une écurie ni mangé un grain d'avoine
ou une poignée de foin. Ils viennent de traverser un
hiver d'une rigueur exceptionnelle, car, pendant près
de trois semaines, il y a eu de trente-cinq à quarante
degrés de froid, et il leur fallait gratter la neige pour
trouver un peu d'herbe gelée. Cependant pas un n'a
péri [1], et les mères comme les enfants sont en aussi
bon état maintenant que les juments et les poulains
que je voyais, il y a trois semaines, dans les herbages
de Normandie. L'herbe de ce pays-ci a vraiment des
qualités extraordinaires.

Nous finissons par rencontrer un *creek* desséché que
nous traversons et dont nous suivons ensuite les bords.
C'est le *Lame Johnny creek*. Après trois ou quatre

[1] Cela n'est pas tout à fait exact. Une jument, tombée dans un
trou, y a été retrouvée gelée, mais son poulain a été sauvé. Un
autre poulain a été mangé par une panthère.

kilomètres de marche dans la vallée relativement large où nous nous trouvons, nous la voyons tout d'un coup se rétrécir : nous contournons ensuite une sorte de promontoire rocheux qui la bouche presque entièrement. De l'autre côté, le paysage change complètement d'aspect. Nous sommes maintenant au pied des montagnes. A cinq ou six cents mètres devant nous, des bouquets de sapins superbes couvrent le flanc et le sommet des collines, dont les reliefs s'accentuent de plus en plus. Tout en haut de ce pays, on voit commencer la forêt, qui, dans le lointain, a une couleur noire d'une intensité vraiment étonnante. Devant nous, autour d'une petite pièce d'eau qui brille au soleil, nous voyons les toits rouges de sept ou huit grands bâtiments, un potager plein de fleurs et de légumes, et puis, à gauche, une maison à deux étages faite de gros troncs de sapins superposés. D'énormes massacres d'élans surmontent toutes les fenêtres de la façade, et devant la porte, A..., et D..., qui ont pris les devants, nous attendent pour nous souhaiter la bienvenue, un peu émus et tout fiers de nous recevoir dans cette maison qu'ils ont bâtie eux-mêmes, et au milieu de cette abondance qui est le résultat de tant de travail et de courage !

Dans l'après-midi, nous faisons subir naturellement à nos hôtes l'inévitable promenade du propriétaire. Nous avons cette excuse que nous ne voulons pas les laisser sur l'impression qu'ils ont dû conserver de leur voyage de ce matin. Un grand pré jaune de vingt ou vingt-cinq kilomètres excite toujours l'enthousiasme des gens de ce pays-ci, parce qu'ils calculent tout de suite le nombre de chevaux ou de bœufs qu'on peut y lâcher. Mais, pour des touristes, ces considérations utilitaires ont moins d'intérêt.

Nous leur faisons remonter à cheval la vallée. A cinq ou six cents mètres de la maison, les collines commencent à se couvrir de magnifiques futaies de sapins qui deviennent de plus en plus épaisses à mesure que nous avançons. Un industriel a eu la malheureuse idée, l'année dernière, d'établir ici une scierie qui a fourni au chemin de fer toutes ses traverses, mais il est parti maintenant, et c'est à peine si l'on distingue les traces de son passage. Le sentier que nous suivons contourne d'admirables rochers de granit gris tout parsemé de plaques de mica qui étincellent au soleil. Puis nous pénétrons dans une ravissante petite vallée verte, au fond de laquelle coule une vraie rivière, le *French creek*, que nos chevaux nous font traverser pour nous amener à une clairière qu'on croirait dessinée dans un parc anglais.

Du coup, nos docteurs sont enthousiasmés. C..., qui a passé une partie de son existence en Suisse, est frappé comme je l'ai été moi-même de la ressemblance de ce pays avec la patrie de Guillaume Tell. Puis, comme rien ne creuse comme l'admiration, nous entrons dans les taillis de pruniers nains qui bordent le ruisseau, et, rassurés au point de vue des conséquences possibles, par la présence de tant de médecins, nous mangeons à belles dents les bonnes prunes jaunes si mûres, qu'elles fondent littéralement dans la bouche.

Nous rentrons à la nuit tombante. Notre retour est marqué par un incident. Je marchais en tête de la colonne, nous étions presque arrivés, quand, tout à coup, j'entends la crécelle d'un serpent à sonnettes : j'arrête aussitôt mon cheval et regarde autour de moi sans rien voir d'abord. L'animal était juste entre les jambes de mon pauvre bucéphale, qui, en l'entendant à son tour, a fait un bond prodigieux. Puis nous avons tué le serpent, et les médecins s'en sont emparés pour le disséquer.

Il paraît du reste que c'est la journée aux serpents. En rentrant, nous avisons François dans la cuisine dont il a pris possession. Il est vêtu de la toque et de la veste blanche classiques : mais il a enfermé ses extrémités inférieures dans une paire de bottes à l'écuyère, en cuir jaune, ornées de formidables éperons, et quand nous lui demandons les raisons de cet étrange solécisme, il nous avoue qu'ayant été se promener dans le jardin pendant notre absence, il y a vu, lové, sous une touffe de petits pois, un si énorme serpent, qu'il s'est empressé de revêtir les bottes en question, bien décidé à ne plus les quitter tant qu'il restera dans ce pays-ci. Le serpent a été tué un instant après. C'est un *bullsnake* fort inoffensif, mais d'une longueur imposante ; quatre ou cinq pieds au moins. Le docteur G..., naturaliste féroce, s'en empare pour le dépouiller de sa belle peau brune.

Fort heureusement ce petit incident, s'il a troublé momentanément la sérénité d'âme de mon serviteur, lui a laissé le plein exercice de toutes ses autres facultés ; ce qui, de l'avis général, est surabondamment prouvé par la conception et surtout par l'exécution du dîner qu'il nous a improvisé. Quel en était le menu ? Je m'aperçois que j'ai négligé de le transcrire dans mes notes. D'ailleurs, cela n'intéresserait peut-être pas le lecteur. Tout ce dont il me souvient, c'est qu'il comportait un salmis de poules de prairie et un soufflé au café qui, après avoir été dégustés par l'honorable société avec le recueillement auquel ils avaient droit, lui ont laissé une impression tout à la fois exquise, profonde et durable.

J'allais oublier d'enchâsser une véritable perle recueillie dans le journal de Buffalo-Gap, que nous apporte le chariot des bagages parti une ou deux heures après nous. Le rédacteur en chef y rend compte de notre arrivée en ces termes :

« Nos lecteurs seront heureux d'apprendre le retour dans les montagnes Noires du baron de Grancey. Il est arrivé ce matin dans notre ville, venant d'Europe, accompagné par trois des médecins les plus proéminents de Paris, qui se sont joints à lui pour venir se rendre compte par eux-mêmes des prodigieuses ressources de notre pays, dont on commence à s'occuper beaucoup dans la capitale de la France. Quelques citoyens proéminents de notre ville leur en ont fait les honneurs : ils les ont promenés pendant plusieurs heures dans nos avenues et dans nos rues, dont les visiteurs ont beaucoup admiré la belle ordonnance, bien qu'ils se soient égarés un instant dans un des faubourgs... Ils se sont rendu compte des fortunes qu'il y a à faire en achetant aux cours actuels les quelques terrains à bâtir qui restent encore à vendre dans nos quartiers commerçants. »

Thompson, le directeur propriétaire du *Buffalo-Gap-News*, l'oncle de la belle Laura, est, à ses moments perdus, agent d'affaires, *land agent*. Quelques débiteurs récalcitrants lui ont laissé pour compte certains lots de terre que la crise de Buffalo-Gap rend d'une défaite particulièrement difficile. Il reste peut-être encore à Chicago ou ailleurs des financiers entreprenants prêts à spéculer sur la hausse des terrains dans le Far-West. C'est eux que vise la petite réclame que l'on vient de lire.

CHAPITRE II.

Lundi 19 *septembre.* — Les philosophes assurent
que pour devenir vertueux il est nécessaire de voir
lever l'aurore. Si cette opinion est fondée, il est très
certain que dans ce pays-ci on doit faire de très
rapides progrès dans la voie de la perfection. La maison que nous habitons est très fraîche en été, très
chaude en hiver. Ses murailles, formées d'énormes
troncs de sapin à peine équarris et couchés les uns sur
les autres, remplissent donc admirablement leurs
fonctions. Mais à l'intérieur, avec ses planchers et ses
cloisons de planches insuffisamment jointes, elle constitue un véritable tambour d'une sonorité désolante.
On peut causer de chambre à chambre et même d'étage
à étage avec une facilité déplorable, et le matin, dès
que quelqu'un est sur pied, personne ne peut plus
dormir. D'ailleurs, si le sommeil résistait au bruit, il
serait bien vite mis en déroute par les mouches.

Je ne crois pas qu'il existe un pays comparable à
l'Amérique sous le rapport de la production des insectes. C'est de là que nous sont venus le phylloxera,
le *colorado-bug*, et une foule d'autres petits animaux

à noms bizarres que les Américains auraient bien dû garder chez eux. Mais il faut leur rendre cette justice qu'ils ne nous envoient que le surplus de leur production, et qu'ils gardent tout ce qu'ils peuvent garder. A Terre-Neuve, les moustiques sont si terribles, dès qu'on s'éloigne un peu de la plage, que la colonisation n'a jamais pu pénétrer dans l'intérieur et qu'on montre, au cimetière, la tombe d'un midshipman anglais qu'ils ont tué. Dans le Canada, il y a des défrichements qu'on a été obligé d'abandonner parce que ces abominables petites bêtes rendaient fous tous ceux qui voulaient s'y établir. A Chicago, l'autre jour, j'ai eu la sottise de ne pas fermer ma moustiquaire, et je me suis réveillé le lendemain couvert de morsures. Les punaises collaborent avec les moustiques dans l'œuvre de la guerre à l'invasion humaine. Toutes les auberges de ce pays-ci en sont remplies, et, l'année dernière, j'ai rencontré un jour, non loin d'ici, un fermier qui m'a confié qu'elles avaient envahi sa maison en si grand nombre que, depuis trois semaines, lui et sa famille couchaient dehors.

Ici, grâce à Dieu, il n'y a ni moustique ni punaise, mais je crois que toutes les mouches de la création s'y sont donné rendez-vous. Les solives du plafond en sont littéralement couvertes et les vitres des fenêtres obscurcies. Il n'y a pas que des mouches : il y a aussi des guêpes par centaines. Je me permets même de les signaler aux entomologistes. Elles ne ressemblent pas aux nôtres; elles sont beaucoup plus longues; ensuite, elles n'ont pas de nids; du moins, si elles en ont, je n'ai jamais pu les trouver; enfin, quand elles piquent, elles font bien moins de mal que leurs congénères d'Europe.

Heureusement, François, qui cumule un peu tous

les emplois dans la maison, intervient, armé d'une
serviette, et parvient sans trop de peine à décider la
plus grande partie de ces charmants animaux à se sauver
par les fenêtres qu'on leur ouvre toutes grandes ; puis,
pendant qu'il va s'occuper du déjeuner, je m'attarde
à regarder le paysage.

Devant moi s'étend une plaine triangulaire très-étroite
à son sommet. Elle descend en pente douce, contenue
entre deux rangs de collines, couvertes d'une herbe
jaunâtre, qui vont en s'écartant l'une de l'autre, jusqu'à
ce qu'elles soient coupées brusquement, à six ou sept
kilomètres d'ici, par la chaîne de petites montagnes
que nous avons traversée hier en venant de Buffalo-
Gap. Derrière ces montagnes, je distingue la grande
prairie, encore toute couverte d'une ombre bleue qui
donne d'une façon étonnante l'illusion de la mer. Sur
cette masse sombre, dont ils sortent par endroits pour
se détacher sur le ciel encore tout pâle, les bords dentelés de ces collines, éclairés par les rayons obliques du
soleil levant, se détachent avec une netteté admirable.

Au fond de la vallée serpente le *Lame Johnny creek,*
indiqué par les touffes vertes des chênes et des peupliers rabougris qui poussent dans son lit. Dans tout
cela rien qui rappelle cette impression de fraîcheur et
de bien-être qu'on ressent chez nous en parcourant la
campagne par une matinée d'été. Le soleil est déjà
très ardent : le thermomètre marque vingt-cinq degrés. Nulle part il ne trouve une goutte de rosée à faire
briller, car dans ce pays il n'y a jamais de rosée. Je
n'ai jamais pu comprendre pourquoi. Cette herbe jaune
et sèche, cette absence d'arbres et de buissons, donnent
à tout le paysage une teinte d'aridité et de tristesse qui
produit un véritable malaise.

2

Cependant ce paysage ne tarde pas à s'animer. A travers ma lorgnette, je distingue de loin en loin de longues files de juments, sortant lentement des petites vallées latérales, où elles ont été passer la nuit, pour aller boire aux flaques d'eau qui se trouvent dans le lit du *creek*. Leurs poulains gambadent autour d'elles. D'autres, qui ont déjà bu, remontent sur les berges et puis regagnent au trot leurs pâturages favoris sur le sommet des collines. Les bandes ne se mêlent guère. Chacune se tient dans un cantonnement qu'elle adopte pour une saison. Puis, au commencement de l'hiver et du printemps, après quelques tâtonnements, elles en choisissent un autre. Ces animaux, presque revenus à l'état sauvage, se comportent absolument comme le gibier.

Bien différente, est la vue que j'ai en regardant par mon autre fenêtre percée dans la façade de la maison. En face de moi, à une centaine de mètres tout au plus, se dresse une muraille de gros rochers gris presque verticale, au pied de laquelle coule le ruisseau, assez abondant ici, mais qui va se perdre un peu plus bas pour reparaître de loin en loin dans la plaine. Sur sa rive droite, devant la maison, on a établi le jardin. En me penchant un peu au-dessus de l'immense massacre d'élan qui orne le bas de ma fenêtre, je distingue sur la gauche la cour des écuries, où deux cow-boys sont en train de seller leurs chevaux, qui semblent tout petits à côté d'un énorme étalon percheron qu'on vient de sortir de son boxe pour le panser.

Au-dessous de moi, sur la plate-forme en bois qui sert de perron, le docteur G..., armé d'un bistouri, est en train de taillader les serpents tués hier. Je vais le rejoindre. La tête du serpent à sonnettes est déjà dissé-

quée, en attendant qu'elle figure dans je ne sais quel
musée. G... me fait admirer le mécanisme ingénieux
des glandes qui, comprimées par le fait même de la
morsure, déversent dans le canal de la dent le venin
qu'elles contiennent, pour le répandre dans la bles-
sure. Il paraît même que tout est prévu. Si une dent
se casse, il y en a deux ou trois de rechange prêtes à
prendre sa place. Étant donné le but à atteindre, ce
luxe de précautions me semble un peu exagéré de la
part d'une nature que les poètes aiment à qualifier du
nom de bienveillante.

G... a beau me faire admirer la peau qu'il vient de
dépouiller et le mécanisme des écailles qui sortent
toutes d'une matrice, comme les ongles, je ne regarde tout cela qu'à bonne distance. Un serpent même
mort m'inspire une répugnance indéfinissable. Si notre
première mère Ève avait été comme moi sous ce
rapport, l'humanité en serait encore à se promener
sous un costume sommaire : ce qui serait du reste
bien désagréable dans un pays à température aussi
variable que celui-ci. Cette horreur des serpents me
fait compatir aux terreurs de François. Je ne suis
moi-même tranquille, dans ce pays-ci, que lorsque
j'ai des bottes ou des guêtres. Cependant les accidents
sont assez rares. Un serpent à sonnettes cherche toujours à éviter la rencontre de l'homme. Seulement,
c'est un animal à la fois très lent et très courageux. Dès
qu'il croit ne pas pouvoir échapper, il se dresse sur sa
queue et essaye de mordre. Il arrive assez souvent qu'un
bœuf ou un cheval, qui s'avancent lentement et sans
faire de bruit tout en broutant, finissent par mettre le
nez sur un serpent endormi, qui les pique aux naseaux
ou à la langue. Dans ce cas, ils meurent presque tou-

jours. Nous avons perdu l'année dernière une jument
de cette façon : quand ils sont piqués à une jambe
ou au flanc, ils sont très malades pendant quelques
heures, enflent énormément, mais ne meurent pas.

Les cow-boys, qui, par parenthèse, les craignent
horriblement, prétendent qu'il y en a maintenant bien
plus qu'autrefois, et la raison qu'ils en donnent est bien
singulière. Ils disent que toutes les fois qu'une antilope
voit un serpent à sonnettes, elle le tue en lui cassant
les reins d'un coup de ses deux pieds de devant réunis.
Or les antilopes, très nombreuses autrefois, ayant été
chassées par les bestiaux des *ranchmen* et surtout par
les cultures des fermiers, on s'expliquerait l'abondance
des serpents à sonnettes, si tant est que l'histoire soit
vraie, ce qui ne me paraît pas prouvé. Dans tous les
cas, les chevaux en ont une peur affreuse; ils font des
écarts énormes dès qu'ils les aperçoivent, ou même dès
qu'ils entendent leurs sonnettes, mais ne cherchent
jamais à les tuer. Les journaux ont même raconté dernièrement une aventure bien amusante. Une compagnie
de cavalerie régulière avait reçu l'ordre d'aller du fort
Meade au fort Laramie. On campa un soir sur les bords
de la Platte. Les chevaux furent mis au piquet. Le
matin, quand le jour fut bien levé, on s'aperçut que
des serpents à sonnettes grouillaient littéralement dans
le camp. Les chevaux prirent peur, brisèrent leurs
entraves, se sauvèrent : il fut impossible de les rattraper, et la cavalerie arriva à pied à sa destination.

Pendant le déjeuner, on discute le programme des
divertissements de la journée. Les docteurs G... et P...
s'étant prononcés pour une promenade à cheval, on
leur selle deux poneys de cow-boys, et nous les voyons
partir à fond de train sous la conduite de Raymond. Le

docteur C... paraissant se défier un peu de ses talents en matière d'équitation, je lui propose de prendre nos fusils et d'aller, tout en chassant, faire une petite tournée dans le voisinage.

L'année dernière, à pareille époque, je ne sortais jamais sans que les chiens me fissent lever, à chaque pas, des vols de poules de prairie ; cette année, je ne sais pas ce qui est arrivé aux couvées, mais on ne voit pas une seule compagnie. Il n'est pas amusant d'arpenter des montagnes nues sous une température de trente degrés, sans rencontrer autre chose que des alouettes : il faut noter cependant que l'oiseau qu'on appelle alouette (*lark*) dans ce pays, — probablement parce qu'il a le même chant que son homonyme, — ne lui ressemble en rien. Il est aussi gros qu'une caille et est excellent à manger. Pour passer à un autre ordre d'excursions, j'emmène le docteur faire une visite à nos voisins les Rogers.

Les *ranchmen*, c'est-à-dire les grands propriétaires de bœufs ou de chevaux, sont généralement dans les plus mauvais termes avec les fermiers qui viennent s'établir dans leur voisinage, — ce qui se comprend facilement quand on réfléchit à la manière dont ils exercent leur industrie. Un *ranchman* n'est jamais propriétaire des terres qui constituent son parcours, — son *range,* — pour employer l'expression usitée. Tout au plus cherche-t-il à s'en assurer l'usage exclusif en achetant autant que possible une bande de terre autour de toutes les sources et cours d'eau du voisinage, ce qui fait que personne ne peut plus songer à s'y établir sous peine de mourir de soif. Tout fermier qui vient se fixer dans ses environs lui nuit de deux façons : d'abord il prend naturellement pour sa culture les meilleures

terres, c'est-à-dire celles où il poussait le plus d'herbe ;
ensuite ses clôtures en ronce artificielle occasionnent
constamment des accidents aux bestiaux et surtout aux
poulains. Aussi, pour tous les *ranchmen,* le fermier
est l'ennemi commun, et il n'y a pas de mauvais tours
qu'on ne lui fasse. Les plus anodins sont de démolir ses
clôtures ou de lui emmener pendant la nuit, à trente ou
quarante kilomètres, son troupeau, que ce malheureux
est ensuite obligé de chercher : ce qui lui prend quatre
ou cinq jours. Malgré ces moyens plus énergiques que
réguliers, quand les terres d'un *ranch* sont d'une culture facile, les fermiers finissent toujours par arriver
en nombre tel, que le *ranchman* est obligé de plier
bagage. C'est ce qui est arrivé encore l'année dernière
au Bar T. Ranch, dont le siège était à soixante ou
quatre-vingts milles d'ici, dans le Sud, en pleine Prairie.
Ses propriétaires avaient trente-cinq mille bœufs, ce
qui nécessitait au moins trois cent cinquante mille hectares de parcours. Leurs terres étant excellentes, quand
le chemin de fer a été ouvert, il leur est arrivé une
telle invasion de fermiers que, malgré une défense
héroïque, il leur a fallu se résigner à partir pour le
Canada, où le gouvernement anglais, qui cherche à
acclimater cette industrie, loue pour vingt ans aux *ranchmen* des lots de prairie de vingt mille hectares (cinquante mille acres) à raison de douze centimes l'hectare.

Nous serons encore pendant bien longtemps à l'abri
de ce danger, car tant que les fermiers pourront trouver
dans la Prairie des terres d'alluvion sans une seule
pierre, ils se garderont bien de venir casser leurs charrues en défrichant nos collines pierreuses. R... et M... se
sont d'ailleurs empressés d'acquérir tous les cours d'eau
du pays. Mais une source avait été déjà prise par les

ROGERS RANCH.

Rogers. Dans les commencements, les rapports furent très tendus. On s'aperçut cependant bientôt de part et d'autre qu'il était en somme assez facile de s'entendre. Rogers a enclos ses défrichés avec des sapins, au lieu de se servir de ronces artificielles. Nous lui achetons son maïs et son avoine et nous lui apportons ses provisions de Buffalo-Gap. Nos cow-boys, quand ils rencontrent dans leurs tournées un de ses bœufs ou un de ses chevaux égarés, le ramènent de son côté, et grâce à ces échanges de bons procédés, ferme et *ranch* vivent dans les meilleurs termes.

Les disciples de M. Le Play affirment qu'on ne saurait travailler plus utilement à la découverte des lois qui organiseront le travail sur des bases justes et rationnelles, et par conséquent qu'il est impossible de contribuer plus efficacement au bonheur de l'humanité, qu'en recueillant sur tous les points du globe des monographies de ce qu'ils appellent les familles souches de travailleurs. Je ne contredis pas à cette théorie, — et je serais bien heureux d'apporter ma pierre à l'édifice, — mais, pour faire la monographie d'une famille de travailleurs, il faut, avant tout, que ces travailleurs aient une famille. Or, quelque étrange que puisse paraître cette assertion, les hasards de ma carrière m'ont presque toujours amené dans des pays où précisément les travailleurs n'ont pas de famille. J'ai passé toute ma jeunesse à la cour de différents rois nègres qui étaient les pères de leurs sujets dans un sens trop littéral pour que ceux-ci jouissent beaucoup des charmes de la vie de famille, et les coolies indiens de nos colonies ne commencent à être travailleurs que lorsqu'on a mis quelques centaines de milles d'eau salée entre eux et leurs familles.

Dans ce pays-ci, je ne vois guère, en fait de travailleurs, que les cow-boys et les fermiers. Or je me suis donné quelque peine pour faire la monographie d'une famille de cow-boy. Le premier auquel je me suis adressé répondait au nom pittoresque de *Speckled-faced-Bob* (Bob à la figure tachée) ; — je mets « figure » pour être convenable, mais ce n'est pas le vrai mot. — Il m'a répondu qu'il croyait, sans en être bien sûr, être né dans l'Orégon, qu'il ne savait pas au juste combien de frères et de sœurs il pouvait avoir, et que quelqu'un lui avait dit, il y a cinq ou six ans, que son père avait dû être scalpé par les Indiens dans la Colombie anglaise. Ces renseignements m'ont semblé trop vagues pour servir de base à une monographie sérieuse.

Je me suis encore adressé à un autre, qui m'intriguait un peu parce que j'avais remarqué que, toutes les fois qu'il était ivre, — ce qui lui arrivait du reste très souvent, — il s'exprimait en latin avec une grande élégance ; mais il éluda mes questions. Plus tard, un prêtre catholique de l'Est, venu en villégiature dans les Black-Hills, le reconnut pour avoir été pendant six ans son camarade au séminaire de la Propagande à Rome. Celui là non plus n'avait pas de famille !

Si j'insiste sur tous ces échecs, c'est que je voudrais faire voir que le métier de monographiste est plus difficile qu'on ne le croit à première vue. Le public devient maintenant horriblement exigeant pour les pauvres voyageurs. On leur demande des documents dont la recherche, — pour peu qu'ils soient consciencieux, — doit les mettre souvent dans les positions les plus délicates. Quand un touriste des temps passés voulait décrire les peuples chez lesquels il avait séjourné, il disait que leur roi avait le port noble, la figure

majestueuse, que ses sujets mettaient des habits chauds
en hiver et frais en été ; il énumérait les rivières qu'il
avait traversées pour aller chez eux, les villes où il
avait séjourné, et puis c'était tout. Ceux qui voulaient
en savoir davantage n'avaient qu'à aller sur les lieux,
les autres étaient parfaitement satisfaits, et l'on célébrait
en style académique les mérites de l'homme aventureux
et observateur auquel on devait ces renseignements si
intéressants.

Les explorateurs modernes ont complètement gâté
le métier. On a inventé depuis quelque temps une
science nouvelle qu'on appelle l'anthropologie. On est
anthropologue quand on sait que le nez d'un Esquimau est deux fois plus épaté que celui d'un Cafre, et
que, lorsque deux dames, l'une Chinoise, l'autre Boto-
cudo, s'assoient, la place occupée par la première est à
la place occupée par la seconde comme 7 est à 5 3/4.
Cette science ne peut progresser que grâce à des observations fréquentes et minutieuses ; aussi maintenant ce
qu'on demande avant tout à un voyageur, c'est de
rapporter les documents nécessaires à l'établissement
de ces calculs charentonesques, et comme il fallait
donner un nom convenable à l'art de mesurer ces belles
choses, on l'a appelé la mensuration.

Et n'allez pas croire que j'exagère. Lisez les voyages
de mes camarades Harmand et Brazza. Vous y verrez
que tous les rois, reines, princesses et ministres du
Cambodge, du Laos et du Congo ont dû, bon gré, mal
gré, se soumettre à la mensuration, et que leurs mesures
ont été envoyées à l'Académie et à la Société de géo-
graphie, où vous pourrez les retrouver inscrites sur de
gros volumes, si le cœur vous en dit. Quelle singulière
opinion l'insistance dont il a fallu user auprès de ces

dames n'a-t-elle pas dû donner de nos mœurs à tous
leurs maris! Car enfin que dirait M. Goblet, si, à la fin
d'une audience, un savant laotien, tirant un compas
de sa poche, le priait de vouloir bien inviter madame
Goblet à passer avec lui dans un salon voisin pour qu'il
pût relever toutes ses « mensurations », afin de les
envoyer à son gouvernement ?

Je le dis bien haut, je n'ai jamais suivi ces déplora-
bles errements. Périsse la science si elle est incompatible avec la civilité puérile et honnête! Si l'anthropologie compte sur moi pour avoir les mensurations des
habitants des montagnes Rocheuses, elle les attendra
longtemps. Ce n'est même pas sans certains scrupules
que j'aborde les monographies, qui me semblent constituer une invasion de la vie privée, moindre assurément, mais encore suffisante pour faire tressaillir dans
son tombeau le regretté M. de Guilloutet. Cependant,
comme je tiens à faire preuve de bonne volonté, je
vais donner ici les résultats d'un interrogatoire consciencieux, auquel j'ai soumis tous les membres de la
famille Rogers, interrogatoire auquel, je me hâte de
le dire, ils se sont prêtés avec la bonne grâce la plus
absolue, malgré la nature tout à fait intime de certaines confidences qu'il a provoquées et que je consigne ici sous le titre de :

MONOGRAPHIE D'UNE FAMILLE DE FERMIERS DU FAR-WEST.

La famille R... se compose du père, de la mère et
d'une fille, Bessie.

Le père est extrêmement sale, la mère aussi : la
fille paraît se laver quelquefois.

R..., interrogé sur ses origines et sa filiation, a répondu ainsi qu'il suit :

Il ne sait pas où il est né; croit que cet événement est survenu dans le Nouveau-Mexique, il y a une cinquantaine d'années; n'a jamais connu son père et n'a conservé qu'un très vague souvenir de sa mère.

Au physique, le déposant est un petit homme trapu, légèrement voûté, toujours couvert de guenilles, et dont le visage et les mains sont très noirs. Il n'a pas été possible de déterminer dans quelle proportion cette couleur doit être attribuée ou à la nature ou à la qualité à laquelle il est fait allusion au second alinéa de ce mémoire.

Il a commencé par être *bull-whacker,* c'est-à-dire bouvier. Il conduisait à travers la Prairie les chariots des émigrants ou des marchands qui traitent avec les Indiens; s'est très souvent battu avec ces derniers; n'a cependant jamais été scalpé, ce qu'il attribue à sa bonne étoile; interrogé sur les souvenirs que lui ont laissés ses fréquents rapports avec lesdits Indiens, a répondu : *Have always been pestered by them! admire only dead ones!* « Je ne les aime que quand ils sont morts! »

Il a fini par s'élever à la dignité de *freighter,* c'est-à-dire que, ayant économisé de quoi acheter une centaine de bœufs et quelques chariots, il s'est fait entrepreneur de transports dans la Prairie; avait gagné quelque argent dans cette industrie, quand, au cours d'un de ses voyages, il a eu le bonheur de rencontrer celle qui est maintenant madame R..., dans un bar, à Deadwood. Il lui a offert son cœur d'abord, qui a été accepté sans difficulté, puis, quelques années plus tard, son nom, qui l'a été également. Alors on a vendu les bœufs et les chariots ; avec les 3,000 dollars environ qu'a produits cette vente, on a acheté quelques vaches, quatre ou cinq chevaux, et l'on est venu s'établir ici.

Maintenant que les deux existences se confondent, il est temps de parler de madame R..., née Sally Schreiber.

Elle a vu le jour, il y a cinquante ans environ, dans l'Iowa, où son père, émigrant saxon, était venu s'établir aux premiers jours de la conquête sur les Indiens. Il était et est encore fermier. Douée d'un cœur chaud et d'un caractère aventureux, la jeune Sally quitta de bonne heure le toit paternel et commença à courir le monde. Le goût des voyages se développant apparemment chez elle de plus en plus, elle s'engagea dans une caravane composée d'une douzaine de jeunes Américaines qui, sous la direction d'une matrone expérimentée, allaient visiter différents ports du Pacifique et de la mer de Chine, à la poursuite

De ce météore qui vers Colchos guida Jason.

On les vit et on les apprécia successivement à Hong-kong, à Shang-haï et à Yokohama. De ces séjours lointains, Sally a rapporté une grande expérience des hommes et des choses, — surtout des hommes ; des anecdotes pleines d'intérêt dont les différents membres des légations européennes qu'elle a rencontrés sont les héros ; et une fille née à Shang-haï.

Mais elle n'en a pas rapporté de grosses économies. Ce qui semblerait confirmer le proverbe : « Pierre qui roule n'amasse pas de mousse ! » de la vérité duquel on se prend cependant à douter quand on vit en Amérique. Toujours est-il que dès que la découverte des mines des Black-Hills y attira la tourbe de mineurs et

d'aventuriers de toute espèce qui fondèrent Deadwood,
elle y accourut et elle devint bientôt le plus bel ornement du bar où Rogers devait la trouver : elle y figurait
derrière le comptoir en compagnie d'une autre femme
encore plus célèbre, Calamity Jane. Celle-là était arrivée
dans le pays avec un corps de volontaires formé par le
général Crook pour combattre les Sioux de Sitting-Bull.
Elle y servait en qualité de soldat. Elle montra tant de
bravoure et acquit de tels talents dans l'art délicat de
scalper les Indiens, que son nom figure dans la géo-
graphie du pays. Dans la carte des Black-Hills, il y a
un Calamity-Peak et un ou deux Calamity-Creeks. Son
aptitude merveilleuse pour jurer lui a également valu
le titre de *Champion Swearer of the Hills,* titre dont
elle est, paraît-il, très fière, et à juste raison, car les
gens du pays sont des connaisseurs. Cette personne si
distinguée et si sympathique vient, dit-on, de faire
une fin. Elle a épousé dernièrement un « citoyen
proéminent » du Nébraska. Je leur souhaite, avec tous
les journaux qui ont rendu compte de la cérémonie,
beaucoup de bonheur dans leur vie conjugale.

Pour remplir la tâche que je me suis donnée, il me
reste à parler de Bessie Rogers, fille de la précédente.

Quatorze ans, mais ayant l'air d'en avoir dix-huit
ou vingt; grande, bien tournée, assez jolie, l'air très
modeste; passe toute sa vie à cheval pour surveiller
les bœufs et les chevaux de la ferme; lance le *lasso*
comme n'importe quel *cow-boy;* tue un serpent à
sonnettes d'un coup de revolver en passant au galop à
côté de lui; monte, toujours sans selle et assise de
côté, même des chevaux très difficiles : ceci, je l'ai vu.
J'étonnerai beaucoup mes lecteurs en ajoutant que,
malgré le milieu où elle a vécu et l'étrange éducation

qu'elle reçoit, je la considère comme une très bonne
et très honnête fille, et que je serais assez étonné
qu'elle tournât mal [1]. Elle m'a parlé de son désir
d'entrer dans un *ranch* comme *cow-girl* pour gagner
quelque argent, afin d'aider son père adoptif, qu'elle
aime beaucoup et qui est excellent pour elle. On
commence à parler de quelques *cow-girls*. Dernièrement les journaux de Chayenne ont raconté qu'une
bande de quelques centaines de bœufs venait d'être
amenée de très loin par quatre *cow-girls*. Dans la
troupe qu'il exhibe en ce moment à Londres, Buffalo-
Bill en a quelques-unes qui sont, paraît-il, d'une
adresse extraordinaire à la carabine. Il faut venir en
Amérique pour voir des choses comme celles-là. Il n'y
a pas une fille de fermier de ce pays-ci qui consente à
traire les vaches; il n'y en a pas une sur dix qui daigne
faire la cuisine pour son père ou son mari. En
revanche, elles se font *cow-girls*.

Les époux Rogers n'ont pas, jusqu'à présent, sacri-
fié à un vain luxe sous le rapport du logement. C'est
un *log-house* carré de huit ou neuf pieds de côté tout
au plus, et haut de six, qui les abrite. Il n'a même pas
de plancher, et le toit se compose simplement de
quelques traverses recouvertes de mottes de gazon.
C'est là dedans que vit toute la famille, aussi bien
l'été, quand il y a trente-cinq degrés de chaleur, que
l'hiver, lorsque tout le mercure du thermomètre dé-
gringole dans la boule. Le mari et la femme couchent
dans une espèce de grabat, à gauche en entrant; la
fille couche dessous, enveloppée dans une peau de *buf-*

---

[1] Février 1887. Je viens d'apprendre le mariage de Bessie
Rogers avec « Dutch Gus », un des *cow-boys* de Fleur de Lis.

falo. C'est dans cette seule et unique chambre qu'on fait la cuisine et qu'on mange. Tout cela est d'une saleté dont rien n'approche.

Nous avons trouvé la mère Rogers à la porte de ce petit palais, prenant le frais, assise sur un tronc de sapin et fumant avec délices une petite pipe de terre admirablement culottée. Bessie vient de rentrer d'une grande course à cheval entreprise à la recherche d'un bœuf égaré. Je lui demande de donner au docteur un échantillon de ses talents, ce qu'elle fait de la meilleure grâce du monde. Son cheval tout bridé, mais sans selle ni couverture, est encore devant la maison, attaché à un piquet. Elle saute dessus, assise de côté, le genou appuyé sur le garrot, ayant absolument la position d'une amazone sur sa selle; derrière la maison il y a une côte qui est bien certainement inclinée à quarante-cinq degrés. Cette côte, de plus, est couverte de pierres roulantes. Elle la monte et descend plusieurs fois, d'abord au grand galop, puis au trot; ensuite elle prend un winchester, et tire sur une alouette posée à vingt-cinq pas. Je dois dire qu'elle la manque. A balle, il y a bien des gens qui en feraient autant.

Mais voilà que insensiblement je me laisse dévaler des sommets ardus de la science pour cheminer dans les bosquets fleuris de l'anecdote. Et je comptais offrir ce petit travail aux gens graves de la « Réforme sociale » ! Mais je reviens à mon sujet.

La ferme des Rogers, *Rogers ranch,* pour employer l'expression du pays, est située dans une petite plaine de trois ou quatre cents hectares, bien abritée de tous les côtés par des collines assez élevées et bordée au nord par la lisière de la forêt. Ils ont donc sous la main tout le bois dont ils peuvent avoir besoin. Ils ont aussi de l'eau en quantité suffisante, et ils n'en ont pas trop, car la source sur le bord de laquelle ils ont construit leur maison se perd à quelques centaines de mètres plus bas. Cette qualité est très appréciée dans le pays. Si l'on est sur le bord d'un ruisseau, les bestiaux s'éloignent indéfiniment en le suivant. Si au contraire on est sur le bord d'une mare, ils ne sortent pas d'une zone assez restreinte.

Dans cette vallée, la terre végétale a une grande profondeur, deux ou trois mètres au moins, comme on peut s'en rendre compte sur les bords de la source. Le sol est calcaire, légèrement argileux presque partout, sablonneux sur quelques points. Partout où la Prairie n'a pas été défrichée, elle donne une grande quantité de foin naturel de belle qualité. Il en a recueilli quelques meules pour cet hiver, et nous en a même vendu une centaine de tonnes, à raison de 18 francs environ le tonneau de mille kilogrammes.

Il n'a guère que cent ou cent cinquante acres en culture, où il a récolté cette année de l'avoine, très mauvaise parce que l'année a été trop sèche, du maïs assez beau et des oignons superbes, mais dont il ne sait que faire, car, je ne sais pourquoi, il s'est avisé d'en planter sept ou huit acres. Comme la plupart des fermiers de ce pays-ci, il a renoncé à faire du froment, qui revient au minimum à 0.$^{dol.}$ 60 le *bushel* (3 francs les trente-cinq litres, un peu moins de 9 francs l'hectolitre) et ne se vend depuis deux ans que 0 $^{dol.}$ 55 ou 0 $^{dol.}$ 57. Il y a quatre ans, il se vendait un dollar et même 1 $^{dol.}$ 20. Aussi, tout le long de la ligne du chemin de fer, où cette année dernière on ne voyait pour ainsi dire qu'un seul champ de blé, je ne crois pas en avoir vu un seul cette année. On plante maintenant du

maïs et l'on élève des cochons. Seulement on en élève
tant, que les prix sont tombés de 4 dollars les cent
livres à 2 ^{dol.} 70 : or les connaisseurs affirment qu'au-
dessous de 3 dollars le producteur ne gagne plus
d'argent.

Rogers a deux ou trois cents moutons qui courent
les coteaux du voisinage en pleine liberté pendant l'été,
mais qu'il faut nourrir pendant l'hiver, et puis un
troupeau de bœufs qui, eux, sont toujours en liberté.
Il peut en vendre maintenant chaque année une douzaine, mais les prix sont bien bas. Un beau bœuf
pesant mille ou douze cents livres ne vaut pas plus de
trente dollars. Il valait presque le double il y a quatre
ans. L'autre jour, Raymond A... a acheté pour le *ranch,*
moyennant 50 dollars (250 fr.), deux vaches à lait
superbes, dont l'une est prête à vêler et l'autre suivie
de son veau.

En définitive, quelle est la situation de Rogers?
Combien vaut-il maintenant? — pour employer l'expression usitée dans le pays.

Quand il est venu s'établir ici il y a six ans, il avait
environ 3,000 dollars. Il est très travailleur et très
économe. Dans les premières années; les prix était
rémunérateurs, il a dû faire de beaux bénéfices; ce
qui le prouve du reste, c'est qu'il a commencé, sur
les instances de sa femme, à se bâtir une maison en
planches! un *frame-house,* pour remplacer l'ignoble
log-house dans lequel ils vivent. Il commence même à
s'apercevoir que cette construction le mène beaucoup
plus loin qu'il ne l'aurait voulu. Il doit avoir maintenant beaucoup de peine à joindre les deux bouts.
Quelque économe qu'on soit dans ce pays, il faut dépenser beaucoup d'argent : or le seul qu'il touche lui

vient de la vente de ses bœufs et de la fourniture de
foin qu'il nous fait, et pour laquelle il lui a fallu prendre
pendant trois mois un homme qu'il payait cinq francs
par jour et qu'il nourrissait. Il n'a donc gagné que
très peu de chose. Il me semble par conséquent impossible qu'il ait plus de 500 ou 600 dollars à dépenser
par an, et tout cela doit passer dans les poches des
marchands de Buffalo-Gap. Notez que sa position n'est
ni meilleure ni pire que celle de tous les autres fermiers des environs; j'entends de ceux qui sont travailleurs et économes, et c'est la très petite minorité.
L'agriculture, si lucrative aux États-Unis, qui avait pris
jusqu'à ces années dernières un tel développement
qu'elle a ruiné la nôtre, est atteinte à son tour.

Il est intéressant de rechercher les causes qui ont
amené ce résultat. Le meilleur moyen pour y arriver,
c'est de se rendre compte des conditions dans lesquelles
opèrent deux fermiers, l'un Américain et l'autre Français, — par exemple, — disposant du même capital.

Tout d'abord, il faut constater que la constitution
de la propriété donne au Français une énorme avance.
Il y a en France toute une école de braves gens qui
s'intitulent économistes, sans doute parce qu'ils se sont
toujours économisé la peine de regarder ce qui se
passe autour d'eux. Ils nous racontent que si notre agriculture n'est pas prospère, c'est parce que nous n'avons
pas de crédit agricole! Mais qu'est-ce que c'est donc
que le fermage, sinon une opération par laquelle un
capitaliste met à la disposition du cultivateur, sous
forme de bâtiments, de plantations, de drainages et
d'améliorations de tout genre, une somme généralement sept ou huit fois supérieure à celle que ce cultivateur met lui-même dans l'affaire comme mobilier et

fonds de roulement? Et pour tout ce capital, il ne lui demande qu'une rémunération de 2 ou 3 pour 100, tout au plus.

Un cultivateur français qui entre en ferme se trouve donc par le fait gérant d'une société en commandite. La somme qu'il met dans l'affaire ne représente qu'une part assez faible du capital engagé, et il en tire un revenu de 8 à 10 pour 100, tandis que son associé, le propriétaire, se contente de beaucoup moins.

Bien moins favorisé est le fermier américain. Il peut prendre toute la terre qu'il veut, cela est vrai, à peu près sans bourse délier; mais il faut qu'il commence par se bâtir une maison et des hébergeages; puis il lui faut des clôtures, et si, comme cela arrive le plus souvent, il se trouve à court d'argent, il en trouvera à la banque, mais jamais, du moins dans ce pays, à un taux inférieur à 2 et demi pour 100 PAR MOIS[1].

Il est donc très certain, comme je le disais tout à l'heure, qu'au début la situation du fermier français est bien meilleure que celle de l'Américain, puisque, grâce au fermage, il conserve intact tout son capital, que son concurrent est, au contraire, obligé d'écorner dans une énorme proportion. Comme agriculteur, le premier est généralement aussi très supérieur au second, parce qu'il n'a jamais fait que ce métier-là,

---

[1] Ces opérations ont pris de telles proportions, que le territoire du Dakota a, l'année dernière, passé une loi interdisant un taux d'intérêt supérieur à 12 pour 100. Tout emprunteur qui peut prouver qu'il a payé un intérêt supérieur a le droit de faire établir par les tribunaux que ce qu'il a payé en plus a amorti une partie de la dette. Cette loi n'a du reste servi à rien. Les banques font toutes signer à leurs clients des billets portant une somme supérieure à celle qu'ils ont reçue réellement.

tandis que le second en essaye presque toujours trois ou quatre avant de se faire fermier. Il est certainement plus difficile sous le rapport du logement et surtout de la nourriture ; mais c'est son propriétaire qui paye son logement, et quant à sa nourriture, sa femme est tellement industrieuse, qu'il dépense habituellement bien moins pour ce chapitre que son concurrent américain, qui, à cause de la paresse de la sienne, est obligé d'acheter très cher à peu près tout ce qui se mange chez lui. En somme, mettez-les tous les deux l'un à côté de l'autre, dans les mêmes conditions, le Français gagnera de l'argent, quand l'Américain en perdra.

Malheureusement c'est le contraire qui est arrivé jusqu'à ces derniers temps. C'est que tous ces avantages étaient plus que compensés par ce fait capital que l'Américain peut prendre toute la terre qu'il veut ; que, de plus, il ne supporte pas le poids du service militaire, et, enfin, qu'il ne paye pas d'impôts : mais il ne faut pas trop insister sur ce dernier point. Il y a des économies plus apparentes que réelles : celle-là pourrait bien être du nombre. Ainsi Rogers, par exemple, ne paye que 60 ou 80 francs d'impôt par an, et cette somme bien modeste est censée représenter ses contributions à toutes les dépenses de l'État ; mais il s'aperçoit souvent qu'il n'en est pas quitte à si bon marché. Ainsi, quand le juge du district, charpentier de son état, a su qu'il allait se faire construire une maison, il lui a laissé entrevoir qu'il le verrait avec peine confier ce travail à un autre qu'à lui-même. Rogers a été très prompt à saisir le sens de cette insinuation, ayant précisément en ce moment un procès pendant devant ledit juge, qui se fait payer cinq dollars des journées commençant à dix heures du matin, finissant à quatre, et pendant lesquelles il propose souvent des parties de cartes à son patron, qui n'ose refuser.

La moralité de tout ce qui précède, je l'ai déjà dit et je le répète, c'est que de nos jours où, grâce à la facilité des transports, les distances ne sont plus rien, quand deux nations entrent en lutte économique, si, chez la première, la terre et le travail sont chers, tandis que, dans la seconde, le travail seul est cher et la terre est pour rien, la seconde doit ruiner la première, parce qu'elle pourra toujours produire à meilleur marché qu'elle. C'est pour cela, et uniquement pour cela, que les importations américaines nous ont réduits à l'état où nous sommes.

Mais si une troisième nation entre dans l'orbite des deux premières, dans laquelle terre et main-d'œuvre sont à bon marché, elle ruinera la seconde tout aussi sûrement que la seconde avait ruiné la première. C'est ce qui arrive maintenant à l'Inde. Autrefois, les grandes plaines d'alluvion de ce pays se reposaient pendant neuf mois après avoir produit la récolte du riz qui suffisait à nourrir tant bien que mal ses habitants. Maintenant, on leur fait produire une seconde récolte de froment qui peut se vendre infiniment meilleur marché que les blés américains ou européens, parce que les ouvriers qu'on emploie à ce travail s'habillent avec un mouchoir de poche et vivent en mangeant une poignée de riz. Aussi ce sont maintenant ces blés indiens qui font les prix sur les marchés de l'Europe, et ces prix rendent nos marchés inabordables aux blés américains, ou du moins les blés américains qu'on continue à apporter parce qu'il faut bien les vendre quelque part, se vendent à des prix qui ne sont plus rémunérateurs pour ceux qui les ont produits.

Les fermiers de ce pays commencent donc à ressentir, à leur tour, toutes les douceurs de la crise qu'ils ont déchaînée chez nous. Mais, pour eux, cette crise ne sera que temporaire. Ils ne doivent plus, il est vrai, compter sur l'exportation de leurs produits, mais la perte qui résulte pour eux de la fermeture du marché européen sera bien vite compensée par suite de ce fait que leur marché national va tous les jours s'élargissant grâce à l'augmentation de la population. L'émigration du vieux monde n'a jamais été aussi considérable que cette année. Le 13 juin dernier, je crois, la douane a enregistré l'arrivée à New-York de onze mille émigrants dans la même journée! Tant par l'émigration que par les naissances, la population augmente chaque année de deux millions cinq cent mille unités environ. Et ce marché-là, les Américains sauront bien le conserver à leurs propres agriculteurs à force de protection; car une chose que l'on ne sait pas assez, c'est que ces années dernières, alors que leurs diplomates protestaient contre les droits que nous voulions mettre sur leurs blés, il y avait un article de leurs tarifs douaniers qui imposait d'un droit assez fort l'introduction des blés étrangers chez eux; droit que leurs douaniers n'avaient du reste, bien entendu, jamais l'occasion d'appliquer.

Me voilà au bout de ma monographie! Aurai-je bien mérité de la « Réforme sociale » ? Je l'espère. Mais j'ai peur d'avoir donné aux lecteurs une assez mauvaise idée de mes pauvres voisins les Rogers. Le mari est bien sale, et la femme a un passé un peu suspect. Mais j'ai appris ce soir sur leur compte une histoire que je veux consigner ici, d'abord parce qu'elle démontre une fois de plus qu'il ne faut pas toujours se fier ici aux apparences ni même aux antécédents, ensuite parce qu'elle me semble curieuse comme étude des mœurs de ce pays.

Je me suis empressé naturellement, en arrivant, de présenter le docteur en déclinant ses titres et qualités. Dès que la mère Rogers a su qu'il était médecin, elle a ouvert la porte de la maison, et nous avons vu un berceau indien en cuir dans lequel se balançait un petit garçon de quatre ou cinq ans, qu'elle a pris dans ses bras, pour le présenter au docteur. Le malheureux petit bonhomme était couvert de boutons d'assez mauvaise apparence, et elle ne savait comment le soigner.

— Comment! madame Rogers, lui ai-je dit, où avez-vous pris cet enfant? Vous ne l'aviez pas l'année dernière.

— C'est le fils d'une de mes amies, m'a-t-elle répondu. Sa mère est une Allemande, catholique comme moi. Elle n'était pas mariée et élevait cet enfant comme elle pouvait. L'année dernière, un homme qui a fait sa connaissance à Custer, où elle travaillait, lui a proposé de l'épouser. Seulement, quand le P. Mac Glynn, le curé de Rapid-City, a su que cet homme n'était pas le père de l'enfant, il a refusé de les marier, à moins qu'il ne lui fût prouvé que l'enfant ne serait pas abandonné. La pauvre femme était au désespoir. Alors j'ai proposé d'adopter le petit. Rogers me l'a permis, et le P. Mac Glynn, quand il a su cela, a consenti à célébrer le mariage. Le pauvre petit était bien malade quand je l'ai pris : et j'ai passé bien des nuits à le soigner, mais il va déjà bien mieux!

CHAPITRE III.

Mercredi 21. — Nos trois docteurs semblent prendre tout à fait goût à la vie du *ranch*. La tournée du propriétaire continue à se faire avec rigueur. Hier et aujourd'hui, nous sommes montés à cheval après déjeuner pour leur montrer les différentes bandes de juments. Ce sont des courses de vingt-cinq ou trente kilomètres qui font voir le pays à nos hôtes.

Aujourd'hui il s'est produit un incident. Nous avions parcouru la région montagneuse située à l'est du Lame Johnny, où se trouvent de préférence les juments dans cette saison, lorsqu'en débouchant dans la vallée par un des ravins étroits qui la font communiquer avec la grande Prairie, nous nous sommes aperçus qu'elle avait été envahie par quatre ou cinq cents bœufs. C'étaient probablement des animaux provenant de quelques *ranchs* du Sud, égarés dans la montagne, qui étaient redescendus chez nous par le haut du vallon et qui mangeaient à belles dents le foin de nos juments. Deux ou trois de nos *cow-boys* étaient déjà occupés à nous débarrasser de ces maraudeurs.

Ils galopaient dans la plaine, poussant devant eux les isolés qu'ils ramenaient vers le gros du troupeau arrêté sur le flanc d'une colline.

La plupart des bœufs étaient déjà réunis en une masse confuse d'où sortait une rumeur de beuglements désespérés. Ils tourbillonnaient, ne sachant encore quel parti prendre, mais sentant bien qu'il n'était plus question de brouter en paix. Ces chasses-là, les *roun-dups,* comme on les appelle ici, ont le don de surexciter au plus haut point les chevaux de *ranchs*. Ils s'y comportent absolument comme des chiens de berger, s'acharnant après les animaux qui cherchent à s'échapper, allant au-devant de tous leurs détours qu'ils devinent avec une véritable intuition. C'est surtout lorsqu'il s'agit de lacer un bœuf qu'ils sont merveilleux. L'homme a besoin de ses deux mains : la droite fait tourner autour de la tête le nœud coulant; la gauche tient, prêts à se dérouler, les plets de la corde de cuir, dont l'extrémité est tournée autour du pommeau de la selle. Le cheval se charge du reste. Dès qu'il a compris de quel animal il s'agit, il commence par le séparer de la bande (*cut out*), puis se met à galoper par son travers, en se maintenant toujours à bonne distance jusqu'au moment où il voit la corde venir s'enrouler autour des cornes ou des jambes. Alors il s'arrête brusquement, s'arc-boutant de toutes ses forces sur ses quatre jambes pour résister au choc qui va se produire, choc qui le ferait rouler par terre sans rémission s'il ne prenait pas ces précautions. Si l'opération manque par la faute des cavaliers, ils leur témoignent quelquefois très clairement leur profond mépris. Un de nos voisins avait et a probablement encore un cheval nommé *Old-Judge*, qui était célèbre pour la franchise avec laquelle il exprimait ce sentiment. Il se prêtait loyalement à deux essais. Au second raté, il hésitait un instant, retournait la tête d'un air éminemment ironique, et puis recommençait à *cut out;* mais si, cette fois-là, le bœuf n'était pas lacé, il partait immédiatement à fond de train, et il n'y avait pas de force humaine qui l'empêchât de rentrer à l'écurie, après s'être débarrassé, si faire se pouvait, de son cavalier.

Du reste, on ne sait vraiment ce qu'il faut admirer le plus de l'adresse des chevaux ou de celle des hommes qui les montent. Un bon *cow-boy* joue littéralement avec le taureau le plus sauvage comme un chat avec une souris. Lacer un bœuf n'est que l'enfance de l'art : si l'on manque les jambes, on a toujours la ressource d'attraper les cornes. Mais on cite des *cow-boys* qui abattent un bœuf lancé au galop, même sans se servir du lasso. Ils lui prennent la queue, et puis, poussant rapidement leur cheval en avant, ils profitent du mouvement de plongeon que font ces animaux en galopant pour lui faire exécuter une culbute complète, à la suite de laquelle il reste pendant quelques instants les quatre jambes en l'air, tellement abasourdi qu'il n'a même plus la force de se relever.

A peine nos chevaux ont-ils vu ce dont il s'agit qu'ils se mettent à bondir sur place tant ils ont hâte de prendre part à la fête. Je monte justement *Queen,* une très jolie jument baie que Raymond A... affirme pompeusement avoir dressée tout exprès pour moi. Il n'a pas poussé assez loin son éducation, car j'aime bien les chevaux très tranquilles, et celle-ci a toujours l'air d'avoir un tremblement de terre dans le corps. Pendant que je me débats avec elle, les chevaux de nos docteurs partent, complètement emballés. Je n'étais pas

inquiet de G... ni de P...; mais j'étais moins rassuré
sur le compte de M. C... Nous avions justement tué en
route deux magnifiques serpents à sonnettes qu'il avait
voulu à toute force rapporter. Il les avait pendus au
pommeau de sa selle. Leurs longs corps gris d'argent
tachetés de brun viennent fouetter la croupe de son
cheval, qui bondit comme un cabri à travers les roches.
Nous descendons l'un à côté de l'autre, d'une allure
insensée, dans le lit du *creek :* nous passons comme
une avalanche à travers les buissons qui le remplissent.
En remontant sur l'autre berge, nous nous trouvons
tout à coup au milieu de trente ou quarante bœufs
qui, en nous apercevant, détalent la queue en l'air.
Nos chevaux, de plus en plus persuadés qu'il s'agit
d'un *roundup* sérieux, choisissent chacun leur animal
et s'attachent à lui avec une ténacité digne d'une meilleure cause. A ce moment, je regarde le docteur : les
grelots de ses serpents sonnent toujours; il est cramponné au pommeau de sa selle; mais il tient encore
ses étriers et se comporte aussi vaillamment que possible, malgré le train.

Rassuré sur le compte de M. Ch..., je cherche à me
rendre compte de ce qu'ont pu devenir ses compagnons. P... galope à côté d'un *cow-boy;* quant à G...,
son cheval semble s'être donné la tâche de ramener
une génisse blanche qui filait sournoisement hors de
la bagarre. Je les vois de loin, jouant à cache-cache
dans le lit du *creek,* dont ils escaladent les berges douze
ou quinze fois. Après une défense héroïque, la génisse
blanche se déclare, heureusement, vaincue et revient
au grand galop vers le gros du troupeau, ramenant
derrière elle le docteur G...

Au bout d'une demi-heure, tous les animaux sont

réunis en une masse tourbillonnant sur le flanc d'une colline. Sans leur donner le temps de se reconnaître, les *boys* les chargent à grands cris, et toute cette masse s'ébranle au galop dans la direction du *cañon* par lequel nous sommes nous-mêmes venus. L'honneur est sauf! Pas un de nos docteurs n'est tombé! Ils semblent même maintenant prendre tout à fait goût à ce genre de sport. P... et G... galopent à travers les bœufs avec l'assurance de vieux *cow-boys;* quant au docteur Ch..., il est tellement enthousiasmé qu'il a pris un de ses serpents par la queue et s'en sert comme d'un fouet pour pousser les bœufs devant lui. Échange-t-on des discours à l'Académie de médecine quand on y reçoit de nouveaux élus? Je n'en sais rien. Mais si cette formalité est observée, au jour, que j'espère prochain, où le docteur Ch... sera reçu dans cette docte assemblée, je livre au récipiendaire cette véridique histoire à titre de document, et je suis sûr qu'il aura un bien beau succès en la racontant, car enfin, combien y a-t-il à Paris de médecins dont on peut dire qu'ils ont fait sauver devant eux trois cents bœufs en les fouaillant avec un serpent à sonnettes?

Nous avons pu offrir à nos hôtes les plaisirs de l'équitation : nous avons été moins heureux du côté de la chasse. Je ne sais pas ce qui est arrivé cette année aux couvées, mais on ne voit pour ainsi dire pas de poules de prairie. Les *jack rabbits* (lièvres) et les *cotton tails* (lapins) sont aussi assez rares. En fait de quadrupèdes plus importants, nous n'avons rencontré qu'un daim. Pourtant les boys en voient presque tous les jours, ainsi que des mouflons (*mountain sheep*). Il n'y a plus beaucoup d'ours dans le pays. Cependant on en a tué un le printemps dernier qui pesait onze cents livres! On a

vu aussi plusieurs *mountain lions* (panthères). L'une
d'elles a été tuée l'an passé non loin d'ici, dans de bien
singulières circonstances. Un *boy* cherchait une vache
égarée. Il l'aperçoit du haut d'une colline et descend
vers elle au grand galop en faisant tourner son lasso
au-dessus de sa tête, comptant la lacer en arrivant près
d'elle. La vache avait une singulière attitude : elle
semblait de loin comme paralysée. En arrivant à trois
ou quatre pas, le *boy* aperçut une énorme panthère en
arrêt, qu'il n'avait pas pu voir plus tôt parce qu'elle
était cachée par un rocher, et qui, de son côté, ne l'avait
pas entendu, tant elle était absorbée par la vue de la
vache. Le boy ne perdit pas la tête : au lieu de lacer
la vache, il laça la panthère et revint triomphalement
en la traînant derrière lui. Elle avait onze pieds de
long. Il paraît qu'il avait fait là quelque chose d'extrêmement difficile, et qu'il avait neuf chances contre une
de manquer son coup, à cause de la conformation de la
panthère, dont la tête, toute ronde, n'offre presque pas
de prise au lasso.

Puisque j'en suis à faire l'énumération du gibier de
ce pays, il me faut parler du *skunk*. Tout le monde en
a vu des échantillons empaillés dans les vitrines des
fourreurs. C'est un animal un peu plus gros qu'un lièvre
et un peu plus petit qu'un renard, d'assez lourde
apparence, mais dont la peau a une certaine valeur
parce qu'elle imite tant bien que mal celle de la martre.
C'est de ce pays-ci qu'on fait venir leurs fourrures. Ils
y sont extrêmement communs. Le skunk est un animal
qui a un goût extraordinaire pour la société de l'homme.
L'année dernière, quand j'étais ici, il y en avait un
ménage qui s'était établi sous la maison. Tous les jours
on les voyait traverser le chemin pour s'enfoncer dans

les buissons du *creek*. Plusieurs fois ils sont même entrés dans la cuisine, et l'on conserve le souvenir d'une de leurs visites au poulailler, visite qui a coûté la vie à soixante-dix-neuf poulets! Une loi de la Convention excusait le vol commis par une femme grosse. La mère skunk avait la même excuse, car peu de temps après elle apparut avec trois petits skunks qui gambadaient autour d'elle.

Ce n'est pas absolument par amour désintéressé pour l'espèce qu'on laisse s'établir cette douce familiarité. On accepte un mal pour en éviter un pire. La vérité est que la nature a fourni aux skunks un moyen de se venger d'une manière terrible des mauvais procédés qu'on peut avoir pour eux. Elle leur a donné deux glandes placées judicieusement le plus loin possible de leur nez, d'où ils font sortir à volonté un jet de liquide d'une odeur dont rien n'approche. Ils se laissent approcher très facilement, mais toutes les fois qu'on les blesse ou simplement qu'on les effraye, ils s'empressent de faire usage de cette arme, et ses ravages sont effrayants. Un homme qui a reçu le jet tombe très bien sans connaissance : un cheval en est manifestement malade; des vêtements qui ont été souillés ne peuvent plus être portés; il faut les brûler. Une maison dans le voisinage de laquelle un skunk a été tué n'est littéralement plus habitable. Je me suis laissé dire qu'il y avait dans certains coins des montagnes Rocheuses des *ranchs* uniquement consacrés à l'élevage du skunk. Je souhaite bien du plaisir à leurs propriétaires; mais il faut des aptitudes spéciales et un nez organisé d'une façon toute particulière pour résister à une pareille industrie.

En définitive, il y a fort peu de gibier dans ce pays-ci, et il y en a de moins en moins, car je me souviens

qu'il y a quatre ans, quand j'y suis venu pour la première fois, on en voyait bien plus que maintenant.
Aussi je me demande comment nos voisins les Indiens
trouvent moyen de vivre de leur chasse. Je m'explique
très bien les disettes dont ils souffrent de temps en
temps. Les Sioux reçoivent, paraît-il, assez régulièrement les rations de bœuf que le gouvernement américain s'est engagé à leur donner. Aussi se tiennent-ils
relativement tranquilles. Mais les petites tribus qui
habitent plus à l'ouest, les Yutes ou les Gros-Ventres,
par exemple, ont à supporter de temps en temps de
véritables famines. Et cependant la vie errante et oisive,
malgré toutes les misères qu'elle entraîne, semble avoir
pour eux un attrait qui résiste même à de longues
années d'une existence civilisée, car on a vu souvent
des Indiens retourner sous la tente après avoir passé
leur enfance et leur jeunesse dans des écoles.

On m'a conté l'autre jour, à Buffalo-Gap, une histoire
qui est un exemple frappant de cette persistance latente
d'habitudes héréditaires. Un trappeur, nommé Harding, avait épousé il y a une vingtaine d'années une
squaw indienne. Cela arrive assez souvent aux hommes
qui vivent dans la Prairie, car ces unions leur assurent
généralement la bienveillance de la tribu à laquelle
appartient la jeune personne. Ils en reconnaissent même
si bien les avantages, que la plupart en épousent plusieurs. La *squaw* en question n'était du reste pas la
première venue. Elle était ce que les Américains
appellent une *medicine woman,* — expression qu'il
faut traduire non pas par femme médecin, mais par
sorcière ou prêtresse, — et jouissait, à ce titre, d'une
grande notoriété, dont bénéficia naturellement l'heureux mortel dont elle couronna la flamme.

Après quelques années d'une union que le Grand Esprit avait bénie en faisant naître dans la tente quatre petits *Bois-Brûlés,* le ménage vint s'établir dans une ferme des Black-Hills, située à une cinquantaine de milles de Buffalo-Gap, à Hot-Springs. C'est là que j'eus l'honneur d'être présenté à madame Harding, lorsque je vins pour la première fois dans le pays, il y a quatre ans. Quand je la vis, c'était une grande femme assez bien tournée, portant gaillardement un costume composé d'une chemise indienne en peau de daim brodée et d'une jupe très courte en flanelle rouge, qui laissait voir des jambes recouvertes de *leggings* et des pieds chaussés de mocassins. Elle avait une véritable crinière de grands cheveux noirs qui lui couvraient le dos, une longue plume d'aigle fixée derrière l'oreille, et était toujours accompagnée d'une superbe antilope mâle étonnamment bien apprivoisée. Au demeurant, tout à fait le physique de son emploi de sorcière qu'elle continuait à tenir avec certains profits, car on voyait souvent arriver chez elle des bandes d'Indiens, venus de très loin pour la consulter sur des cas embarrassants. A part ce léger détail, elle jouissait de l'estime de ses peu nombreux voisins et paraissait fort attachée à son mari et à ses enfants.

L'autre jour, j'ai demandé, par hasard, ce qu'était devenu cet intéressant ménage : on m'a raconté une très singulière histoire. Il paraît qu'un beau jour, on ne sait pour quelle raison, M. Harding crut devoir donner à sa moitié une légère correction. Dans les ménages ordinaires américains, ce sont plutôt les femmes qui battent leurs maris; mais quand les femmes sont Indiennes, il paraît qu'il faut les battre de temps en temps, sans quoi elles estiment qu'on les néglige.

Aussi les voisins n'attachèrent-ils aucune importance à cette petite scène. Quel ne fut donc pas leur étonnement, en apprenant le lendemain matin qu'un passant matinal avait découvert M. Harding dans le costume le plus sommaire, attaché soigneusement par les pieds et par les mains à un arbre tout près de sa maison! Il avait raconté que, après avoir reçu sa petite correction, sa femme l'avait fait boire un peu plus que de raison et puis l'avait mis dans l'état où on le voyait : ensuite, elle lui avait cassé sur le dos tous les manches à balai de la maison et puis s'était éloignée, emmenant avec elle tous les chevaux, mules et bœufs de la ferme, mais laissant derrière elle ses enfants. On a appris depuis qu'elle avait été offrir le tout, ainsi que son cœur et sa main, à un vieux guerrier indien dont elle embellit le *wigwam* en qualité de quatrième femme et qui la roue de coups, ce qui ne venge même pas l'infortuné Harding, car son infidèle épouse se déclare la plus heureuse des *squaws* et des sorcières.

Samedi 24 septembre. — Nos docteurs nous ont quittés depuis deux jours, à notre très grand regret. Ils semblent, eux aussi, emporter un bon souvenir de la vie qu'ils ont menée ici, car le docteur P... nous a déclaré qu'il était bien décidé à revenir l'année prochaine passer deux mois ici pour se reposer, dans l'exercice de la profession de *cow-boy,* des fatigues qu'il va éprouver en prodiguant ses soins aux poumons aristocratiques qui l'attendent à Cannes.

Ce qui a forcé ces messieurs à nous quitter si rapidement, c'est que, partis de France avec la foule des docteurs qui venaient en Amérique pour le congrès, ils veulent aller rejoindre, à New-York, la troupe austère de leurs collègues qui « ont participé, jusqu'à la fin, aux travaux du congrès » (style officiel). Grâce aux journaux et à des lettres particulières, nous avons été tenus, jour par jour, au courant de ces travaux, qui vont sûrement faire faire de très notables progrès à la science médicale. Après la visite aux cataractes du Niagara, on en a fait une autre au tombeau de Washington. Entre temps, on s'est bien réuni quelquefois dans un théâtre de cette ville pour parler de médecine, mais des discussions, soulevées d'abord à propos du choix d'un président, n'ont pas tardé à prendre un caractère si violent, qu'on n'a pas cru devoir par trop multiplier ces réunions. On s'est donc empressé de clore la session en se donnant rendez-vous, pour l'année prochaine, sur un autre point du globe, à Copenhague, je crois.

Toutefois, les Américains n'ont pas voulu laisser partir leurs hôtes sans leur offrir quelques divertissements, afin, sans doute, de les reposer de ces labeurs. Il y a eu deux banquets. En Europe, ce serait peu pour un congrès; en Amérique, cela me semble beaucoup. Sauf dans une ou deux villes de l'Est, où les coutumes européennes se sont introduites, l'Américain invite très volontiers à boire, mais très rarement à manger. Enfin, pour clore la série des fêtes, le président Cleveland a donné en leur honneur ce que l'on appelle une réception ouverte. Je voudrais dire quelques mots de ce genre de réception.

Constatons, tout d'abord, qu'il paraît avoir été connu dès la plus haute antiquité. Un théologien m'a expliqué que beaucoup des paraboles contenues dans l'Évangile sont probablement le récit d'événements survenus réellement et constituent à ce titre des renseignements précieux sur les mœurs du temps. Cela me semble du reste

très vraisemblable. Notre-Seigneur, voulant instruire
ses disciples, procédait du connu à l'inconnu : il leur
parlait d'un fait qu'ils connaissaient; puis il en tirait la
morale. Il est donc fort possible que l'histoire de ce
maître de maison de Jérusalem qui, ayant organisé un
grand dîner et voyant tous ses invités lui faire faux
bond, s'avisa, probablement dans un moment de dépit,
d'ouvrir sa salle à manger à tous les vagabonds qu'on
put ramasser le long des haies et dans les carrefours,
il est très possible, dis-je, que cette histoire soit vraie.
Dans ce cas, ce serait le premier exemple connu d'une
réception ouverte. J'ajoute que l'expérience n'a pas
réussi, puisque le maître de maison en question a été
obligé de faire mettre à la porte par ses domestiques
l'un des convives dont la tenue laissait par trop à désirer. Seulement, son indignation ne s'explique pas.
Quand on recrute comme cela ses invités, on doit prévoir des incidents de ce genre et prendre ses mesures
en conséquence. A quelqu'un qui voudrait, de nos
jours, tenter la même expérience, je conseillerais vivement d'enfermer son argenterie, de baptiser fortement
ses vins et d'avoir des sergents de ville à portée.

J'insiste là-dessus, parce que la troisième république,
qui semble avoir le désir d'acclimater chez nous les
mœurs américaines, et qui a notamment inauguré l'ère
des réceptions ouvertes, ne semble pas se rendre compte
des précautions qui rendent ces réceptions possibles de
l'autre côté de l'Océan. Jusqu'à présent, elles n'ont été
tentées que par nos suaves conseillers municipaux et par
M. Grévy. Aux premiers, qui opèrent avec notre argent,
il est assez indifférent que, le lendemain de chaque
bal, le préposé à l'argenterie constate la disparition
d'un grand nombre de petites cuillers, et qu'il faille

ramasser au milieu des débris de la vaisselle quelques centaines d'électeurs ivres-morts. Mais je n'ai jamais compris que M. Wilson, qui doit savoir l'anglais et dont le beau-père est responsable de la casse, ne renseigne pas ledit beau-père sur les moyens employés en Amérique pour éviter tous ces accidents, alors surtout que les dépenses insensées qui en résultent peuvent avoir une influence aussi fâcheuse sur la dot de la petite Marguerite. Il y a vraiment là une incurie qui m'afflige au point de vue de cette chère petite, en même temps qu'elle m'étonne de la part d'un financier aussi avisé.

C'est donc uniquement dans l'intérêt de cette honorable famille, et non dans un but personnel, car je n'ai pas l'intention de jamais mettre les pieds chez elle, que je voudrais reproduire les renseignements que j'ai pu recueillir sur cette réception de la Maison-Blanche. Il paraît donc que l'autre jour, quand les médecins, suivant la foule, se sont présentés aux portes du palais présidentiel, ils ont tout d'abord aperçu les épaules de madame Cleveland. De l'aveu général, elle les a superbes. La première impression a donc été excellente. Ensuite ils ont défilé devant le président, qui leur a serré les mains à tous; ils étaient trois mille. Chacun avait droit à un *How do you do?* individuel. (Comment vous portez-vous?) Après cette formalité, ces messieurs étaient libres de se répandre dans les salons. C'est alors qu'ils ont pu étudier l'organisation du buffet, et c'est sur ce point que j'insiste, car il me paraît que c'est le nœud de la question. Le service des rafraîchissements était simplement assuré par l'ouverture de trois ou quatre grandes fenêtres, puis par l'installation, dans un coin d'une serre, d'une barrique défoncée pleine d'une belle eau limpide dans laquelle nageaient de gros morceaux de glace. Ceux qui éprouvaient le besoin de se rafraîchir pouvaient y puiser tout à leur aise, au moyen d'un gobelet retenu par une chaîne, comme cela a lieu dans les fontaines Wallace. Voilà comment il faut opérer quand on veut avoir des réceptions ouvertes.

Avant leur départ de Fleur de Lis, nos docteurs ont été témoins d'un événement qui a causé une vive émotion à Buffalo-Gap et fourni de la copie à tous les journaux des Black-Hills pendant plusieurs jours. Un nouveau convoi de chevaux percherons, de beaucoup le plus nombreux qui soit parvenu dans ce pays lointain, est arrivé au *ranch*. Je me trouvais à Houlgate, il y a quelques semaines, au moment de leur départ de France, et j'étais allé au Havre pour assister à leur embarquement sur le grand navire anglais venu tout exprès pour les chercher, eux et cent soixante autres amenés de tous les points du Perche. J'insiste sur la nationalité du navire parce que je suis obligé de constater que les armateurs français, qui se partagent chaque année trente ou quarante millions de subventions donnés par le gouvernement à la marine marchande, que ces armateurs, qui se plaignent toujours de manquer de frets, sont tellement mal outillés, ou plutôt si peu entreprenants, qu'ils refusent absolument ces chargements-là et qu'ils les laissent chaque année à des étrangers, qui viennent les prendre devant eux dans nos propres ports.

Le spectacle était bien curieux. L'immense navire tout noir remplissait de sa masse tout un côté du bassin de l'Eure ; sur le quai s'élevait une véritable montagne de bottes de foin comprimé et de sacs de son, qu'une grue à vapeur entassait dans la cale-arrière. A l'avant, on avait installé une passerelle étroite et très inclinée : c'est par là que devaient monter les chevaux, pour en redescendre ensuite une autre encore plus raide, avant de gagner le faux pont, où les stalles étaient disposés.

Par tous les ponts des bassins, on voyait venir de longues files de chevaux arrivant du chemin de fer, la queue et la crinière tressées de paille, exaspérés par le voyage, bondissant de tous côtés, en entraînant les gars pendus à leurs licols. Ils venaient s'entasser sur le quai en attendant leur tour d'embarquement. Tous les fermiers du Perche étaient là : de grands gaillards solides, la figure rougeaude, encadrée de petits favoris blonds, le perpignan au col, ou le pied de frêne pendu au poignet par sa lanière de cuir ; et puis des baigneurs et des baigneuses de Frascati, attirés par l'étrangeté du spectacle, courant affolés dans tous les sens pour éviter les ruades.

Le quai prenait l'aspect d'un champ de foire normand : les Américains allaient de groupe en groupe vérifiant les marques au fer rouge imprimées sur le sabot au moment de l'achat ; ils s'assuraient d'un coup d'œil que l'animal n'avait éprouvé aucun accident pendant son voyage en chemin de fer ; puis les liasses de billets bleus allaient s'enfouir dans les vieux portefeuilles de cuir soigneusement cachés sous les blouses, dans une poche intérieure du gilet, et chaque gars s'avançait dans un espace réservé à grand'peine, au pied de la passerelle, pour remettre son cheval aux *cow-boys* américains chargés de l'embarquement.

Tout le monde les regardait, car leur apparence et leurs allures paraissaient bien singulières aux tran-

quilles Normands. Ils bousculaient les gars, ce qui
amena deux ou trois batailles et un échange de jurons
internationaux tout à fait instructif. Puis, quand ils
avaient pris le cheval, ils attachaient de longues cordes
à son licol, et douze ou quinze d'entre eux s'y attelant
tiraient en avant la malheureuse bête pendant que
d'autres la tapaient par derrière avec de gros bâtons.
Les chevaux étaient littéralement affolés. La plupart
finissaient par prendre le galop et escaladaient la passerelle. Mais d'autres mordaient et se cabraient avec
fureur, et puis finissaient par se coucher, et il fallait les
traîner. Comment les deux tiers n'eurent-ils pas les
jambes cassées? Voilà ce que je n'ai jamais pu comprendre, étant donnée la nature plus que sommaire
des installations que la bonne ville du Havre met à la
disposition des armateurs. Les bons Havrais, comme
les Parisiens, tiennent avant tout à s'offrir le luxe
d'un conseil municipal qui soit dans le mouvement et
qui s'occupe des grandes questions vraiment dignes
d'hommes politiques aussi distingués : comme la laïci-
sation des hôpitaux. On s'occupera plus tard des affaires
de la ville. Seulement, les éleveurs percherons sont déjà
obligés d'embarquer leurs chevaux sur des navires
anglais, parce que les armateurs français ne veulent pas
les prendre; ils les font assurer par des compagnies
anglaises, parce que les compagnies françaises ne veulent pas accepter ces sortes de risques; ils finiront
peut-être, si l'on n'y prend pas garde, par être obligés
de les expédier d'Anvers ou de Londres : j'en connais
qui le font déjà.

Les premiers jours de septembre ont été remarquablement mauvais sur l'Atlantique. Un ouragan descendu du nord a causé des désastres sur les côtes des

États-Unis. Les malheureux pêcheurs de morue du grand banc de Terre-Neuve ont été tout particulièrement éprouvés. Comme dans les gros temps les chevaux souffrent beaucoup, les importateurs américains, déjà fort éprouvés l'année dernière, s'attendaient à de nouveaux accidents. Aussi furent-ils agréablement surpris, en apprenant, quand le navire arriva au bout de seize jours de traversée, que pas un des cent quatre-vingts chevaux qui étaient à bord n'avait eu d'accident. Le chemin de fer les éprouva davantage. Il faut quatre ou cinq jours pour aller de New-York à Chicago, et malgré l'admirable aménagement des superbes wagons affectés à ce service, on perd chaque année plus de chevaux pendant ce trajet que pendant la traversée.

Ceux qui étaient destinés à Fleur de Lis Ranch n'étaient qu'à moitié chemin en arrivant à Chicago. Il fallut donc leur laisser plusieurs jours de repos. Ils sont arrivés hier matin à Buffalo-Gap. Raymond était allé les y attendre la veille, accompagné de deux ou trois *cow-boys*. Ils ont pris possession depuis hier au soir des boxs qui les attendaient.

Le départ de nos hôtes a fait reprendre au *ranch* son train accoutumé. De grand matin, deux *cow-boys* montent à cheval et s'éloignent au galop dans la direction de la Prairie. Ce sont les *herders* qui chaque jour doivent compter les cinq ou six cents juments et *yearlings* du troupeau. On ne compte que très rarement les poulains, parce qu'on admet qu'ils suivent la mère. D'ordinaire les *herders* sont de retour vers trois ou quatre heures de l'après-midi, ayant fait généralement une soixantaine de kilomètres. Les chevaux laissés en liberté prennent tout à fait les allures des hardes de cerfs de nos forêts. Ils ont des habitudes très régulières.

DANS LA PRAIRIE.

Matin et soir, toutes les bandes vont boire à des abreuvoirs qu'elles choisissent; ce sont les moments où
il est le plus facile de les compter. Le jour, elles se
tiennent sur le sommet des collines. Pendant la nuit,
et lorsqu'il fait très mauvais temps, on les trouve toujours dans le fond des vallées étroites. Autrefois, sur la
plupart des *ranchs*, quand on élevait seulement des
chevaux du pays, on laissait les étalons constamment
en liberté. Cela rendait le service des *herders* infiniment plus facile, car chaque étalon se constituait un
sérail de soixante ou de soixante-dix juments qui, avec
leurs *yearlings* et leurs poulains, formaient un troupeau de cent cinquante têtes environ dont il était le
chien de berger : et il savait si bien ramener au bercail à coups de pied et à coups de dents les récalcitrantes, que jamais il n'en manquait une seule.

Malheureusement ces beaux jours sont passés. On
n'ose plus abandonner sur la Prairie des étalons valant
une vingtaine de mille francs. D'ailleurs, en redevenant
sauvages, ces animaux deviennent absolument féroces;
ils finissent même par attaquer les passants, et il y a
eu tant d'accidents que, dans le Dakota notamment,
il est défendu de les laisser en liberté. Pendant trois
mois seulement, au printemps, on les lâche dans le
troupeau, mais en ayant soin de les faire constamment surveiller à distance par un homme à cheval tout
prêt à les reprendre au lasso si le besoin s'en fait sentir.

La nécessité de cette surveillance a augmenté dans
des proportions énormes les dépenses des *ranchs,* car
il a fallu doubler ou même tripler le personnel des
cow-boys : du reste, il faut ajouter que ce surcroît de
dépense est plus que compensé par l'augmentation de
la valeur des produits. Avec l'ancien système, on pro-

duisait des chevaux qui à trois ou quatre ans valaient
80 dollars en moyenne; tandis que les demi-sang percherons valent le double au moins.

Je disais tout à l'heure qu'avec l'ancien système
c'étaient les étalons qui se chargeaient eux-mêmes de
tenir leur bande de juments, leur *bunch*, comme on
dit ici, au complet. Maintenant ce sont les *herders*
qui sont obligés de ramener les juments quand elles
cherchent à s'éloigner, et il y en a qui sont d'une humeur tellement errante qu'elles compliquent singulièrement ce travail. Raymond me montrait hier son
journal, où sont relatés les hauts faits de quelques-unes
d'entre elles. C'est surtout au printemps que ces tendances se manifestent. Au mois de mai dernier, on a
crevé six chevaux de selle en poursuivant des juments
qui, tout à coup, — prises sans doute du mal du
pays, — repartaient dans la direction du *ranch* d'où
elles étaient venues l'année dernière, et qu'on ne par-
venait à rattraper que lorsqu'elles avaient déjà fait deux
ou trois cents kilomètres. L'histoire de l'une d'entre
elles, Palamina, mérite d'être notée. Ramenée le
14 mai d'une distance de quarante kilomètres, elle
poulinait au *ranch* le 15, repartait dans la nuit du 16,
était retrouvée le 17 à quarante-cinq kilomètres et
ramenée le 18. Son poulain avait donc fait quatre-vingt-
dix kilomètres dans les deux jours qui ont suivi sa naissance, et il se porte à merveille !

Je donne tous ces détails pour faire comprendre
combien est dur le métier que font les *herders*. Ils
ont chacun six chevaux au moins réservés uniquement
pour leur service. Si tout va bien, si aucun animal
n'est signalé absent, ils sont de retour, comme je le
disais plus haut, vers trois ou quatre heures. Mais

si une seule jument s'est écartée, il faut d'abord relever
sa piste et voir dans quelle direction elle se dirige;
ensuite revenir rendre compte au *foreman;* puis le
herder prend deux chevaux frais : l'un porte une couverture, une hache et quelques vivres; il monte sur
l'autre et il part à la recherche de la fugitive. Au mois
de mars dernier, deux de nos hommes ont passé treize
jours sans entrer dans une maison, couchant par terre,
enveloppés dans une simple couverture, par des froids
de dix ou douze degrés.

Je dois dire que depuis que je vois de plus près
les *cow-boys,* j'ai sensiblement modifié ma manière de
voir à leur égard. Les *cow-boys* ressemblent en somme
beaucoup aux matelots. Ils ont leurs qualités et leurs
défauts. On n'éprouve pas une bien grande sympathie
pour un gabier breton quand on le voit, à terre, trébu-
chant de cabaret en cabaret, dans les rues de Recou-
vrance, mais on l'apprécie à sa juste valeur quand on
vit avec lui à bord. Il ne faut pas davantage juger un
cow-boy quand on ne l'a rencontré que dans les villes
de la frontière où il vient dépenser en quelques heures
l'argent qu'il gagne si durement.

Je ne voudrais cependant pas laisser croire que les
rapports qu'on a avec lui, quand il est dans l'exercice
de ses fonctions, sont bien agréables. J'entends toujours les fermiers français se plaindre de la difficulté
qu'ils ont à conduire leur personnel. Ces difficultés-là
sont bien peu de chose auprès de celles qu'on éprouve
dans ce pays-ci. Les unes comme les autres tiennent à
des causes générales et ont la même origine. Partout
le principe de l'égalité des hommes, et comme conséquence celui de leur indépendance absolue, est affirmé
avec une énergie chaque jour plus grande. C'étaient

autrefois des aristocraties qui gouvernaient les peuples. Les majorités étaient plus ou moins soumises aux
minorités. Le principe essentiel de ces gouvernements
était donc la discipline. De nos jours, c'est la démocratie qui règne. Dans la pratique, cela veut dire le
gouvernement des majorités, qui par parenthèse font
même souvent sentir assez durement leur pouvoir aux
minorités. Mais en théorie, cette forme de gouvernement tend à affranchir autant que possible les individus et à ne leur laisser de l'esprit de discipline que
ce qui est strictement nécessaire pour que la société
puisse subsister. Or, précisément au moment où cette
évolution se fait dans les esprits, une évolution dans
un sens diamétralement opposé a lieu dans l'industrie.

Autrefois, du temps des petits ateliers et des petits
magasins, le besoin de la discipline s'y faisait à peine
sentir. Ouvriers et employés étaient bien plutôt les
camarades que les inférieurs de leurs patrons. De nos
jours, dans une usine comme le Creuzot, qui emploie
dix mille ouvriers, ou dans un magasin comme le *Bon
Marché,* où il y a, je crois, trois mille employés, il
faut de toute nécessité que ces ouvriers et ces employés
soient astreints à une discipline aussi sévère que celle
des soldats dans un régiment, ou des matelots sur un
navire. Le succès ne peut s'acheter qu'à ce prix.

Ainsi, plus les mœurs tendent vers l'égalité, et plus
les nécessités de la lutte pour la vie condamnent la
plupart des hommes à passer toute leur existence sous
le joug d'une discipline implacable. Il n'est pas facile
de concilier des tendances aussi contradictoires. Pour
y arriver dans la mesure du possible, on a imaginé de
créer dans la vie une sorte de dualité. Autrefois, un
ouvrier se considérait comme l'homme de son patron,

aussi bien en dehors qu'au dedans de l'usine. Il attendait de lui des services en dehors de ceux prévus par la loi de l'offre et de la demande. Mais, en échange, il consentait de bonne grâce à se laisser diriger par lui. L'un devait apporter respect et dévouement; l'autre, bienveillance, justice et protection. C'est cet ensemble de relations qu'on désigne sous le nom de patronat. Quand des deux côtés on en comprend bien les obligations, il est très certain qu'on ne peut guère imaginer un état social plus fertile en bons résultats.

En cherchant bien, on trouve encore de loin en loin quelques traces du patronat. Malheureusement on ne les trouve plus guère qu'à l'état d'exception. Est-il possible de faire que l'exception devienne la règle? Quelques bons esprits le croient : j'avoue que je n'ose partager leurs généreuses convictions. Le patronat ne peut s'établir que grâce à une continuité de relations entre patrons et ouvriers qui me semble incompatible avec les nécessités de l'industrie moderne. Voilà pour le côté matériel de la question. Au point de vue moral, il est odieux à l'ouvrier, parce qu'il a tout l'air d'être, s'il n'est pas au fond, la négation même de ces principes égalitaires qui lui sont si chers.

L'ouvrier de nos jours cherche donc toujours à faire deux parts de sa vie. Il loue pendant un certain nombre d'heures son intelligence et ses forces, mais il entend que ses relations avec son patron en restent là. Ce système est très simple en théorie; c'est celui qui présidait à l'organisation de la défunte garde nationale. Le capitaine et le soldat revenaient de la manœuvre bras dessus, bras dessous, à moins, ce qui s'est vu, que le capitaine ne fût le valet de chambre du soldat : cette combinaison n'a pas donné de très bons résultats au point de vue militaire. Dans la vie civile, son application soulève souvent aussi d'assez graves difficultés. Le patron s'irrite de sentir qu'il est en présence d'une volonté qui ne se livre qu'à demi. L'ouvrier, craignant toujours quelque empiétement, devient facilement hargneux et insolent, de sorte que, faute de pouvoir définir bien exactement le point où commencent et finissent les droits de chacun, on en arrive tout naturellement à cette guerre de classes qui est la plaie et le danger de notre époque.

Aux États-Unis, il n'y a pas, en théorie, et il n'y a jamais eu de classes, ou, pour parler plus exactement, le passage de l'une à l'autre est très fréquent et se fait avec une facilité inconnue dans les anciennes sociétés encore tout imprégnées de vieilles traditions. On serait donc tenté de croire que c'est dans ce pays que cette guerre a le moins de chances de se propager, et que les rapports entre patrons et ouvriers auraient dû s'établir le plus facilement sur ces bases de la dualité de la vie. Cela a été vrai pendant assez longtemps. Mais, du moins dans les États manufacturiers de l'Est, c'est le contraire qui est maintenant la vérité. Nulle part au monde les esprits ne sont aussi aigris. Nulle part la lutte entre le capital et le travail, ces deux géants des temps modernes, n'est engagée avec plus de fureur. En Europe, il y a encore entre eux les débris d'une foule d'anciennes institutions qui servent de tampon. Ces institutions sont plus ou moins en ruine, mais ces ruines détournent les coups des adversaires. Ainsi, il est bien certain que le mouvement social qui se fait en France est dirigé contre le capital; et cependant les charlatans politiques qui nous gouvernent, devenus capitalistes, ont trouvé moyen de le dévier, jusqu'à une époque toute récente, en lançant contre le clergé, qui n'en pouvait mais, les masses qui leur avaient servi de marchepied pour arriver au pouvoir.

En Amérique, ces tampons n'existent pas. Il n'y a rien entre le capital et le travail. Les adversaires sont en présence, ils se jettent l'un sur l'autre et se battent à coups de grèves et de coalitions avec un acharnement et une absence de tous scrupules que nous ne connaissons heureusement pas encore chez nous.

Cependant, dans l'Ouest, la situation est toute différente. Le capital et le travail sont représentés uniquement par les *ranchmen* et leurs *cow-boys*. Ils vivent jusqu'à présent dans l'accord le plus parfait : mais cet accord n'est basé que sur cette dualité de vie dont je parlais tout à l'heure, poussée jusqu'à ses dernières conséquences, et dont chaque partie accepte les charges comme les bénéfices. En France, un ouvrier sait bien qu'il est politiquement l'égal de son patron. Cependant, grâce aux instincts de politesse encore si puissants chez nous, il ne lui refusera guère quelques marques extérieures de respect, même en dehors du service, comme de le saluer ou de l'appeler « monsieur », s'il lui parle.

Ici, les relations sont basées sur le pied de l'égalité la plus absolue. Un *cow-boy* qui rencontre son *ranchman* en ville lui offrira toujours un cigare ou un verre de bière et le présentera à un autre *cow-boy* avec lequel il se promène. Il l'appelle toujours par son nom, sans jamais le précéder du mot *mister*, cependant si banal. Jamais il ne consentirait à lui rendre le plus petit service personnel, comme de lui seller son cheval, par exemple. Il y a dans les environs un grand *ranch* appartenant à une compagnie anglaise et dirigé par des Anglais. Ces messieurs ne peuvent plus trouver un *cow-boy* depuis une scène terrible, qui a failli se terminer par des coups de revolver, survenue parce que l'un des *foremen* avait ordonné à un *cow-boy* de nettoyer son fusil.

Je dois dire cependant qu'à Fleur de Lis, nos hommes sont particulièrement aimables pour moi. Dans les premiers temps, ils m'appelaient tous « baron » tout court, comme ils s'appellent entre eux « colonel » ou « capitaine ». Depuis quelque temps, je remarque qu'ils emploient en me parlant une formule qu'ils n'ont évidemment adoptée que parce qu'ils la jugent plus respectueuse. Ils m'appellent « mister baron ». Jamais, non plus, ils ne me laissent seller un cheval; mais je suis très certain que si je leur demandais ce service, ils me le refuseraient net. Quand j'ai envie de sortir à cheval, je profite d'un moment où l'un des *cow-boys* est à bayer aux corneilles dans la cour pour me diriger ostensiblement vers la sellerie. Invariablement je l'entends me crier :

You want to go out, mister baron? Wait a bit. I'll give you a dandy horse!

« Vous avez envie de sortir, monsieur ? Attendez un peu ; je vais vous donner un cheval dont vous me direz des nouvelles ! »

Et ils me sellent toujours leur meilleur cheval, car chacun d'eux en a cinq ou six qu'il ne laisse monter à personne.

Toute ma diplomatie ne m'évite cependant pas quelques incidents désagréables. Un jour de l'année dernière, je vois deux hommes rentrer. Ils avaient passé dehors toute la nuit, et il faisait un temps affreux. J'étais à déjeuner. Pensant qu'ils devaient mourir de faim, et qu'il faudrait quelque temps pour leur préparer leur repas, je leur envoie un poulet dont je venais de prendre l'aile. Ils le jettent immédiatement par la fenêtre et vont se plaindre au *foreman*, disant que je les ai traités comme des chiens en leur envoyant mes restes. On a eu quelque peine à arranger l'affaire.

Étant donnés, d'une part, des gaillards aussi pointilleux, de l'autre, les mœurs violentes du pays, tout se passe cependant moins mal qu'on ne pourrait le craindre. Ces hommes tiennent à bien établir qu'ils sont les égaux de ceux qui les emploient; mais, vraiment, il faut convenir que la plupart se montrent de tous points dignes de cette égalité par la conscience qu'ils apportent à l'accomplissement de leur service. Un *herder* qui rentre de compter son troupeau au milieu d'une tempête de neige pourrait très bien aller se reposer au coin du poêle. Il n'aurait qu'à dire qu'il a vu tous ses animaux. Il est extrêmement rare qu'ils cèdent à la tentation de mentir. Presque toujours, ils sellent un cheval frais, sans mot dire, et partent, quelquefois pour bien des jours, sans savoir où ils coucheront ni où ils mangeront.

Il y a des gens qui s'exaspèrent à l'idée que les Français du dixième siècle aient pu s'accommoder de la féodalité, et d'autres qui soutiendraient volontiers que ceux du dix-neuvième se trouveraient très bien de ce régime. Ce qu'il y a de bien singulier, et ce qui prouve une fois de plus combien les institutions d'un pays et les instincts les plus vivaces de ses habitants sont toujours dominés par sa situation économique, c'est que la législation ultra-démocratique des États-Unis n'a pas empêché ce pays-ci d'en arriver à une organisation qui est une véritable féodalité.

Il n'y a qu'à ouvrir les journaux pour s'en convaincre.

Hier encore, un *cow-boy* de passage nous a raconté,
comme la chose la plus simple du monde, un événement qui vient de se produire dans les environs et que
je veux cependant mentionner, parce qu'il me semble
tout à fait caractéristique.

Nous avons pour voisin, dans le Sud, un grand *ranch* :
le B. O. B. On désigne toujours les *ranchs* par la marque (*brand*) de leurs bestiaux. Encore plus loin, il y
en a un autre dont le propriétaire a rendu sa belle âme
à Dieu, il y a quelques années, dans un accès de *de-
lirium tremens*. Sa veuve inconsolable continue son
commerce. Le fait n'est pas très rare. Elle est fort riche,
car elle a trente-cinq ou quarante mille bœufs. Aussi
n'est-elle connue dans le pays que sous le nom de « the
cattle queen » — la reine des bœufs.

Mme X..., ladite veuve, est du reste, dit-on, une
gaillarde qui a hérité de tous les goûts de son pauvre
défunt. Il y a quelques jours, sentant sa solitude lui
peser, elle fit à cheval les trente ou quarante milles
qui séparent les deux *ranchs* pour venir faire une petite
visite à son voisin du B. O. B. Celui-ci l'accueillit à
merveille, cela va sans dire. On but de nombreux verres
de whisky; et le soir, très tard, quand la dame voulut
repartir, elle était dans un tel état, que son hôte jugea
prudent de la faire escorter par un de ses *cow-boys*.
Que se passa-t-il dans la Prairie? Le *cow-boy* affirmait
que le voyage s'était passé sans incidents; mais sa compagne était d'un avis tout différent. Qui avait raison?
je n'en sais rien. Toujours est-il que, le lendemain, à
peine remise de ses fatigues, la dame alla tout droit
chez le juge du comté, à C... City, et déposa entre les
mains de ce magistrat une plainte en règle où elle énumérait, dans les plus grands détails et depuis le pre-

lui apprendra à faire connaître mes affaires à des
étrangers, reprit la fille. Du reste, je ne pense pas
m'attarder longtemps dans la banque, je veux me
lancer dans la vie politique. Ce territoire est déplora-
blement en retard. Il n'y a pas encore une seule femme
qui y exerce des fonctions publiques. Cela ne peut pas
durer. Voici l'honorable Hiram J. Powers qui a bien
voulu venir nous donner ses conseils pour organiser
une agitation dans le genre de celle qui a eu tant de
succès dans son État... Juge! le baron de Grancey!
Baron! le juge Powers!

Je serrai sans conviction la dextre que me tendait
l'honorable juge : un affreux bonhomme vêtu d'une
longue redingote noire flottant autour de sa maigre
personne; la figure en lame de couteau, encadrée
dans un collier de barbe rousse grisonnante; une
grosse chique dans le coin de la bouche et un grand
chapeau de feutre noir vissé sur la tête. J'ai déjà
entendu parler du juge Hiram. C'est un politicien
d'un État voisin, qui a une spécialité. Il s'est enrôlé
dans les rangs des apôtres de la doctrine qui veut que
les femmes aient les mêmes droits et les mêmes pré-
rogatives que les hommes, doctrine qui a de nombreux
partisans aux États-Unis et qui a même triomphé dans
plusieurs États. Quelques villes ont déjà des maires
femmes; des comtés ont des juges en jupon; il y en a
même un qui s'est offert le luxe d'un sheriff femme.
Les sheriffs, dans ce pays-ci, cumulent les fonctions
exercées chez nous par les gendarmes, par les huissiers
et même par les bourreaux : car ce sont eux qui
pendent les criminels. Cela me semble une singulière
idée de faire faire ce métier-là à une femme!

Mais ce n'est pas seulement comme avocat des droits

de la femme que le juge Hiram est arrivé à la notoriété. Il est aussi très connu à cause d'une aventure qui lui est arrivée l'année dernière, ou il y a deux ans. C'était au moment des élections. Pour faire valoir leur candidat auprès des populations, les membres de son comité avaient eu une idée tout à fait géniale. Ils s'étaient abouchés avec un entrepreneur de projections lumineuses. Tout le monde connaît ces sortes de lanternes magiques au moyen desquelles on reproduit, pendant la nuit, des réclames qui apparaissent sur un mur. Cela s'appelle une vue *stereopticon*. Il y a un établissement de ce genre sur les boulevards, à Paris, tout près des Variétés. On prépara dans le plus grand secret un certain nombre de portraits du candidat. Dans l'un, il était représenté feuilletant fiévreusement la constitution des États-Unis; dans un autre, vêtu en pompier, il venait d'arracher un enfant aux flammes et le remettait à sa mère. Au-dessous se déroulait une banderole sur laquelle on lisait :

CITOYENS, VOTEZ POUR LE VIEIL HIRAM, L'AMI DU PEUPLE!

Aux termes de son contrat, l'entrepreneur s'engageait à ce que dans chaque ville de la circonscription, le soir qui précéderait l'élection, une colossale affiche de ce genre viendrait tout à coup s'étaler sur les murs de l'un des principaux monuments. Le prix de chaque projection était fixé à 25 dollars, et les connaisseurs affirmaient que cette réclame aurait sûrement un effet prodigieux.

Tout marcha admirablement. Le secret avait été scrupuleusement gardé. Aussi quand, à l'heure dite, les citoyens de vingt-cinq ou trente villes et villages

furent simultanément éblouis par l'apparition de ces
affiches flamboyantes, l'effet fut immense. Les adversaires du juge Hiram étaient consternés; ses partisans
exultaient. Mais tout à coup un cri de stupeur s'é-
chappa de toutes les poitrines. Une nouvelle banderole
lumineuse venait tout à coup de se superposer à la
première : et sur cette banderole on lisait ces mots :

CITOYENS, VOYEZ COMME IL EST MAIGRE!
IL NE SERAIT PAS DANS UN TEL ÉTAT S'IL AVAIT FAIT USAGE
DES PILULES DE SHENCK!
*(This man would have looked better if he had used Shenck's
Bandrake pills!)*

La réclame de M. Shenck n'a pas empêché le juge
Hiram d'être nommé; mais elle fut l'occasion d'un
procès, son comité ayant refusé de payer à l'entrepreneur les 25 dollars convenus, sous le prétexte qu'il en
avait reçu 50 du fabricant de pilules, pour utiliser au
profit de ses réclames le nom du candidat : je ne sais
ce qu'ont décidé les juges.

La discussion, un instant interrompue par mon arrivée, reprend de plus belle. Il paraît que ma bonne —
ou ma mauvaise fortune — m'a fait pénétrer au sein
d'un meeting *for the promotion of female rights!*
Toutes ces femmes maigres parlent l'une après l'autre,
ou même ensemble, avec une énergie terrible.

Mais c'est miss Effie qui fait encore le plus de bruit.
La liste des fonctions dont elle veut ouvrir l'accès aux
femmes est si longue, que je ne vois vraiment pas
celles qu'elle compte laisser aux hommes. Du reste,
son éloquence ne modifie en rien ma manière de voir.
Je ne me sens aucune sympathie pour des femmes
aussi mal en chair. Avant de réclamer une si grande

6

place dans la société, elles devraient bien tâcher d'en occuper une plus large dans leur fauteuil. A tous les points de vue, cela serait bien désirable.

Il y a beaucoup de pauvres filles chez nous qui sont obligées de quitter leurs familles pour aller courir le monde et gagner leur vie comme directrices de postes ou comme institutrices. Je les plains de tout mon cœur et je les respecte infiniment quand elles trouvent le moyen de rester honnêtes malgré une vie aussi anormale et aussi dangereuse. Mais que dire de cette toquée qui quitte sa mère uniquement par esprit d'indépendance pour aller vivre à l'auberge au milieu de *cow-boys* et de mineurs? Notez que je suis convaincu qu'elle est très honnête. Mais qu'est-ce que c'est qu'une famille constituée comme celle-là? Les Anglais et les Américains nous parlent toujours de leur *home* et prétendent que la vie de famille existe si peu chez nous, que nous sommes obligés d'employer une périphrase pour rendre l'idée qu'ils expriment par ce seul mot. J'ai passé une bonne partie de ma vie au milieu d'Anglais et d'Américains, et je suis convaincu que c'est absolument le contraire qui est la vérité. Malgré toutes leurs belles théories sur la non-intervention des parents dans les mariages des enfants, ces mariages ne sont certainement pas plus heureux que les nôtres, et chez eux la famille ne consiste à proprement parler que dans le ménage. Elle n'est pas, comme cela a lieu chez nous, un centre auquel les parents, même les plus éloignés, viennent se rattacher par des liens de plus en plus faibles, il est vrai, mais qu'on s'efforce de renouer dans toutes les circonstances graves et qui ne disparaissent jamais complètement. Chez les Anglo-Saxons, au contraire, sitôt que les enfants ont quitté le

logis, — et ils le quittent le plus tôt qu'ils le peuvent, —
les relations cessent à un point dont on ne se fait d'idée
que lorsqu'on a vécu au milieu d'eux. Les frères se
connaissent à peine, et les cousins pas du tout. Au moment de la guerre de sécession, le grand argument des
abolitionnistes contre l'esclavage était que ce régime
rompait systématiquement tous les liens de la famille.
Ils avaient absolument raison, et c'était là effectivement la plaie de l'esclavage. Seulement, ce qu'ils
ne disaient pas, c'est que, sous ce rapport, ils ne me
semblent pas beaucoup mieux lotis que les nègres
pour la délivrance desquels ils ont fait tuer dix millions de blancs.

Heureusement l'arrivée de A... et de J... ne tarde pas
à me fournir un prétexte de m'esquiver. Nous parcou-
rons ensemble les rues d'Hermosa, où nous rencontrons
un gars d'Échauffour qui nous raconte qu'en 1870
l'idée de combattre les Prussiens lui a fait une si belle
peur qu'il s'est *ensauvé*. Il a tant couru, qu'il ne s'est
arrêté que lorsqu'il s'est trouvé dans les montagnes
Rocheuses, où il ne paraît du reste pas avoir fait fortune. Il n'écrit jamais au pays, mais s'intéresse toujours à ce qui s'y passe. Nous en avons eu la preuve : car,
dès qu'il a vu Leboucq, il lui a demandé combien
valait la « barattée de pommes [1] » !

---

[1] Ce vaillant n'est du reste pas le seul compatriote que nous ayons
dans les Black-Hills. Il y a deux ans, un épicier de Custer, qui
avait dans sa boutique un rayon de pharmacie, s'avisa qu'il écou-
lerait bien plus facilement sa marchandise s'il s'associait avec un
médecin. Pour arriver à ce résultat, il fit insérer quelques annonces
dans un journal de Chicago. Quelqu'un lui répondit et on tomba
assez facilement d'accord sur les conditions. Seulement, quelle ne
fut pas la stupeur du Custerois en voyant débarquer chez lui, un
beau matin, une femme. Le docteur avec lequel il s'était associé

L'année dernière j'ai déjà rencontré, sur le paquebot, un autre Normand émigré. Il n'avait pas quitté le pays dans les mêmes conditions que celui-ci et semblait fort heureux de son sort. Son histoire était bien drôle.

J'avais remarqué depuis le départ un passager de bonne mine, âgé de cinquante ou soixante ans, grand, gros, le teint fleuri, ne ressemblant en rien à un Américain. Il me suivait toujours de l'œil quand je passais à côté de lui et semblait désireux de faire connaissance. Un beau matin il m'aborda :

— Monsieur le baron, me dit-il avec un des plus beaux accents mainiaux que j'aie jamais entendus, j'avons bien souvent entendu parler de vous et de votre respectable famille !

— Monsieur, répondis-je, vous me faites beaucoup d'honneur. Je vois que vous êtes du Maine ou du Perche. Qu'est-ce qui me vaut le plaisir de vous rencontrer sur un transatlantique?

— Mais oui, je sommes né à X...! Mais voilà près de trente ans que j'avions quitté le pays! Nos gens étions dans la culture! J'avons toujours été élevé amont les chevaux. Je venis avec les premiers qu'on ameni en Amérique. Et puis quand j'ons vu le pays, j'ons voulu y rester. D'abord je fîmes de la culture : mais cela n'a mé point réussi. Alors j'avons fait autre chose.

— Et cela a mieux marché !

— Mais oui! je pouvions point nous plaindre, dit-il d'un air modeste : je me sommes mis dans l'instruc-

était une doctoresse, de Toulouse! Du reste tout s'arrangea pour le mieux, car trois jours après, l'épicier conduisait à l'autel la doctoresse, et depuis ce temps les habitants de Custer ne sont plus soignés, quand ils sont malades, que selon les formules de l'Académie de Montpellier. Espérons qu'ils apprécient leur bonheur!

tion ! J'sommes devenu professeur de français dans un université qu'on fondit dans l'Ouest, et puis je me sommes marié.

Quel drôle de français on doit parler dans cette université-là !

Après un exécrable diner, quelques citoyens proéminents arrivent qui commencent à nous entretenir des glorieuses destinées que l'avenir réserve à la ville d'Hermosa. Mais comme ce sujet n'offre pour moi qu'un intérêt tout à fait secondaire, je ne tarde pas à me retirer dans ma chambre pour mettre mon journal au clair.

26 septembre. — J'avais bien raison de prévoir une nuit agitée. Hier au soir, quand je suis remonté dans ma chambre, le bar de l'hôtel était désert. Les *cowboys* du C. O. C. étaient probablement occupés à visiter les différents cabarets d'Hermosa afin de comparer les différents *whiskeys* de la ville. Leurs pauvres chevaux, sellés et bridés, les attendaient toujours devant la porte. Vers minuit, j'ai été réveillé en sursaut par un tapage épouvantable, des chants, des jurons ; des galops furieux d'une troupe de cavalerie, finalement une fusillade enragée suivie d'un grand bruit de vitres cassées. J'ai commencé par sauter sur mon revolver, et puis, rassemblant mes idées, j'ai tâché de me rendre compte de ce qui se passait.

L'hypothèse d'une attaque des Sioux ne paraît pas admissible. Nous sommes tout près de la réserve ; mais ils n'ont pas fait parler d'eux depuis quelque temps, et s'il leur prenait la fantaisie d'entrer « dans le sentier de la guerre », ils ne débuteraient pas par l'attaque d'une station de chemin de fer. D'ailleurs, en écoutant bien, je finis par distinguer quelques paroles du chant qu'on rugit sous mes fenêtres, et je les reconnais. C'est le refrain favori de nos *cow-boys*, œuvre d'un poète inconnu qui chante en termes un peu crus : *The Platte maiden*, titre dont la traduction française n'est pas *La demoiselle plate*, comme des lecteurs peu au courant des finesses de la langue américaine seraient peut-être tentés de le croire. Cela veut dire simplement : *La jeune fille née sur les bords de la Platte.*

Du moment qu'il s'agit d'une cantilène amoureuse et non d'un chant de guerre, il est évident que la situation n'a rien de grave. D'ailleurs, Raymond A..., qui couche dans la chambre à côté de la mienne, a été aux informations et me raconte ce qui s'est passé. Il paraît qu'après de longues stations dans les différents bars, les *cow-boys* du C. O. C. se sont aperçus que leurs jambes commençaient à leur refuser service ; alors ils sont revenus prendre leurs chevaux à la porte de l'hôtel, et recommencent leurs pérégrinations : seulement, tout en parcourant les rues, ils s'amusent à faire des décharges de revolver dans les fenêtres, divertissement de haut goût pour lequel ils ont une attraction toute particulière.

Je loge au premier étage : si donc ils tirent dans mes vitres, ils ne pourront attraper que mon plafond, ou la balistique n'est qu'une chimère. Ces réflexions m'ayant rendu toute ma sérénité d'âme, j'ai remis mon revolver dans son étui ; je me suis recouché et n'ai pas tardé à dormir de nouveau du sommeil du juste, sans plus me soucier des performances des *cow-boys* du C. O. C.

Ce matin, quand je suis descendu, tout était tranquille. En me rendant à l'écurie pour chercher mon cheval, après déjeuner, j'ai seulement aperçu, au coin d'une rue, trois chevaux sellés et bridés, qui broutaient comme ils le pouvaient, d'un air très ennuyé, l'herbe de la chaussée, s'arrêtant de temps en temps pour flairer leurs cavaliers étendus ivres morts par terre. Qu'étaient devenus les autres? C'est ce que je ne saurais dire. Ils sont peut-être déjà en route pour retourner au *ranch,* ayant dépensé en une nuit les 30 ou 40 dollars qu'ils ont reçus hier.

Il y a une vingtaine d'années de cela. — Comme le temps passe, mon Dieu! — J'étais à Cherbourg, embarqué sur un croiseur en armement pour les mers de Chine. J'étais officier de manœuvre, et naturellement je tâchais de me procurer les meilleurs gabiers que je pouvais trouver. Un jour, en allant au port, j'en rencontre un que je connaissais depuis longtemps. Il s'appelait Kermorvan.

— Kermorvan! lui dis-je, mon garçon, tu fais juste mon affaire. Il faut que tu viennes avec moi. Tu seras chef de la grande-hune. Nous allons faire une campagne superbe! Il y aura des parts de prise à ne savoir qu'en faire. Enfin tu verras!

— Ah! tout de même, monsieur, cela me fait plaisir de vous voir. Je voudrais bien naviguer encore avec vous; mais quand est-ce qu'il faudrait embarquer?

— Nous appareillons dans quinze jours.

— Ah! il n'y a pas moyen. Je rentre des mers du Sud, je viens de toucher 1,500 francs, je ne pourrai jamais les manger en quinze jours!

— Cependant j'aurais bien voulu t'avoir.

L'honnête Kermorvan avait l'air très perplexe. Tout à coup il fit un grand geste du bras.

— Eh bien, monsieur ! foi d'homme, on fera ce qu'on pourra.

Le lendemain, en passant sur le quai, je l'aperçus de loin entrant dans un cabaret. Il était précédé d'un joueur de violon et suivi de nombreux amis des deux sexes qui paraissaient s'amuser beaucoup. Trois semaines après il arrivait à bord, tout dépenaillé, la veille de l'appareillage, et m'empruntait vingt francs pour s'acheter des souliers. Si Kermorvan savait monter à cheval, il pourrait se faire *cow-boy*. Il trouverait, dans cette nouvelle carrière, des camarades qui le comprendraient.

Comme je ne veux pas me régler sur le pas des percherons, il a été convenu que Raymond A... partirait un peu d'avance et que nous nous retrouverions pour déjeuner dans une ferme qui se trouve à peu près à moitié chemin. Je n'en connais pas le propriétaire, un Irlandais qui, s'appelant Mac Mahon, affirme être le très proche parent du maréchal; mais il semble trouver la cuisine de Fleur de Lis à son goût, car il paraît qu'il y vient très souvent, et il a fait jurer à Raymond de s'arrêter chez lui quand il irait à Rapid.

Au moment de me mettre moi-même en route, je rencontre en passant devant la gare toutes les dames maigres d'hier au soir. Elles font la conduite au juge Hiram, qui va porter la bonne parole je ne sais où. Debout sur la plate-forme de la station, son sac de voyage à la main, l'apôtre, tout en attendant le train, leur adresse ses derniers encouragements :

« Tous les savants qui se sont occupés de cette question, — et il cite une enfilade de noms de professeurs dont je n'ai jamais entendu parler, — tous les savants s'accordent à reconnaître qu'au point de vue intellectuel, la femme est égale à l'homme, quand elle ne lui est pas supérieure. Elle ne lui est inférieure que sous le rapport de la force physique. Du temps de la barbarie, la force physique était tout : maintenant elle n'est plus rien. Toutes les lois et tous les usages qui consacrent l'infériorité de la femme sont donc des monstruosités. En tout et pour tout, elle doit être l'égale de l'homme. Si le mariage et la famille, — ces deux institutions d'un autre âge, — ne doivent pas disparaître, ce qui est bien possible, du moins il n'est pas douteux qu'elles ne doivent être profondément modifiées... »

Il m'a semblé tout à fait inutile d'en écouter plus long. J'ai rendu la main à *Mahdi*, qui, lui aussi, paraissait très désireux de s'en aller, et laissant derrière nous la ville d'Hermosa, nous avons repris notre course à travers la Prairie, dans la direction de Rapid. Il fait un temps idéal ; le soleil brille ; une bonne petite brise m'arrive toute chargée de l'odeur pénétrante qu'on respire partout dans ce pays, comme dans les maquis de Corse. Le docteur G... a fait des recherches très savantes pour découvrir d'où elle provient. Il paraît qu'elle est produite par une plante de la famille des œillets d'Inde qui est très commune ici. Les alouettes chantent au-dessus de ma tête. Des vols de *snow-birds* aux ventres blancs se lèvent à chaque instant sous les pieds de mon cheval, qui, de son grand trot allongé, franchit sans s'arrêter les collines et les vallées que nous traversons en contournant les Foot-Hills dont les sommets maigrement boisés barrent l'horizon sur ma gauche. Cette région a failli être dévastée, il y a quelques semaines, par un feu de prairie dont je vois encore les traces. On a pu heureusement l'arrêter à temps, et il n'a brûlé que quelques centaines d'hectares. M. Gustave Aymard et les innombrables sous-Fenimore Cooper qui se sont fait une spécialité de la description des prairies américaines, ne manquent jamais d'introduire dans leurs romans la description d'un de ces feux, et généralement l'une de leurs vignettes est consacrée à la représentation de cet incident. On voit une masse confuse de tigres, de bœufs, de chevaux et de cerfs courant affolés devant une immense nappe de flammes qui les poursuit. Leurs héros échappent toujours à la mort, cela va sans dire, mais c'est par miracle.

Dans la pratique, les choses se passent d'une manière moins tragique. Les feux de prairie ne sont malheureusement pas rares. C'est généralement vers l'automne, quand l'herbe est très sèche, qu'ils sont à craindre. Quelquefois, quand le vent est violent, la flamme court si vite sur le sol qu'elle dépasse un cheval lancé au grand trot. Mais quand on la voit arriver, il y a toujours un moyen très simple de l'éviter. Il suffit de mettre le feu à l'herbe à l'endroit où l'on se trouve, et de se placer au centre de l'endroit dénudé. Quand la ligne de flammes vous atteint, elle ne trouve plus rien à brûler, et il s'y produit une brèche à travers laquelle on passe en toute sécurité. Du reste, il est bien rare que les flammes soient assez hautes pour qu'on soit même obligé de prendre cette précaution. Il faut pour cela que l'herbe soit extrêmement touffue et très élevée : malheureusement, il n'arrive pas souvent au foin de la prairie d'avoir autant de qualités. Le plus souvent, on peut enjamber la ligne en feu avec la plus grande facilité. Elle s'arrête d'ailleurs quand elle rencontre le moindre ruisseau, ou même un chemin un peu battu. Il n'y a pas un feu de prairie qui puisse franchir quatre sillons de labour, et ce fait est si bien connu, que dans certains comtés on oblige les compagnies de chemins de fer à prendre cette précaution des deux côtés de leurs lignes.

Ce sont, en effet, les étincelles échappées à la cheminée des locomotives qui causent le plus souvent ces feux de prairie. Quand ils se produisent au printemps, il n'y a pas grand mal, car en quelques jours l'herbe repousse plus verte qu'auparavant : mais à l'automne, les ranchmen les redoutent singulièrement, car à cette époque l'herbe ne repousse pas, et il ne reste plus rien à manger. Il faut alors partir à la recherche d'un ranch vacant, et comme ils commencent à être rares, on va quelquefois à quatre ou cinq cents kilomètres avant d'en trouver un : on y mène tous les animaux, et il faut passer quatre ou cinq mois sous la tente avant de pouvoir les ramener au ranch.

Mais revenons à nos moutons. Il paraît que les philosophes de l'antiquité ne se sentaient en possession de tous leurs moyens qu'à la condition de se promener sous des portiques, comme les péripatéticiens, ou d'aller tout nus, comme les gymnosophistes. C'est probablement une question de tempérament. Moi, je ne me sens jamais si bien en humeur de philosopher, que lorsque je suis à cheval et, — meilleur est le cheval, meilleure est ma philosophie !

C'est pourquoi, ce matin, je me suis trouvé insensiblement plongé dans des réflexions d'un ordre tout à fait supérieur, provoquées par ce que j'ai vu et entendu hier et aujourd'hui, et notamment par les paroles de cette vieille bête de juge Hiram. Je pense à ces vies américaines si différentes des nôtres, à cette suppression de tous les liens de la famille et de la société à laquelle sont arrivés ces gens-ci, et vers laquelle, malheureu-

sement, nous tendons, nous aussi. La désagrégation à
l'infini de tous les groupes qui composaient l'humanité, l'homme réduit à l'état de poussière, est-ce donc
là le dernier mot du progrès? A quoi tous ces hommes
et toutes ces femmes qui m'entourent aboutissent-ils
avec leur goût enragé d'indépendance? Où la lutte pour
la vie est-elle plus âpre et plus impitoyable qu'ici? Où
voit-on plus de gens surmenés, succombant à l'excès
de travail?

Et voilà maintenant les femmes qui veulent s'en
mêler! Jusqu'à présent, dans ce pays-ci, elles ne faisaient absolument rien de leurs dix doigts. Toutes les
fois que j'entre dans une ferme, j'y vois une femme
maigre qui se balance dans son rocking-chair pendant
que son mari trait les vaches et fait la cuisine. Il me
semble que le beau sexe s'était déjà fait la part assez
belle! Cela ne leur suffit pas : les voilà qui, sous prétexte d'indépendance, veulent entrer dans la bagarre.
Qu'est-ce que deviendra la vie d'intérieur et de famille?
Enfin, c'est leur affaire et non la mienne. Mais pré-
servez-nous, Seigneur, de femmes qui, au moral comme
au physique, reposent sur des bases aussi peu satisfai-
santes! Et comme je préfère ces bonnes et plantureuses
garcettes normandes qu'on voit dans les fermes, les
soirs de noces, chanter la chanson de la mariée :

> Nous sommes venues vous voir
> Du fond de notre village,
> Pour souhaiter ce soir
> Un heureux mariage
> A monsieur votre époux
> Aussi bien comme à vous.
>
> Quand on dit son époux,
> On dit souvent son maître,

Ils ne sont pas si doux
Comme ils ont promis d'être.
Il faut leur conseiller
De mieux se rappeler...

J'en étais là de ma chanson et de ma philosophie,
quand, tout à coup, *Mahdi* a fait un écart énorme, et
puis il s'est arrêté court, tremblant de tous ses membres, le col raidi, la tête tendue en avant, soufflant
d'un air effrayé. J'ai vu tout de suite ce dont il s'agissait. Une bouffée de vent amenait de mon côté quelques
milliers de touffes de *bundle grass*. Les grosses boules
vertes dévalaient en bondissant des flancs d'une colline
au pied de laquelle nous nous trouvions, les plus grosses
devant, les autres comme essoufflées par la course,
sautant et se culbutant derrière pour les rattraper.

Il n'y a pas un cheval qui résiste à cela. Heureusement, il y avait au fond de la vallée un *creek* à moitié
desséché, dont le lit profondément encaissé formait
comme une allée couverte grâce aux taillis de rosiers
sauvages et de peupliers nains qui en garnissaient les
bords. Je m'y engageai, et mon cheval reprit toute sa
tranquillité, car, abrité par ces buissons, il ne voyait plus
les *bundlegrass*. Je marchai ainsi pendant deux ou
trois kilomètres, cherchant un endroit où un éboulement des berges me permettrait de remonter. Tout à
coup j'entendis galoper au-dessus de ma tête. En me
haussant sur mes étriers, je vis un bel étalon blanc qui
descendait d'une colline à fond de train. Il s'arrêta à
cent mètres de moi, sans me voir, regarda un instant
autour de lui, fit quelques pas en flairant l'herbe fraîche
et drue qui poussait dans ce vallon un peu humide, et
puis, relevant la tête, il fit entendre deux ou trois
appels. C'était évidemment un ordre, car le sommet de

la colline se couronna aussitôt de soixante ou quatre-vingts juments et poulains qui descendirent lentement pour le rejoindre. Elles appartenaient sans doute à quelque *ranch* éloigné, car je ne reconnaissais pas leur marque. Arrivée auprès de l'étalon, toute la troupe se disposa en un grand cercle dont il occupait le centre; les poulains et les antenais en dedans, auprès de leurs mères, et puis tous se mirent à manger paisiblement. Toutes les cinq ou six minutes, l'étalon s'arrêtait et jetait un coup d'œil autour de lui pour voir si tout allait bien. Une jument s'écarta un peu; un hennissement bref et sonore lui fit tout de suite relever la tête et regagner sa place en courant. Deux antenais se mirent à jouer ensemble; mais le jeu dégénéra tout de suite en bataille. L'étalon s'approcha, lança un coup de dents dans le flanc du premier, et un coup de pied au second. Eux aussi rejoignirent leur place sans en demander davantage.

A ce moment, cinq ou six hennissements aigus et prolongés se firent entendre derrière moi. Je retournai la tête. C'étaient les percherons qui arrivaient. Ils avaient suivi un autre chemin que le mien, et je les avais dépassés sans m'en douter. Aussitôt, toute la bande fut en mouvement. Les juments vinrent se grouper ensemble ayant leurs poulains entre leurs jambes. L'étalon se tenait à cent pas devant elles, les naseaux ouverts, grattant le sol du pied. Les percherons s'avançaient toujours, l'un derrière l'autre, maintenus difficilement par les *cow-boys*. L'étalon fit trois ou quatre bonds en avant, tournant la tête de temps en temps comme pour rassurer les juments, qui, à la vue des hommes, commençaient à se sauver. Raymond était en avant du convoi. Après un moment d'hésitation, le cheval courut tout à coup sur lui : il avait l'air furieux. Raymond le laissa approcher; mais au moment où il se dressait déjà sur ses jambes de derrière, il lui tira tout à coup un coup de revolver sous le nez. L'étalon stupéfait s'arrêta net, arc-bouté sur ses quatre jambes, la crinière au vent. Il était superbe ainsi. Un second coup le mit en déroute : il alla rejoindre les juments qui galopaient déjà, mais resta le dernier, pressant les poulains retardataires, toujours prêt à les défendre.

En allant rejoindre Raymond, tout étonné de me voir sortir du *creek*, je me rappelais ce que dit Gulliver de l'admiration qu'il a rapportée de son voyage au royaume des chevaux pour les institutions de ce pays. Il est certain que l'étalon blanc que je viens de voir me semble avoir, sur le rôle d'un père de famille, des principes beaucoup plus sages que ceux que j'ai entendu exposer ce matin au juge Hiram.

Je me souviens des incidents pénibles qui survenaient assez souvent pendant nos campagnes dans le Cambodge. Les éléphants porteurs des bagages occupaient naturellement le milieu de la route. A tout seigneur tout honneur. Les cavaliers, officiers ou spahis, marchaient à droite et à gauche. Généralement, ils avaient soin de se maintenir à bonne distance des éléphants : mais quelquefois, quand la route se resserrait, il leur fallait bien s'en rapprocher. Or les éléphants sont des animaux extrêmement farceurs. Il arrivait toujours que l'un d'eux profitait d'une inattention de son *mahout* pour attraper délicatement le bout de la queue d'un malheureux cheval qui trottinait innocemment devant lui; il l'enroulait prestement autour de sa trompe, et puis, au moment où l'on s'y attendait le moins, il donnait un bon coup sec. Le cheval tombait assis, le cavalier roulait par terre, et l'éléphant s'éloignait en trottinant d'un air ravi.

Ces souvenirs de jeunesse me sont revenus à l'esprit ce matin, quand j'ai essayé de suivre le convoi des étalons. A chaque instant, précisément au moment où je m'y attendais le moins, j'entendais un juron, et puis je voyais un gros percheron, debout sur ses jambes de derrière, s'avançant vers moi malgré tous les efforts du *cow-boy* qui le montait, dans l'intention évidente de me lancer un coup avec ses pieds de devant. Dans ces conditions-là, la promenade manque complètement de charme; aussi, laissant mes compagnons prendre une certaine avance, je me suis mis à vagabonder un peu dans la Prairie. Une bande de sarcelles barbotait dans un *creek :* je tirai sur elles toutes les cartouches de mon revolver, sans même parvenir à les faire lever. J'avisai ensuite un village de chiens de Prairie. Tous ses habitants, debout à l'entrée de leur terrier, s'annonçaient mutuellement mon arrivée en aboyant avec fureur. Mon premier coup n'eut d'autre résultat que de les faire tous rentrer précipitamment chez eux.

Tous ces exercices cynégétiques m'ont pris un certain temps. Aussi mon estomac ne tarde pas à m'avertir que le moment de déjeuner ne peut pas être très éloigné. En regardant autour de moi, j'aperçois une colline, en forme de pyramide, qu'on m'a indiquée comme servant d'amer pour arriver à la ferme du descendant des rois d'Irlande. Effectivement, je ne tarde pas à apercevoir une assez grande maison de bonne apparence, entourée de quelques écuries et de grandes meules de foin et de maïs. Au pied de l'une d'elles sont piquetés nos chevaux.

En arrivant au campement, j'y trouve Raymond et les *cow-boys* écumants de fureur. On m'explique que M. Mac Mahon, qui, lorsque ses affaires l'appellent du côté de Fleur de Lis, ne manque jamais de se faire héberger, lui et ses bêtes, deux ou trois jours de suite, s'est enfermé dans son logis quand il a vu venir Raymond, et que c'est même à grand'peine qu'on a pu obtenir de lui un seau pour faire boire les chevaux. A ce moment, survient un *cow-boy* d'un *ranch* du voisinage, qui se fait raconter la chose par ses collègues :

— *D... mean set, those grangers !* dit-il quand il s'est rendu compte de la situation. Tous des ladres, ces fermiers ! mais celui-ci est le pire de tous. L'autre jour, un de nos chevaux est entré dans son jardin par une brèche de la clôture. Il l'a enfermé dans l'écurie et a fait dire à notre *boss* qu'il demandait vingt dollars de dommages-intérêts.

— Et le *boss* les a payés?

— Lui ! pour qui le prenez-vous ? Il est arrivé ici avec deux *boys*, moi et un autre : nous sommes allés droit à l'écurie sans nous inquiéter du propriétaire : elle était fermée; nous avons tiré un coup de revolver dans la serrure, et nous avons repris le cheval. Mais ce n'est pas tout! En nous en retournant au *ranch*, nous avons rencontré une douzaine de vaches laitières de la ferme. Nous les avons poussées (*drive*) devant nous, pendant une trentaine de milles, jusque dans la réserve indienne. Si Mac Mahon les revoit jamais, il aura de la chance ! Les Sioux ont déjà dû les manger. *Good bye, gentlemen !*

Et notre nouvelle connaissance repart au galop.

J'avoue que cette petite anecdote me fait comprendre le peu de sympathie que semble avoir pour les *ranch-*

men cet estimable Irlandais. Il faut reconnaître d'ailleurs que l'hospitalité n'est pas une vertu américaine. Il paraît que dans le Sud elle se pratique sur la grande échelle. Mais chez le véritable Yankee, et surtout chez le fermier yankee,

> Elle se vend toujours, et ne se donne jamais,
> Non, non, non, jamais!

comme il est dit à peu près dans la *Dame blanche*. L'inhospitalité des gens de ce pays-ci est quelque chose de phénoménal. L'année dernière, un de nos *cow-boys*, surpris en pleine nuit par une tourmente de neige, arrive à moitié mort de froid devant l'écurie d'une ferme. Le fermier ne consentit à la lui ouvrir qu'après avoir reçu un dollar. Et ce n'est pas seulement dans les pauvres fermes de l'Ouest que les choses se passent ainsi : les plus grands fermiers de l'Est n'agissent pas autrement. L'année dernière, Raymond A... et D... ont passé quelques semaines dans l'Illinois, occupés à former une bande de juments qu'ils voulaient amener au *ranch*. Ils s'étaient installés à Ottawa, qui est un des plus grands centres d'élevage du pays. Tous les éleveurs des environs leur écrivaient pour leur demander de venir voir les animaux qu'ils avaient à vendre. Souvent il leur fallait faire des courses très longues, et quand ils arrivaient, ils se trouvaient dans une ferme isolée, loin de toute espèce d'hôtel ou de restaurant. Jamais on ne leur offrait à déjeuner. On ne les faisait même pas entrer dans la maison d'habitation. En pareille conjoncture, un fermier du Perche se serait peut-être débattu pendant deux heures pour une différence d'une pistole sur un marché de 2 ou 3,000 francs, mais il aurait tenu à honneur d'offrir à

son acheteur un déjeuner qui lui aurait coûté deux
louis. Dans nos campagnes, un marché se double
toujours d'une fête quelconque. Ici, on a l'esprit uniquement tendu vers le but à atteindre, qui est de gagner
le plus de dollars possible. C'est une bien singulière
manière d'entendre l'existence.

L'accueil inhospitalier du ménage Mac Mahon a pu
faire souffrir notre amour-propre, mais, au point de
vue matériel, nous y avons certainement gagné; car le
sac aux provisions de François, malgré le rude assaut
qu'il a eu à subir hier, contient encore des ressources
plus que suffisantes pour nous improviser un déjeuner
qui a été vivement apprécié. Quand nous avons eu terminé notre réfection et que nos chevaux ont eu bu tout
à leur aise dans l'eau rouge du *creek* voisin, auquel cette
couleur a valu le nom de *Bloody creek*, nous avons
secoué la poussière de nos bottes sur cette terre inhos-
pitalière, que nous avions semée de carcasses de poulets, et, mettant le cap sur le Nord, nous avons commencé la dernière étape de notre voyage sur Rapid-City.

Selon mon habitude, j'avais déjà pris une notable
avance sur mes compagnons, et je calculais avoir fait
environ la moitié de mon chemin, lorsqu'il m'est arrivé
une aventure assez extraordinaire.

Je venais d'escalader au pas une petite colline assez
raide, lorsque tout à coup, en arrivant au sommet, je
me suis trouvé face à face avec un homme que je n'a-
vais pas vu plus tôt parce qu'il montait de l'autre côté.
C'était un grand gaillard très maigre, d'une cinquantaine d'années, ayant de longs cheveux grisonnants qui
lui tombaient dans le dos, et sur la tête un grand chapeau de *cow-boy* qui avait vu des jours meilleurs. Il
portait des pantalons indiens en cuir fauve auxquels le

travail assidu des squaws avait prodigué des franges
et des broderies en piquants de porc-épic. Je crois
avoir déjà dit que ces pantalons ont cela de particulier
qu'ils n'ont pas de fond. Il avait également une chemise
indienne en peau d'antilope. La coupe de ce genre de
vêtements ne comporte pas de pans. Fort heureusement,
la fâcheuse lacune qui résultait par derrière de ces
particularités du costume indien était comblée par un
paletot d'étoffe claire, à collet de velours noir et d'origine manifestement parisienne. Ce monsieur avait du
reste l'air d'un arsenal ambulant. Il portait un winchester sur son épaule, à la ceinture un gros revolver
Colt, d'un côté; et de l'autre, un couteau à scalper d'une
dimension si formidable, qu'il me rappela aussitôt
celui qu'on voit dans les gravures d'Épinal, entre les
mains du beau-frère de Barbe-Bleue, au moment où
il s'apprête à venger sa pauvre sœur.

Mahdi et moi, nous nous étions arrêtés tout ébahis.
L'inconnu prit le premier la parole.

— Monsieur, me dit-il avec une politesse exquise
qui me rassura tout de suite, tel que vous me voyez,
je suis à la recherche de six poneys qui se sont égarés.
Ils portent la marque P.. V.. Pourriez-vous me donner
de leurs nouvelles?

Ceci était dit en anglais, mais avec un accent français si prononcé, que je n'hésitai pas à me servir de
notre langue, pour l'informer que je ne pouvais malheureusement lui donner aucun renseignement.

— Comment! s'écria l'inconnu en m'entendant :
un compatriote! Seriez-vous par hasard un des Français
de Fleur de Lis?

— Précisément!

— Le baron Edmond de Grancey, alors? Baron, une

poignée de main! Ravi de faire votre connaissance!

— Croyez, cher monsieur, que je suis moi-même fort heureux de vous rencontrer. Mais à qui ai-je l'honneur de parler?

Il avait reposé à terre la crosse de son fusil. Tirant de sa poche une superbe tablette de tabac, il y découpa avec son bowie knife une forte chique qu'il m'offrit d'un geste gracieux. Voyant que je refusais, il la garda pour lui-même.

— Baron, me dit-il quand elle fut convenablement logée dans un coin de sa bouche, je n'ai pas de cartes sur moi : il faut donc que je me présente moi-même : je suis le comte François Loiseau du Vallon[1].

— Et qu'est-ce qui me vaut l'avantage de vous rencontrer aujourd'hui dans la grande prairie du Dakota?

— Mon Dieu! c'est toute une histoire. Je suis venu en Amérique il y a plus de vingt ans; j'étais envoyé par un groupe de financiers parisiens pour étudier une affaire qu'on leur proposait en Californie. Mais j'ai mangé à New-York, en débarquant, tout l'argent qu'on m'avait donné pour le voyage.

— Ah!

Il haussa les épaules d'un geste plein de philosophie; et puis tapant sur sa poche qui rendit un son argentin :

— Ici je ne dépense rien! J'ai là deux dollars : ils y sont depuis deux mois; mais quand je suis dans une ville, je ne peux jamais garder d'argent : c'est plus fort que moi.

— Et peut-on savoir ce que vous avez fait à New-York?

— Ah! quand j'ai vu que je n'avais plus le sou, j'ai

[1] Il va sans dire que je change le nom très connu qui m'a été donné.

écrit en France pour avoir de nouveaux fonds. Je dois dire que l'on s'est empressé de me les envoyer.

— Et alors vous êtes parti pour la Californie?

— Oui! mais je me suis arrêté en route à Chicago. J'y ai encore mangé tout ce que j'avais. Alors, quand le dernier dollar a été parti, j'ai pensé qu'il était bien inutile d'en demander d'autres. Et je suis venu dans le Far-West.

— Et qu'est-ce que vous y avez fait?

— Mon Dieu! un peu de tout. J'ai commencé par épouser deux femmes siouses : des femmes très comme il faut! Elles appartiennent aux meilleures familles de la tribu. Vous ne sauriez croire combien elles me rendent mes intérieurs agréables!

— Veuillez agréer tous mes compliments. Est-ce que ces dames sont dans les environs? Je serais vraiment bien heureux de leur être présenté.

— Elles seraient de leur côté ravies de faire votre connaissance.

Je m'inclinai modestement.

— Mais justement, continua-t-il, je les ai quittées depuis quelques jours. Nous habitons d'ordinaire dans la réserve indienne, sur les bords du Missouri. C'est là qu'elles sont en ce moment. Moi, je suis venu de ce côté-ci pour conduire deux voyageurs européens qui m'ont demandé de leur servir de guide. Ils sont à huit ou dix milles d'ici. Seulement, nos poneys se sont sauvés, et je les cherche depuis hier. J'ai bien souvent entendu parler de Fleur de Lis. J'irai vous voir un jour ou l'autre. Mais il faut que je continue à chercher mes poneys. J'ai laissé mes pauvres voyageurs au camp sans rien à manger : ils doivent trouver le temps long.

Là-dessus M. le comte Loiseau du Vallon me donna

une nouvelle poignée de main, puis mit son fusil sur
son épaule, et, me tournant le dos, il s'éloigna d'un
bon pas [1].

Une heure après cette rencontre, je débouche dans
le petit amphithéâtre au fond duquel s'élève la ville de
Rapid-City. Elle a vraiment tout à fait bon air. C'est à
peine si quelques rares *log-houses* rappellent le temps,
cependant si rapproché, où elle fut fondée par les premiers pionniers des Black-Hills. Dans un enclos, près
de la station, pourrissent les *stage coachs* qui, jusqu'à
l'année dernière, constituaient le seul moyen de loco-
motion à travers la Prairie. Le jour où le dernier est
arrivé, c'est-à-dire la veille de l'inauguration du chemin de fer, a été un jour de fête et de réjouissance publiques. Le programme comportait une attaque de la
malle-poste par une bande de *cow-boys*. On a beaucoup
admiré l'entrain avec lequel les acteurs étaient entrés
dans leurs rôles, ce qui a fait supposer qu'il y en avait
peut-être dans le nombre qui n'en étaient pas à leurs

[1] Depuis ma rencontre avec M. le comte Loiseau du Vallon, j'ai
pris la peine de m'informer de ses antécédents en Amérique et en
France. Il paraît que tout ce qu'il m'a raconté est absolument vrai.
Il vit maintenant dans le sein de la tribu des Deux-Chaudrons,
l'une de celles qui composent la confédération des Sioux. Il y jouit,
m'a-t-on dit, d'une grande considération, d'abord à cause de son
ou plutôt de ses mariages, et aussi à la suite d'un événement survenu il y a deux ou trois ans. Un notaire lui ayant écrit de France
qu'il venait de faire un petit héritage de 25 à 30,000 francs,
il se fit envoyer tout l'argent et l'employa jusqu'au dernier dollar
à offrir une grande fête à la tribu. Pendant six semaines, il n'y
eut pas un Deux-Chaudronnais, guerrier, squaw ou papoose, qui pût
marcher autrement qu'à quatre pattes. Le whisky coulait à flots dans
tous les wigwams! Au bout de ce temps, les Deux-Chaudronnais
avaient bien mal au scalp, mais l'influence du comte du Vallon égalait
celle des plus grands chefs! *Panem et circenses!*

débuts. Avant de gagner la première avenue, au centre
de laquelle s'élève le *Harney-Hotel*, je traverse deux
ou trois rues dans lesquelles il y a déjà d'immenses
maisons en briques à trois étages, avec des magasins
ornés de glaces comme sur les boulevards. Ces maisons
sont encore espacées : mais de tous les côtés on est en
train de bâtir ; et cependant Dieu sait ce que doit coûter
le mètre cube de maçonnerie, car je viens de voir une
affiche annonçant comme un très beau marché des briques à cinquante-cinq dollars le mille.

Le *Harney* est lui-même une superbe construction
de cinq ou six étages qui ne déparerait pas une ville
de cinquante mille habitants. C'est une compagnie au
capital de 400,000 dollars qui l'a construit. Il est vrai
qu'elle ne fait pas ses frais. Un immense hall en occupe
tout le centre. A tous les étages, il y a des balcons sur
lesquels s'ouvrent les chambres intérieures. Les sous-
sols sont réservés aux boutiques de coiffeurs et aux
bureaux du télégraphe. Comme cela a toujours lieu en
Amérique, le hall sert de club et de bourse à tous les
habitants de la ville.

C'est là que je vais attendre mes compagnons, après
avoir été faire ma toilette dans une chambre superbe
du premier étage. Quand ils viennent m'y retrouver,
au bout d'une heure ou deux, avec leurs revolvers à la
ceinture et leur sacoche sous le bras, leur arrivée
produit une certaine impression, car on ne voit presque
plus de gens armés. C'est encore un point à noter. Il
y a quatre ans, presque tout le monde, au contraire,
portait son revolver bien en évidence ; maintenant, il
n'y a plus que les *ranchmen* qui soient fidèles aux anciens usages, et encore beaucoup, une fois en ville,
s'habillent comme tout le monde.

Du reste, je suis déjà en pays de connaissance. Lors de mon premier voyage dans ce pays, il m'était arrivé, en traversant la Prairie, une aventure dont se souviennent peut-être les lecteurs des *Montagnes Rocheuses*. Un certain colonel Log, que j'avais rencontré en venant de Pierre à Rapid-City, avait eu l'idée géniale d'essayer de me jeter à l'eau, au passage d'un *creek*. Il s'agissait d'une simple plaisanterie qui, du reste, tourna assez mal pour lui, une heureuse circonstance ayant fait que j'étais sur mes gardes. Finalement ce fut lui qui fut jeté à l'eau. Il faillit même s'y noyer. Je me hâte d'ajouter qu'il avait très bien pris la chose, et nous nous étions séparés les meilleurs amis du monde.

L'autre jour, en arrivant à Buffalo-Gap, avec mes docteurs, je l'ai retrouvé dans le train, où il était monté avec toute une bande d'amis. Nous nous sommes tout de suite reconnus; il s'est empressé de me présenter à l'honorable société comme le Français qui lui avait fait prendre un bain : anecdote qu'il avait dû raconter souvent, car tout le monde semblait la connaître.

J'ai retrouvé aujourd'hui, dans le hall de l'hôtel, ce digne colonel. Il était venu lui-même pour le concours, et aussi pour faire quelques achats, et a tenu à me faire faire la connaissance de tous les *ranchmen* qui se trouvent à l'hôtel. Ce sont eux qui constituent l'aristocratie du pays. Les présentations se font toujours dans les mêmes termes :

— *Baron! allow me to introduce you to one of our prominent cowmen : colonel ***!*

Et puis :

— *Colonel ***! allow me to introduce you to a*

*prominent French Horseman, Baron Grancy de Flour-
de-Lys! (Sic.)*

Il faut savoir accommoder son nom aux prononcia-
tions des pays où l'on se trouve. En Chine, on m'appelait
toujours « le vieux frère » (*ta-jen*) *Khan-an-sy*. Les
Américains m'appellent *Grannecy*. Je n'aurais jamais
cru mon nom si difficile à prononcer.

Quand l'introducteur a prononcé ces deux phrases,
les intéressés doivent immédiatement s'avancer l'un vers
l'autre et se serrer vigoureusement la dextre en disant
d'un air ravi :

— Baron ou colonel, *glad to see you!*

Ainsi le veut la civilité puérile et honnête en usage
dans ce pays.

Comme il ne faut pas réveiller de douloureux souvenirs, je ne parle pas du dîner. Quand il est terminé, Raymond A... et J... m'annoncent l'intention
d'aller passer leur soirée au spectacle. Une troupe
dramatique vient d'arriver qui annonce pour ce soir
sa première représentation. On joue une pièce qui s'appelle : *Under the gas-light!* Et il paraît qu'on y voit un
train qui sort d'un tunnel! Les affiches insistent même
sur ce fait qu'on brûle du vrai charbon dans la locomotive. Je ne sais vraiment pas ce que les amateurs
de l'art dramatique pensent demander de plus! Je me
prive cependant de cette petite fête. L'autre jour, à
Chicago, j'ai vu jouer *Patrie,* le drame de M. Sar-
dou, au Mac Vickers-Theatre. M. de Sainte-Aldegonde
parlait du nez, et les invitées du duc d'Albe étaient
poudrées et portaient des costumes Louis XV. Je préfère rester sur ces souvenirs, qui n'ont du reste rien
de désagréable, car la chronologie seule avait à se
plaindre. Les demoiselles du corps de ballet rem-

plissaient également bien leurs rôles et leurs maillots.

Laissant donc mes compagnons aller seuls au théâtre de Rapid-City, je vais passer ma soirée chez le curé, le P. Mac Glynn. Un éditeur américain, qui s'est, bien entendu, passé de ma permission, a fait une édition populaire de mon livre sur l'Irlande. On le criait l'autre jour dans la gare de Chicago, au moment où je passais dans cette ville. Ici, comme en Irlande, il m'a valu quelques injures de la part des journalistes inféodés à la *land league,* mais cette publication ne m'a cependant nullement brouillé avec le clergé irlandais. Un évêque m'a même avoué que j'avais parfaitement raison. Quant au P. Mac Glynn, c'est un *land leaguer* convaincu, sans qu'il sache bien pourquoi, car il est né en Amérique et n'a jamais été en Irlande, mais nous n'en sommes pas moins de très bons amis. C'est un grand et gros Irlandais au teint fleuri et d'une honnête corpulence. Je le trouve en train de fumer sa pipe au coin de son feu.

Il m'a conté lui-même l'année dernière l'histoire de ses débuts dans ce pays. Il y a deux ans, il administrait paisiblement sa paroisse, à Huron, une petite ville de l'Est, quand son évêque le fit venir pour lui communiquer une lettre qu'il venait de recevoir, signée d'un certain nombre de catholiques canadiens ou irlandais habitant la ville de Rapid-City. Ils exposaient que, dans un rayon de cent ou cent cinquante milles autour de leur ville, se trouvaient deux cents familles environ de nos coreligionnaires; ils ajoutaient que ces familles, dépourvues de tout secours religieux, étaient disposées, malgré la modicité de leurs ressources, à s'imposer certains sacrifices si l'on voulait leur envoyer un prêtre.

Le P. Mac Glynn est déjà d'un certain âge, mais il n'a encore rien perdu de la verve et de l'entrain qui caractérisent ses compatriotes. Il n'attendit même pas que son évêque eût fini la lettre pour déclarer qu'il était prêt à partir.

Ses débuts furent des plus heureux. On découvrit un spéculateur qui s'était mis sur les bras un grand lot de terrains éloignés du centre de la ville et qui étaient d'une vente difficile. Il s'empressa de donner un bel emplacement, à condition qu'on y construirait l'église et le presbytère, pensant que cela donnerait de la valeur au reste. Pour commencer les travaux, on eut recours à une souscription qui fournit quelques fonds; puis on contracta un emprunt : les fermiers canadiens se chargeaient des transports. Bref, au bout de dix-huit mois, le P. Mac Glynn était chez lui.

Je m'amuse à me faire expliquer son budget. La location de ses bancs (*pews*) rapporte de 5 à 600 dollars, somme qui suffit largement aux frais matériels du culte. Il m'explique que son traitement est fixé par l'évêque à 600 dollars *en sus des dépenses de maison*. Ce qui me semble vouloir dire que, sur les recettes du casuel, il a le droit de prélever d'abord lesdites dépenses, puis 600 dollars, et qu'il doit verser le reste dans la caisse du conseil de fabrique. En réalité, jusqu'à présent, il n'est pas parvenu à parfaire ces 600 dollars. Le casuel est alimenté par les mêmes sources que chez nous : mais il y a de plus, comme en Irlande, une forte dîme, volontaire bien entendu, qui est payée par tous les paroissiens deux fois par an. On ne néglige pas les petits moyens pour encourager les bonnes volontés récalcitrantes. Raymond me racontait que, l'année dernière, le trésorier avait passé de banc en banc, pendant la messe de minuit, inscrivant les souscriptions dont il annonçait à haute voix le montant. Le total n'ayant pas été jugé suffisant, le curé adressa à ses ouailles une verte semonce, puis on ferma les portes, et le trésorier recommença sa tournée; cette fois, avec un plein succès. Tous ces détails nous choquent un peu. Il est bien évident cependant que, dans un pays où il n'existe pas de budget des cultes, on ne peut pas opérer autrement.

J'ai eu justement ce soir à discuter avec le P. Mac Glynn une question de ce genre. Il avait écrit il y a quelque temps à Raymond pour lui demander un cheval : je venais lui dire que nous nous ferions un devoir de lui en donner un. Mais il paraît qu'il a changé d'avis. Trois fermiers canadiens s'étaient engagés à fournir l'avoine : or la récolte a été très mauvaise cette année. Alors le P. Mac Glynn a décidé qu'il ne prendrait son cheval qu'au printemps prochain. Cette grave question ainsi réglée, je lui demande des nouvelles de sa sœur, qui vit avec lui. Il me répond qu'elle est au théâtre avec l'*help* (la servante). Pendant notre révolution, les domestiques exigeaient qu'on les appelât *officieux :* dans le Far-West, il n'y a pas beaucoup de servantes, mais celles qui y viennent rendraient immédiatement leur tablier si on les appelait *maid* ou *servant*. Il faut les appeler *lady help,* dame qui aide! Le directeur lui a envoyé à titre gracieux deux billets, qu'il a donnés à ces dames.

Ceci nous amène à aborder la question du théâtre en général. Le clergé de ce pays-ci ne me paraît pas avoir les mêmes opinions que le nôtre sur la comédie et les comédiens, comme on aurait dit au siècle dernier. Dernièrement, il est arrivé à Boston, je crois, une affaire qui a fait grand bruit. Un prédicateur parla, en chaire, en termes plus que vifs des gens de théâtre. Dans l'auditoire se trouvait justement une actrice très connue, dont la vie privée est d'ailleurs, dit-on, irréprochable. Elle se leva, interrompit vivement le prédicateur, et lui dit qu'elle ne pouvait pas tolérer qu'en sa présence on parlât ainsi d'une profession dans laquelle elle avait la prétention d'être restée aussi honorable que n'importe quelle autre femme. C'est dans une église protestante que la scène se passait, mais j'ai lu plusieurs journaux catholiques qui donnent absolument raison à l'actrice. Je crois donc qu'en Amérique le clergé n'est pas, comme il l'est chez nous, hostile de parti pris au théâtre. Ainsi le P. Mac Glynn m'a dit ce soir qu'il serait fort heureux de voir s'établir à Rapid une troupe qui habituerait le public à un genre de distractions plus relevé que celles qu'il goûte actuellement. Ce serait une moralisation relative. J'avoue que cette manière de voir me semble très sage. Chez nous, surtout autrefois, les gens d'une religion très austère condamnaient absolument le spectacle, quel qu'il fût. Je connais encore bien des villes, en province, où beaucoup de familles ne veulent pas, par principe, qu'aucun de leurs membres paraisse au théâtre local ; et puis ensuite on gémit sur le choix des pièces qui s'y jouent. Il est cependant assez naturel que les directeurs, sachant que, quoi qu'ils fassent, ils n'auront jamais la clientèle de la bonne société, ne se préoccupent que des goûts de l'autre. J'ai connu aussi des curés de campagne qui, dans l'espoir d'empêcher de danser, faisaient exprès de retarder l'heure des vêpres. Le résultat qu'ils ont généralement obtenu, c'est que, dans beaucoup de ces villages, on ne va plus aux

vêpres. Quand on veut tout avoir, on n'a souvent rien.
C'est pour cela que je trouve sages les gens qui rai-
sonnent comme le P. Mac Glynn.

Du reste, d'après ce que j'ai pu juger du niveau de
l'art dramatique dans les Black-Hills, il pourra monter
encore pendant longtemps avant d'en arriver à un rigo-
risme exagéré. Je suis allé l'année dernière au théâtre
de Deadwood. Le directeur m'avait fait l'honneur de
m'inviter à la première représentation de la saison,
qui avait lieu le soir même de mon arrivée. Il pleuvait
à verse. Le théâtre était une grande baraque en bois
dont la façade flamboyait dans la nuit très noire, grâce
à une douzaine de lampes électriques. A la porte, deux
ou trois cents chevaux de *cow-boys* attendaient, fris-
sonnants sous la pluie, la tète basse, la bride par terre
entre les jambes, disparaissant presque sous les énormes
selles mexicaines, dont le cuir rouge reluisait sous la
lumière.

En entrant, on se trouvait dans une sorte de vesti-
bule muni d'un bar où buvaient une douzaine d'hommes
à figures patibulaires. Le directeur vint au-devant de
moi : nous montâmes au premier, et il me fit entrer
dans une loge. Au-dessous de nous s'étendait une
grande salle garnie de tables et de bancs en planches
à peine dégrossies. L'assistance était nombreuse : il y
avait bien là trois ou quatre cents mineurs ou *cow-
boys*, buvant du *wisky* à pleins verres. Beaucoup avaient
mis leur revolver sur la table, devant eux : quelques-
uns avaient même fiché leur *bowie-knife* dans la table
à côté de leur verre.

Une vingtaine de femmes circulaient dans la salle.
La plupart n'étaient vêtues que d'un maillot et d'un cor-
set. Beaucoup d'entre elles étaient déjà à moitié ivres.

Du reste, des affiches penducs de tous côtés portaient
cette inscription :

Any lady who will refuse a drink for the good of the house
shall forfeit a day's salary!
Toute dame qui refusera une consommation encourra une amende
d'un jour de paye!

De temps en temps, l'orchestre entamait un air.
Alors sept ou huit de ces demoiselles montaient sur la
scène et jouaient une petite ineptie, prétexte à danses
ou à chansons.

Représentez-vous quelque chose d'analogue en
France. Dans nos ports, dans nos villes manufactu-
rières, il ne manque pas de cafés chantants d'un ordre
à peu près correspondant. Chez nous, on sent un vent
d'emballement et de folie qui court dans la salle, qui
atténue et qui excuse dans une certaine mesure la brutalité du spectacle. Les femmes n'ont pas trop l'air
d'exercer un métier; elles semblent emportées par un
peu de cet entrain endiablé qui, s'il faut en croire les
poètes, animait autrefois les bacchantes; dans la salle,
le public s'échauffe; les cris, les rires, les interpel-
lations jaillissent de toute part : le spectacle est aussi
bien dans la salle que sur la scène.

Ici, rien de pareil. Les femmes ont l'air de prendre
leur maillot au sérieux. Elles semblent croire qu'elles
exercent une profession comme une autre. Un peu
plus, elles vous parleraient de la sainte livrée du travail,
comme un orateur de réunion publique. Ce sont des
ouvrières payées par leur patron pour être inconve-
nantes pendant trois heures chaque jour; et elles s'ar-
rangent de manière à lui en donner le moins possible
pour son argent; non que le métier leur répugne,

mais parce qu'elles sont des ouvrières et que lui est un patron.

Les hommes sont encore plus curieux à étudier. Ils ont tous cet air surmené si commun en Amérique. Ils boivent silencieusement verre de whisky sur verre de whisky; l'ivresse arrive bien vite : on la reconnaît aux gestes qui sont incertains et aux yeux qui sont ternes, mais c'est une ivresse lourde et sombre qui tout d'un coup pourra bien devenir furieuse, mais qui jamais ne sera gaie. De temps en temps, quand une actrice ou une danseuse s'est distinguée, on voit un homme, quelquefois en guenilles, qui tire de sa poche un dollar et le jette sur la scène ; alors la femme le ramasse, le met dans sa gorge, et puis l'entr'acte venu, elle va s'asseoir sur ses genoux et boire avec lui. Si encore ils avaient l'air de s'amuser! Mais tous ont l'air de porter le diable en terre.

Il y a des soirs cependant où la scène s'anime. Quand un pas ou une chanson sont particulièrement réussis, il arrive qu'un *cow-boy* enthousiasmé prend son revolver et le décharge en l'air, en signe d'admiration ; alors tous ses camarades en font autant. Souvent aussi, un dilettante jette un lasso à une danseuse et la tire dans la salle.

C'est l'impresario qui me donne ces détails pendant que la représentation continue :

— *The boys must have their fun!* (Il faut bien qu'on s'amuse!) ajoute ce philosophe. C'était, l'autre jour, le mot du *ranchman* d'Hermosa.

— Cher monsieur, ai-je répondu, je suis entièrement de votre avis. Il faut qu'on s'amuse. Mais voyez ce grand *cow-boy,* là, en bas. La petite chanteuse blonde un peu boulotte qui est en scène le surexcite évidemment beaucoup. Voyez comme il écarquille les yeux ! Le voilà qui met sa main sur son revolver. Il va sûrement tirer en l'air. Or il est manifestement très ivre. Nous pourrions bien nous trouver sur le chemin que prendront les balles ! Cela me serait fort désagréable. Souffrez donc que je me retire. J'emporterai du reste un souvenir enchanteur de la charmante soirée que vous m'avez fait passer.

— N'ayez nulle crainte, cher monsieur, m'a répondu cet homme étonnant : le cas est prévu. Vous n'avez qu'à vous baisser quand on commencera à tirer. Le dessous et les côtés des loges sont faits avec des madriers à l'épreuve de la balle. Il n'y a donc aucun danger. Malheureusement, mon architecte n'a pas pu prendre les mêmes précautions pour le plafond : cela aurait été trop lourd...

Et, mélancoliquement, il me montrait le toit de son établissement, percé comme un crible par des milliers de petits trous ronds à travers lesquels une pluie rafraîchissante venait calmer les effervescences de l'auditoire ; témoignage flatteur des succès remportés par ses pensionnaires pendant la saison précédente.

CHAPITRE V.

27 septembre. — L'amphithéâtre au fond duquel
est construit Rapid-City s'ouvre sur la Prairié. L'espace
ne manquait donc pas aux organisateurs du concours.
Pour une raison qui est probablement excellente, mais
que je ne connais pas, ces messieurs ont cependant cru
devoir choisir un emplacement situé à six ou sept
kilomètres de la ville. Il a même fallu faire un chemin
pour y arriver. Du reste, selon l'usage de tous les concours, rien n'était prêt pour le jour de l'ouverture. On
a commencé avant-hier seulement à s'occuper de la
route. Des hommes conduisant des charrues attelées
de deux chevaux labouraient toutes les bosses qui se
trouvaient sur le tracé. D'autres venaient derrière eux
avec des pelles-brouettes en tôle[1], au moyen des-

---

[1] L'instrument que les Américains appellent un *scraper* et que
moi je désigne sous le nom de « pelle-brouette », faute de connaître une autre expression, est fort simple, fort ingénieux et d'un
usage général en Amérique dans tous les travaux de terrassement.
C'est un demi-cylindre en tôle pouvant tourner autour d'un axe

quelles les terres ameublies par le travail des premiers étaient transportées dans les creux. Au besoin, on recommençait l'opération cinq ou six fois, et un nivellement relatif était ainsi obtenu en un temps incroyablement court.

Cet emploi de la charrue m'a toujours semblé des plus ingénieux. J'ai vu, à Chicago même, creuser de cette façon les fondations d'une maison. La charrue commençait par tracer quatre ou cinq sillons : les hommes pelletaient la terre, puis la charrue repassait, et ainsi de suite jusqu'à ce qu'on fût arrivé à la profondeur de trois ou quatre mètres qu'on voulait atteindre. Il est évident que ce procédé est surtout avantageux dans un pays comme celui-ci, où la main-d'œuvre étant très chère, l'achat et l'entretien des chevaux coûte relativement peu. En France, les conditions ne sont pas les mêmes. Cependant il me semble que bien souvent, chez nous, et notamment pour les travaux de l'agriculture, on pourrait utiliser cette idée. Pourquoi, par exemple, ne pas employer la charrue quand on veut creuser un fossé de clôture ou établir des drains dans une prairie? Je compte tenter cette expérience à la première occasion.

Quand j'ai eu constaté que les choses étaient aussi peu avancées, j'ai vu que je pouvais, sans aucun inconvénient, accepter les propositions de mon ami le colo-

auquel est fixé à angle droit un timon qui sert à atteler les chevaux. L'un des bras est muni de deux poignées ou mancherons. En les soulevant de manière que la section du cylindre fasse avec l'horizon un angle de quarante-cinq degrés, l'autre bord, légèrement évasé, vient mordre dans la terre, qui s'accumule dans le cylindre dès que l'attelage se porte en avant. Quand il est plein, on rabaisse les mancherons, et tout l'appareil glisse comme un traîneau jusqu'au point où l'on veut décharger.

nel Log, qui veut absolument me faire visiter son *ranch*. Il a même tant insisté, que je le soupçonne fort d'avoir envie de me le vendre.

Ce *ranch*, le 7-Z, se trouve à trente-cinq milles environ d'ici, dans l'Est. J'en ai souvent entendu parler, parce que c'est l'un des derniers où l'on soit resté fidèle aux anciens errements qui consistent à laisser toute l'année les étalons avec les juments. Le colonel a commencé avec très peu de chose, il y a une dizaine d'années. Il a maintenant, dit-on, 4 ou 500,000 dollars. Il est donc tout naturel qu'il trouve excellente la manière d'opérer qui lui a permis d'arriver à ces résultats. Cependant je remarque qu'elle est abandonnée partout. Il doit y avoir de bonnes raisons pour cela.

A midi, nous voyons arriver devant l'hôtel un fort joli *buggy*, attelé d'une paire de ces petits chevaux américains qui n'ont que la peau et les os, mais qui sont si bons. C'est l'équipage du colonel qui vient lui-même nous chercher. Nous nous introduisons péniblement, Raymond et moi, sur le siège, à côté de lui ; dix minutes après, nous laissions derrière nous les dernières maisons de la ville. Alors commence une de ces promenades invraisemblables, comme on n'en fait que dans le Far-West. De ce côté-ci, la Prairie est encore fortement ondulée. Il n'y a, cela va sans dire, pas trace de route. A chaque instant nos braves petits chevaux se lancent à l'escalade de berges tellement escarpées, que leurs croupes sont littéralement au-dessus de nos têtes, sauf, pour nous, à les voir disparaître, l'instant d'après, au passage des ravins, comme si les chevaux s'étaient effondrés dans le sol. Dès qu'on rencontre une source, on s'arrête pour les faire boire, car c'est une précaution que ne manquent jamais de prendre les Américains. Un cocher français pousserait des hauts cris si on lui proposait d'en faire autant. Sous ce rapport les chevaux sont comme les hommes. Il faut qu'ils soient joliment bien construits pour résister aux soins qu'on leur donne.

A l'une de ces haltes, je cherche à m'orienter au moyen du soleil qui commence à baisser :

— Ah çà! colonel, dis-je à notre hôte au moment où il remonte à côté de moi après avoir remis dans le coffre de la voiture le seau en papier comprimé qui lui a servi pour la dixième fois à faire boire ses chevaux (encore une bonne invention des Américains, soit dit entre parenthèses, ces seaux en papier); — ah çà! vous nous faites toujours marcher droit dans l'est. Si nous continuons, nous allons entrer dans la réserve des Sioux.

— Non, nous n'y entrerons pas, car nous nous arrêterons juste sur la frontière.

— Mais quelle singulière idée avez-vous eue d'aller vous établir sur la frontière de la réserve! Vos chevaux doivent constamment y pénétrer. Or les réserves ne peuvent servir absolument qu'aux Indiens. Il est interdit aux blancs d'y mener leurs bestiaux. Encore l'année dernière, le président Cleveland en a fait expulser par les soldats huit cent mille bœufs. Dieu sait que cela a fait assez de bruit! Comment vous y prenez-vous pour ne pas avoir des affaires avec les agents indiens?

Le colonel me regarde d'un air de profond mépris.

— Tous les bœufs qu'on a fait sortir appartenaient à des républicains. Moi, je suis démocrate!

— Ah! vous m'en direz tant! Mais n'avez-vous pas de difficultés avec les Indiens eux-mêmes?

— Oh! ils me volent bien quelques chevaux.

Mais, au demeurant, nous faisons assez bon ménage.

— Cependant, il me semble avoir lu dans les journaux qu'il y a dans ce moment-ci quelque agitation parmi eux.

— Oh! ils veulent parler de l'histoire de *Porteur de sabre (Sword bearer)*. J'en parlais justement ces jours derniers avec un chef ogalalla, avec lequel je suis dans de très bons termes : c'est *Puce dans les cheveux (Flea in the hair)*. Vous le connaissez peut-être?

J'avouai humblement que je n'avais pas cet honneur, et que c'était même pour la première fois de ma vie que j'entendais prononcer ce nom charentonesque.

— Ah! vous ne le connaissez pas! continua le colonel, d'un air étonné : c'est un homme très comme il faut! Il m'a raconté tous les détails de cette affaire, et il les connaissait bien, car *Porteur de sabre* lui avait envoyé un émissaire, quelques jours auparavant, pour lui demander de venir le rejoindre. Voilà l'histoire! *Porteur de sabre* se donne comme prophète. Il vient de passer un mois dans les montagnes de la *Big Horn*. Le Grand Esprit lui est apparu. Il lui a montré un ménage blanc, un ménage indien et un ménage chinois, qu'il a enfermés dans trois grottes. Il lui a dit qu'il avait pris cette précaution pour assurer le repeuplement de la terre, parce que, étant mécontent de la race humaine en général, il le chargeait, lui, *Porteur de sabre*, de massacrer tout le reste.

— Et *Porteur de sabre* proposait à *Puce dans les cheveux* de collaborer à cette mission de confiance?

— Précisément! mais *Puce dans les cheveux* a refusé tout net. D'abord, il n'a pas confiance. Ensuite il dit que depuis quelque temps l'agent indien ne les vole plus trop, qu'il leur donne assez régulièrement tous les deux jours les bœufs que le gouvernement américain leur a promis à la suite de la grande guerre de 1876. D'ailleurs, il a encore sa tente pleine de chevelures qui datent de cette époque, et il ne voit pas pourquoi il entrerait sur le sentier de la guerre pour s'en procurer d'autres.

— Ce *Puce dans les cheveux* est décidément un sage. Je serais heureux que vous me fissiez faire sa connaissance. Mais croyez vous que les autres chefs ne se laisseront pas tenter?

— Oh! les Sioux ne bougeront pas. *Taureau qui s'assoit* et *Pluie dans la face,* les grands chefs de la guerre de 1876, sont surveillés de trop près. Songez que dans un rayon de cent cinquante milles autour des Black-Hills, il y a maintenant sept ou huit mille mineurs ou *cow-boys* qui ne demandent qu'à se jeter sur les Indiens. Les rassemblements ne peuvent se faire que dans le Nord. C'est là, du côté du Missouri, que se tient *Porteur de sabre!* On dit qu'il a déjà avec lui deux ou trois cents guerriers : des Tetons ou des Gros-Ventres. La police indienne croit que beaucoup de Corbeaux sont aussi en marche pour le rejoindre. Mais de ce côté-ci, je ne vois guère que quelques Cheyennes qui puissent avoir la velléité de les imiter. Je connais leurs chefs. L'*Élan qui se tient debout* et le *Petit Loup* se tiendront tranquilles. Mais je me méfie de *Cochon qui court.*

— Ah! c'est donc un homme terrible que *Cochon qui court?* Il a un bien drôle de nom!

— Oui! Vous n'avez donc pas entendu parler de ce qui lui est arrivé à Chadron, le 4 juillet dernier?

— Non, je n'étais pas dans le pays.

— Ah! c'est juste. Les citoyens proéminents de Chadron ont voulu donner une grande fête à l'occasion de l'anniversaire de l'indépendance : ils ont eu l'idée d'organiser une cavalcade; et pour qu'elle fût plus brillante, le comité a invité quelques chefs cheyennes à y prendre part. On pensait qu'il en viendrait une douzaine. *Cochon qui court* est arrivé avec quinze cents Peaux-Rouges, tant guerriers que *squaws,* en disant que puisqu'on les avait invités, il fallait les nourrir. Les gens de Chadron ont eu une telle peur, qu'ils se sont enfermés chez eux armés jusqu'aux dents. Pour faire repartir *Cochon qui court* et sa troupe, il a fallu leur donner une centaine de bœufs.

Tout en devisant de la sorte, nous continuons à avancer. A mesure que nous nous éloignons des Black-Hills, la Prairie devient moins accidentée. Le colonel nous fait remarquer avec orgueil l'abondance de l'herbe et sa belle couleur jaune. Un herbager normand est consterné quand il voit ses prés prendre cette couleur-là. Ici, au contraire, elle réjouit l'âme des *ranchmen.* Si l'herbe n'est pas très jaune à la fin de l'été, c'est qu'elle n'est pas très sèche (*cured*) : dans ce cas, les premières gelées la réduisent littéralement en poussière, et les animaux ne trouvent plus rien à manger pendant l'hiver. Justement, cette année, il y a eu au mois d'août des pluies très abondantes qui ont fait pousser l'herbe en très grande abondance, mais l'ont maintenue verte sur certains points, ce qui consterne les intéressés.

La nuit est presque tombée : nous sommes partis depuis six ou sept heures : nos braves chevaux maintiennent cependant toujours le petit trot allongé qu'ils ont pris au départ, sans paraître s'apercevoir de la longueur de la course. Devant nous, sur le ciel encore clair, se découpe une longue bande sombre, aux bords dentelés. C'est un taillis de buissons et d'arbres rabougris qui couvrent les rives d'une petite rivière au bord de laquelle nous sommes arrivés :

— Nous voici au *Box Elder Creek!* me dit le colonel.

De l'autre côté, la berge est assez escarpée, mais du nôtre elle est en pente douce; aussi nous descendons sans difficulté dans le lit du ruisseau, que nous suivons pendant deux ou trois cents mètres, malgré les rochers qui l'encombrent, avant de trouver moyen de remonter sur l'autre rive. A la fin nous arrivons à un endroit où un éboulement a produit une pente praticable : les chevaux hésitent un instant; mais, sur un appel de langue du colonel, ils se jettent tout d'un coup dans leurs colliers : nous ressentons deux ou trois de ces cahots que seuls peuvent supporter les ressorts des *buggys* américains, et en un clin d'œil nous avons regagné le niveau de la Prairie.

Mais là, nos coursiers s'arrêtent brusquement en tremblant de tous leurs membres. Nous sommes dans une petite clairière, au milieu d'un fourré de peupliers et de saules. Sept hommes se tiennent immobiles devant nous, le fusil à la main.

— Les Indiens! me dit le colonel tout bas à l'oreille. Que le diable les emporte!

— C'est mon vœu le plus ardent! lui dis-je sur le même ton. Mais qu'est-ce qu'il faut faire?

Ils ne bougent toujours pas. Le plus rapproché de nous est un grand escogriffe qui a une plume fichée dans les cheveux, mais dont on ne peut pas bien voir la figure, quoiqu'il ne soit qu'à trois ou quatre pas de nous, parce que sa tête se trouve complètement cachée par l'ombre d'un arbre. Le colonel, penché en avant, cherche à voir ses traits :

— Diable! dit-il, il me semble que c'est *Cochon qui court.*

— Il faut convenir que cela tombe bien, après ce que vous venez de nous dire de lui.

— J'ai mon revolver tout prêt sous la couverture, dit Raymond.

A ce moment, l'homme fait un pas en avant, et sa tête apparaît hors de l'ombre : le colonel pousse un cri de joie.

— Hé! mais c'est *Puce dans les cheveux!* s'écrie-t-il.

Et, sautant au bas de la voiture, il se précipite sur la main que lui tend son ami. J'en fais autant, car, professant pour toutes les supériorités sociales, politiques ou militaires, un respect que n'a pas encore complètement attiédi la fréquentation de nos gouvernants, je désire vivement être présenté au grand chef des Ogalallas.

Il m'accueille avec une dignité tempérée par une si grande bienveillance, que je crois devoir lui offrir immédiatement un cigare qu'il s'empresse d'accepter. De son côté, il me tend un petit papier très sale, dont je parviens à déchiffrer le contenu, grâce à une allumette. C'est une lettre de l'agent indien, informant tous les sheriffs, juges et commandants militaires du Dakota que le dénommé *Puce dans les cheveux* est autorisé à quitter la réserve pour se livrer aux plaisirs de la chasse, et les requérant de lui accorder, à l'occasion, aide et protection. Grandeur et décadence! Un grand chef ogalalla réduit à montrer son permis de circulation à toute réquisition des autorités, comme un simple directeur de théâtre forain! Il peut tout de même se vanter de m'avoir fait une fière peur.

Le brave homme ne paraît pas du reste s'en douter :

— *Good?* me dit-il sur un ton d'interrogation quand je lui rends son papier.

— *Very good,* ai-je répondu d'un air protecteur.

Il nous fait alors faire quelques pas à travers les buissons, et nous nous trouvons tout d'un coup au milieu du campement indien classique. Un grand feu de bivouac éclaire quatre tentes, devant lesquelles une vingtaine de *squaws* et d'enfants, accroupis en cercle, surveillent avec une attention sympathique le contenu d'une grande marmite qui mijote en laissant échapper une odeur qui n'a vraiment rien de déplaisant.

Comme personne n'a l'air de s'occuper de nous, j'ai tout le temps de contempler ce spectacle. Une grande femme, tout enveloppée d'une étoffe rouge, avec de longues tresses de cheveux noirs qui pendent sur son dos, écume gravement le bouillon au moyen d'une immense cuiller à pot en bois. Le colonel m'apprend que cette dame est ni plus ni moins que madame *Puce dans les cheveux* nº 1. Il me montre le nº 2, représenté par une petite personne couleur vieil acajou qui, à l'entrée d'une tente, se sert de la clarté du foyer pour mettre la dernière main à une superbe paire de mocassins destinés évidemment à son seigneur et maître, car ils sont brodés sur toutes les coutures avec amour et ornés de petites houppettes qui sont bien jolies, mais qui doivent être bien gênantes quand on marche. Heureux *Puce dans les cheveux!* qui a su choisir des compagnes ayant des aptitudes aussi variées et répondant aussi bien à tous ses besoins. Voilà les avantages de la polygamie, et c'est peut-être parce qu'elle constitue un cas pendable dans notre pays que tant de ménages y tournent mal. C'est ce que me faisait très justement remarquer, tout dernièrement, une dame de mes amies dont la vie conjugale a été assombrie de quelques nuages.

— Mon Dieu! me disait-elle, je me rends très bien compte de ce qui a fait notre malheur. Le premier devoir de la femme, c'est de faire le bonheur de son mari. C'était aussi toute mon ambition quand je me suis mariée! Que n'ai-je vécu dans un pays où les lois civiles et religieuses auraient permis à Anatole de m'adjoindre une ou plusieurs collaboratrices! Il aurait trouvé auprès de moi, j'ose le dire, tout ce qu'il aurait pu désirer en fait de poésie, de botanique et de musique. Le reste, il aurait été le demander à d'autres. Et notre existence se serait écoulée de la sorte dans une félicité extraordinaire. Mais je ne pouvais vraiment pas tout faire : voilà la cause de toutes nos infortunes!

Cette combinaison aurait-elle réellement assuré le bonheur d'Anatole? Voilà ce qu'on ne saura malheureusement jamais d'une manière bien certaine. Mais il ne faut peut-être pas condamner d'une manière trop absolue la thèse de madame de X..., car, au bout du compte, ce qui est arrivé à *Puce dans les cheveux* semble lui donner raison. Moins raffiné qu'Anatole, ce guerrier se passe sans doute volontiers de poésie et de botanique. Mais il tient à sa soupe et à ses mocassins, en quoi je trouve qu'il a bien raison. La cordonnerie et la cuisine sont deux arts très différents. Il était donc sans doute assez difficile de trouver une *squaw* qui les possédât au même degré. Il a préféré en prendre deux, sauf à augmenter ses dépenses de nourriture. Quand on veut la perfection, il faut savoir faire des sacrifices. Et il peut se vanter d'avoir réussi, car ses mocassins sont superbes et sa soupe a l'air

d'être excellente. Il m'en a offert plein la grande cuiller
à pot, et j'aurais certainement accepté cette aimable
invitation, si le colonel ne m'avait pas fait remarquer
une peau de chien toute fraîche qui pendait à un
arbre. Il y en avait bien à côté une autre qui avait dû
appartenir à une antilope; mais en vertu du grand
principe : « Dans le doute, abstiens-toi » , j'ai cru
devoir répondre que je n'avais pas faim, ce qui était
absolument le contraire de la vérité. En revanche, j'ai
pu, moyennant la somme de trois dollars, devenir
l'heureux propriétaire de la paire de mocassins.

Toutes ces petites négociations nous ont permis de
faire plus ample connaissance avec nos hôtes. Une ou
deux des femmes ne sont réellement pas laides : les
enfants sont très gentils. Comment ces malheureux
petits êtres à peine vêtus peuvent-ils résister à des
froids de trente degrés? Voilà ce que je ne comprendrai jamais. Quant aux guerriers qui nous entourent
sans dire un mot, ils ont de bien mauvaises figures.
Tous ont les cheveux divisés en trois longues nattes
qui tombent sur la couverture rouge dont ils ont le
haut du corps enveloppé. Chacun d'eux porte à la
ceinture un long couteau à scalper admirablement
aiguisé. Deux ou trois ont des revolvers; tous, un winchester en très bon état et une cartouchière bondée de
cartouches. A l'exception du chef, qui dit quelques mots
d'anglais, personne ne paraît nous comprendre.

Au bout de quelques instants, nous remontons en
voiture et continuons notre route. Nous ne tardons pas
du reste à arriver. Si la Compagnie du 7-Z *ranch* fait
de mauvaises affaires, on ne pourra pas lui reprocher
l'exagération ni le luxe de ses constructions. Nous ne
voyons qu'une petite maison devant laquelle est assis

un *cow-boy* qui ne se dérange même pas quand nous arrivons, laissant le colonel dételer et panser lui-même ses chevaux. Ceci est du reste absolument conforme aux usages du pays.

Pendant le dîner, il est naturellement question des Indiens. Durant les premiers temps de son séjour ici, le colonel a eu très souvent maille à partir avec eux, et je ne sais vraiment pas comment il a pu conserver son scalp jusqu'à présent. Maintenant que les Sioux sont encadrés à l'est et à l'ouest par des pays relativement peuplés, ils ne peuvent plus guère organiser d'expéditions contre les bestiaux des *ranchs,* parce qu'ils ne sauraient où les mener. Mais à cent cinquante ou deux cents lieues plus à l'ouest, du côté des montagnes de la Big-Horn, il y a de petites tribus qui ont derrière elles de vastes déserts, et celles-là ne s'en font pas faute. Quand l'occasion s'en présente, les jeunes guerriers cueillent aussi quelques chevelures; quelquefois même ils enlèvent des prisonnières. L'année dernière, à mon passage ici, on venait d'en retrouver une dont les aventures firent quelque bruit.

C'était une jeune Suédoise nommée, autant qu'il m'en souvient, Josepha Ericksen. Elle était venue avec son mari et ses beaux-frères fonder une ferme, non loin d'un *ranch* situé à l'ouest de Jenney's Stockade, la pointe extrême des Black-Hills, du côté de l'Ouest.

D'ordinaire, les fermiers ont grand soin de laisser s'établir entre eux et les Indiens un ou deux *ranchs* qui leur servent de tampons. Séduits par quelques bonnes terres, les Ericksen eurent le tort de faire le contraire. Mal leur en prit. Un beau matin, une bande de Gros-Ventres qui venaient d'enlever une centaine de chevaux au *ranch,* arrivèrent à la ferme. Le mari était absent. Ils tuèrent ses frères pour avoir leurs scalps, brûlèrent la maison et s'emparèrent des chevaux et des bœufs. Le chef, trouvant la jeune femme à son gré, la mit sur un poney et l'emmena avec lui. Leur camp se trouvait à cinq ou six journées de marche, près des sources de la Big-Horn. Quand l'expédition y arriva, le chef confia la garde de sa captive à ses femmes. Celles-ci, qui avaient envie de célébrer l'heureux retour de leur seigneur et maître par une petite fête, lui demandèrent la permission de la brûler vive. Le chef refusa; il avait pris goût à sa prisonnière : mais, pour les apaiser, il leur fit cadeau de tous les vêtements qu'elle portait; il fut convenu aussi qu'elles pourraient la battre de temps en temps, mais à la condition de ne pas lui faire trop de mal.

C'est un parent de madame Ericksen, avec lequel j'ai voyagé en chemin de fer, qui m'a donné tous ces détails. Il dit qu'elle a conservé un très mauvais souvenir de sa captivité. On était au commencement de l'été, il faisait déjà chaud, de sorte qu'elle s'habitua sans trop de peine à la privation de ses vêtements; mais, tous les matins, il lui fallait sortir devant la tente, et là, les vieilles femmes et les enfants ne manquaient guère de lui donner quelques coups de bâton pour se divertir. Dans la journée, on l'employait à faire la cuisine ou le ménage. Du reste, le gibier étant abondant, on la nourrissait assez bien.

Au bout de deux ou trois mois, un chef crow qui passait par là la trouva à son gré, et proposa au chef gros-ventre de la lui acheter. Après de longs pourparlers, celui-ci finit par la lui céder pour huit poneys. Au camp des Crows, on ne lui donna toujours pas d'habits, mais on ne la battait pas; la vie y était en somme assez tolérable. Malheureusement, elle n'y resta que cinq ou six semaines ; car son nouveau propriétaire se dégoûta d'elle et la revendit à l'ancien pour quatre poneys.

Elle séjourna chez celui-ci encore pendant un ou deux mois. Vers la fin de l'été, les *ranchmen* auxquels on avait volé des chevaux parvinrent à découvrir où était le camp des Gros-Ventres. Une expédition fut organisée, et les Indiens furent surpris à leur tour un beau matin. Selon leur habitude en pareilles circonstances, les *cow-boys* tuaient tout ce qui leur tombait sous la main. Le chef gros-ventre et ses femmes se battirent en désespérés dans une grotte où ils s'étaient réfugiés au commencement de la bagarre, emmenant avec eux madame Ericksen. On ne put y pénétrer que lorsqu'ils furent tous morts. La pauvre Suédoise avait pour sa part quatre balles de revolver dans l'épaule. C'était le chef qui, avant de mourir, les lui avait envoyées, ne voulant pas apparemment qu'elle lui survécût.

Les *cow-boys* pansèrent de leur mieux la malheureuse femme, qui était plus morte que vive : puis ils l'attachèrent sur la selle d'un poney et la ramenèrent au *ranch*, où son mari vint la chercher. Au bout de quelques semaines, elle était parfaitement guérie : elle est partie pour Chicago, ne voulant plus habiter le Far-West : ce que je comprends d'ailleurs parfaitement.

J'entends souvent des femmes, et aussi quelquefois malheureusement des hommes, qui me racontent que, pour être restés dans un courant d'air, ou pour être sortis en voiture découverte, ou pour avoir eu les pieds mouillés, ils ont attrapé quelqu'une de ces maladies aussi élégantes qu'extraordinaires qu'on a inventées depuis quelques années, et dont personne n'avait jamais entendu parler auparavant. Quand ils me dépeignent leurs souffrances, je pense toujours que leurs médecins devraient les envoyer en déplacement pendant quelques semaines chez les *Gros-Ventres*.

28 *septembre*. — Hier au soir, après le dîner, le colonel nous a raconté son histoire, au cours de laquelle j'ai appris avec un vif étonnement qu'il avait été réellement colonel dans l'armée confédérée du Missouri. Dans ce pays-ci, on est toujours tout étonné quand on découvre que quelqu'un qui se fait appeler colonel ou général a servi dans une armée quelconque.

Du reste, je ne sais pas trop quel est le métier que n'a pas fait notre ami le colonel. Après la guerre, il a voulu faire de l'agriculture dans le Colorado. Mais il a eu tant de difficultés avec les Indiens, qu'il n'a pas tardé à abandonner sa ferme, trop heureux de conserver son scalp. Il a été pendant quelque temps *freighter* dans la Prairie, puis épicier à Deadwood, puis banquier à Chayenne. Finalement, il s'est consacré au *ranch*, et c'est là qu'il a gagné la grosse fortune qu'il a actuellement. Il est marié. Il a même quatre ou cinq filles et un ou deux garçons qui vivent avec leur mère dans l'Arkansas. Il va passer quelques jours avec elles, une ou deux fois par an, et il parle de sa femme avec une affection vraiment touchante. *Guess she is a lady! every inch of her!* C'est une vraie dame !

Cependant, à son dernier voyage, il a remarqué que sa petite dernière, qui a sept ans, jurait comme un portefaix ou comme la célèbre Calamity Jane, *the champion swearer of the Hills!* dont j'ai déjà parlé et qu'il connaît beaucoup. Il a cru devoir en toucher un mot à madame Log, qui, par parenthèse, lui a fait une réponse que je trouve tout à fait digne d'être notée :

— *My dear!* a-t-elle dit, je suis moi-même très choquée (*I feel quite shocked!*) quand j'entends Bessie jurer comme elle le fait. Mais permettez-moi de vous faire observer que vous-même ne pouvez prononcer quatre mots sans y intercaler un juron. Or jamais je ne me permettrai de dire à mon enfant qu'il est mal de faire une chose que fait son père!

Madame Log sacrifie peut-être un peu trop le quatrième commandement au second : mais, en définitive, il vaut encore mieux n'en observer qu'un que de n'en pas observer du tout.

Il n'y a qu'un lit dans la maison. Le colonel, qui est l'hospitalité même, — notez qu'il est du Sud, — ce n'est pas un Yankee, — a tenu à toutes forces à me le donner. Lui et Raymond ont couché par terre, enveloppés dans des couvertures. Le matin, après une toilette sommaire, nous sommes descendus pour le déjeuner que nous a préparé la femme d'un *cow-boy*. Le colonel a pu se procurer une ménagère. C'est, du reste, le seul luxe qu'il se soit offert dans la petite maison en bois qu'il habite. Elle est construite sur une éminence, ce qui permet avec une bonne lorgnette de voir de très loin les troupeaux de juments : mais tout ce que je vois, ou plutôt ce que je ne vois pas, me fait constater une fois de plus combien peu les Américains s'attachent aux lieux qu'ils habitent. Chez nous, un cantonnier de chemin de fer cherche à enjoliver sa maison, quand même il ne devrait y passer que quelques mois. Il fait un petit jardin; il plante quelques arbres. Voilà huit ou dix ans que le colonel passe presque tout son temps ici, et si un incendie venait détruire la maison, l'écurie et les deux ou trois piquets qui servent à attacher les chevaux, il ne resterait que cinq ou six tas de boîtes de conserves pour dire que cette colline aride a été habitée.

Après le déjeuner, nous nous disposons à aller voir les troupeaux. Le colonel m'offre une monture : il veut même absolument me faire mettre une paire d'éperons californiens dont il semble très fier, et qui sont, du reste, de véritables œuvres d'art. Les molettes ont au moins dix centimètres de diamètre et représentent le soleil et la lune! Mais comme le coursier en question ne m'inspire qu'une médiocre confiance, c'est Raymond qui le monte, et le colonel et moi, nous nous mettons en route dans le *buggy* traîné par les deux chevaux qui nous ont amenés hier. Nous faisons d'abord quelques kilomètres par monts et par vaux, sans rien voir, et puis, tout à coup, nous distinguons à l'horizon des points noirs qui grossissent rapidement. Ce sont deux ou trois bandes que les *cow-boys* envoyés d'avance poussent vers nous. Bientôt nous nous trouvons au milieu de la première. L'étalon, un assez beau demi-sang percheron, marche en tête : les juments viennent derrière, marchant absolument de front, suivies de leurs poulains. Les *yearlings* ferment la marche. L'ordre est si parfait qu'on croirait voir manœuvrer un escadron de cavalerie. Dès que la bande s'arrête, toutes les juments se forment en cercle : les poulains et les *yearlings* à l'intérieur, l'étalon au centre. Ce dernier nous donne un exemple de la vigilance avec laquelle il surveille son troupeau. Un malheureux poney de *cow-boy,* boiteux, le dos en sang, qu'on a abandonné sur le *ranch* pour se refaire, sort d'un petit vallon et cherche à se joindre à la bande. L'étalon court immédiatement vers lui et l'éloigne à coups de pied; puis, voyant qu'il revient toujours, il se jette

sur lui avec une telle fureur que le colonel est obligé
de donner ordre à un *cow-boy* de le lacer et de le
ramener au corral.

Nous voyons successivement cinq ou six de ces
bandes. Il est certain que cette manière d'opérer est
très économique : on n'a, pour ainsi dire, pas besoin
de bâtiments, et le nombre de *cow-boys* employés est
réduit de moitié. Mais ces avantages ont leur contre-
partie : les pertes sont énormes, et le colonel est bien
obligé d'en convenir. Chez nous, les bandes sont toujours au complet, tandis que celles que nous avons vues
ce matin étaient toutes inférieures à l'effectif qu'il nous
annonçait. Et cela s'explique parfaitement. Les chevaux de deux et de trois ans sont très souvent mal-
traités par les étalons. Il y en a toujours qui finissent
par se sauver en emmenant avec eux quelques juments ;
et les petites bandes qui se forment ainsi franchissent
tout de suite des distances énormes. Rien que sur les
bandes que nous avons vues ce matin, il manquait
plus de quatre-vingts animaux. Quand on ne cherchait à produire que des poneys qu'on vendait 30 ou
40 dollars, pour le service des grands *ranchs* de bestiaux, il pouvait y avoir avantage à réduire la surveillance au minimum, sauf à perdre soit momentanément, soit même définitivement, un grand nombre de
têtes. Mais maintenant que l'on produit des animaux
valant en moyenne 150 ou 200 dollars, je crois que
ce calcul n'est plus juste, car les économies sont loin
de compenser les pertes ; je crois même qu'au fond
c'est l'avis du colonel, et qu'il regrette d'être resté
fidèle aux vieux errements, car il me semble bien désireux de se défaire de son *ranch*.

La compagnie qu'il dirige, le 7-Z, a du reste, ou,

pour parler plus exactement, avait plusieurs cordes à
son arc, car elle possède, en outre de ses chevaux, un
ranch de bestiaux dont le centre est à une vingtaine
de milles d'ici et où elle a eu jusqu'à trente-cinq mille
bœufs. Mais les temps sont durs pour les propriétaires
de *cattle-ranchs*. Comme les fermiers, mais pour des
causes différentes, ils subissent une crise terrible dans
laquelle beaucoup ont déjà sombré et à laquelle ne
pourront résister que ceux qui ont les reins très solides.
Cette crise a été occasionnée par les pertes que leur
ont fait subir les froids tout à fait exceptionnels de
l'hiver dernier. Dans le nord du Dakota, le thermomètre s'est tenu pendant plusieurs semaines aux environs de quarante degrés. Ici, la température a été
moins rigoureuse, mais cependant, à Fleur de Lis, en
février et en mars, la moyenne était de trente environ.
Quand il n'y a pas de neige, les bœufs résistent à merveille aux froids les plus intenses; mais quand il y en
a, et c'était le cas cette année, ils meurent comme des
mouches, parce qu'ils ne peuvent plus trouver à manger. Les chevaux, au contraire, résistent infiniment
mieux, grâce à la conformation de leur sabot, qui leur
permet de gratter la neige, quelque profonde et quelque dure qu'elle soit, pour trouver le *buffalo-grass*
qui leur sert à peu près exclusivement de nourriture
pendant l'hiver. Du reste, cette différence d'aptitudes
était bien indiquée par les mœurs des buffles et des
chevaux qui vivaient encore, il y a peu d'années, à
l'état sauvage dans ce pays. Dès que les premières
neiges tombaient, les immenses troupeaux de buffles
qui avaient passé l'été dans les prairies du Nord se
mettaient en marche vers le Sud. Pendant l'hiver, on
ne trouvait plus un seul de ces animaux au nord de la

Platte; tandis que les bandes de chevaux ne quittaient jamais leurs cantonnements. Maintenant il n'existe pour ainsi dire plus de buffles. Les bœufs n'ont pas l'instinct d'émigrer. D'ailleurs, ils ne le pourraient pas, car ils seraient arrêtés par les lignes de chemins de fer. Ils sont donc obligés de rester en toute saison dans les mêmes pâturages. Quand les grands froids surviennent au moment où la neige couvre le sol, ce qui est heureusement, du reste, assez rare, ils souffrent donc beaucoup. D'ordinaire, cependant, les pertes ne dépassent guère 7 ou 8 pour 100 ; mais cette année, toutes les plus mauvaises conditions se sont trouvées réunies. Comme disent les Normands, pour qu'un bœuf profite, il faut qu'il ait de la nourriture en abondance et qu'il ne soit pas dérangé. Or, l'afflux des émigrants a été tel que sur certains points les *ranchmen* se sont vu enlever leurs meilleurs pâturages. Il aurait fallu ou bien aller chercher un *ranch* au loin dans un pays, plus désert, ou bien diminuer le nombre de ses animaux. Généralement, on n'a fait ni l'un ni l'autre. De plus, beaucoup de *ranchmen* ne disposaient pas de capitaux suffisants. A chaque instant il leur fallait de l'argent, et, pour s'en procurer, ils étaient obligés d'envoyer des bœufs à Chicago. Il fallait les choisir. Les autres étaient donc constamment dérangés et fatigués par des *round-ups* incessants.

Les grands froids surprenant les troupeaux dans d'aussi mauvaises conditions, la mortalité a été effrayante. Au commencement de l'hiver de 1886-1887, les membres du syndicat des *ranchmen* du Wyoming et du Dakota-sud possédaient environ deux millions de bœufs, valant 60 millions de dollars. Au printemps, il ne leur en restait plus qu'un million, valant 20 millions de dollars. On avait donc perdu un million de bêtes et 40 millions de dollars; ces chiffres sont les chiffres officiels. Je suis convaincu qu'en réalité les pertes ont été encore plus fortes, car souvent les *ranchmen* cherchent à les dissimuler, de peur de diminuer leur crédit. On m'a cité un *ranch* où les pertes ont été de 95 pour 100. Dans un autre, les *cow-boys* ont trouvé un matin, au fond d'un vallon, six cents bœufs morts en une seule nuit [1].

Si cette effrayante mortalité avait amené une hausse dans les prix, le désastre aurait été atténué dans une certaine proportion. Malheureusement, c'est précisément le phénomène inverse qui s'est produit, et quelque étrange que cela paraisse au premier abord, il faut

[1] Chaque année, au commencement de la saison, les principaux *ranchs* communiquent à la presse un état approximatif de leur situation. Voici celui qui a paru dans les journaux de la région cette année :

Swan cattle Company.	55,000 bœufs
Carey cattle Company.	30,000 —
Converse cattle Company.	25,000 —
Ogallaláh cattle Company.	23,000 —
Standard cattle Company.	40,000 —
Union cattle Company.	20,000 —
Stoddard and Howard cattle Company.	20,000 —
Bay state cattle Company.	24,000 —
Wyoming cattle Company.	21,500 —
Pratt and Ferris cattle Company.	15,000 —
Anglo-Américain cattle Company.	11,000 —
Taschemacher and de Billier.	10,000 —
Reel and Rosendale.	10,000 —
Benjamin and Weaver.	10,000 —
Powder river cattle Company.	10,000 —
Carter cattle Company.	10,000 —
Murphy cattle Company.	10,000 —
Durbin cattle Company.	10,000 —
Big horn cattle Company.	10,000 —

reconnaître que cette baisse était absolument dans la logique des choses.

Un *ranch* de bestiaux se compose de quatre catégories d'animaux. Il y a d'abord les vaches et les taureaux conservés pour la reproduction, puis les produits de trois années : ce qu'un fermier français appellerait les bêtes de rente. Quatre-vingt-dix-huit vaches et deux taureaux donnent en moyenne soixante-quinze veaux ; au bout de quatre ans, ils constitueront donc un troupeau dont la composition ne s'éloignera guère des chiffres suivants :

Vaches et taureaux.	100
Veaux de l'année.	75
— — précédente.	70
Génisses et bovillons de deux ans.	65
Bêtes de trois ans (bonnes à vendre).	65
	375

On peut donc compter que, sur un troupeau de trois cent soixante-quinze animaux, il y en a soixante ou soixante-cinq à vendre chaque année.

Or, cette année, les veaux sont tous morts. On m'a parlé d'un *ranch* de vingt-cinq mille têtes, où il n'en était resté que trois cents ; les vaches surtout, puis les bêtes d'un an et de deux ans, ont également beaucoup souffert. Mais les bœufs âgés ont relativement bien résisté. Il en est résulté que les *ranchs* ont presque autant d'animaux à envoyer à Chicago, cette année, que les précédentes. Mais au lieu d'envoyer le cinquième ou le sixième de leur effectif, ils en envoient la moitié ou les trois quarts. De plus, tous ceux qui sont obligés de liquider, et le nombre en est énorme, ont envoyé tout ce qui leur restait. Il en est résulté, sur le marché de Saint-Louis et de Chicago, une affluence de sept ou huit cent mille bêtes en sus des prévisions : et cela a suffi pour faire baisser les prix de moitié environ. La viande, qui se vendait l'année dernière 10 ou 12 sous la livre, se vend maintenant 6 sous et souvent beaucoup moins.

Chez nous, les prix ont baissé presque dans les mêmes proportions, et à peu près vers les mêmes époques. Est-ce l'effondrement du marché américain qui a provoqué cette baisse? Il me paraît certain qu'il y a contribué. L'avilissement des prix du blé a eu pour effet de développer chez nous l'élevage dans une énorme proportion. Malheureusement, la surproduction de viande qui en est résultée a précisément coïncidé avec un appauvrissement de toutes les classes de la population, dont l'effet immédiat a été de diminuer la consommation. Ce phénomène n'est pas très sensible dans les villes, car en France l'ouvrier n'aime pas économiser sur sa nourriture. Mais il n'y a qu'à consulter les bouchers de campagne pour se rendre compte que, dans la plupart des provinces, et en ce qui concerne les paysans, la consommation de viande a diminué de plus de moitié depuis deux ou trois ans.

Si nous avons trop d'herbages, nous ne pouvons assurément nous en prendre qu'à nous et à notre charmant gouvernement, qui, libre-échangiste jusqu'aux moelles et se voyant cependant acculé à la protection par la force même des choses, n'a cependant voulu la donner qu'à dose infinitésimale et a espéré gagner du temps en persuadant aux agriculteurs que, pour remédier à leur détresse, il leur suffisait de modifier leur industrie. Dans mon département, notamment, pendant tout un été, les professeurs des instituts agricoles ont couru les villages, conseillant partout aux fermiers d'abandonner la culture et de ne plus faire que de l'élevage. Cette campagne a porté ses fruits, car, de tous les côtés, les malheureux propriétaires, déjà bien grevés, se sont vu mettre en demeure par les fermiers de faire les énormes frais de clôture et de semences que nécessite cette transformation.

Pour beaucoup, cela a été la ruine, — car ces travaux étaient à peine terminés, quand les prix sont tombés à un tel point, que souvent on vend les animaux gras moins cher qu'ils n'ont été achetés maigres. Il est très certain que jamais la crise ne serait arrivée à un pareil degré d'intensité, si nos éleveurs bretons et normands avaient pu continuer à déverser l'excédent de leur production sur les marchés anglais, au lieu de l'envoyer à la Villette.

Or, ce qui nous a fermé ce débouché, ce sont les arrivages de viande américaine. Il y a quelques années, les bouchers anglais la vendaient timidement ; maintenant, cette consommation est tellement entrée dans les habitudes, que la vente de ces viandes se fait partout ouvertement, à des prix qui ne s'éloignent pas énormément de ceux des produits européens.

C'est ainsi qu'il s'est établi une corrélation indiscutable entre le marché américain et le marché français, et c'est pour cela qu'on est en droit d'affirmer que la crise actuelle est due, dans une certaine mesure, aux grands froids de l'hiver dernier, puisque ce sont ces grands froids qui, pour les raisons examinées plus haut, ont amené l'avilissement des prix en Amérique. J'insiste sur ces faits qui me semblent intéressants, car ils sont de nature à fournir des indications très précieuses pour l'avenir. La baisse de la viande en Amérique a, sinon produit, du moins aggravé la baisse chez nous ; donc la hausse en Amérique doit amener la hausse chez nous. Or cette hausse me semble inévitable, car d'ici à trois ou quatre ans, c'est-à-dire tant que les *ranchs* ne seront pas reconstitués, l'appoint très important qu'ils fournissent au marché américain va faire complètement défaut.

Le colonel Log ne se contente pas d'administrer les deux *ranchs* du 7-Z ; il est encore le vice-président du *Wyoming and Dakota Stockmen Association,* société à laquelle sont affiliés tous les éleveurs du pays. Les troupeaux de bœufs se désagrègent beaucoup pendant l'hiver, car les animaux s'éloignent souvent dans des directions très différentes pour chercher leur nourriture. Il en résulte qu'au printemps toutes les marques sont mêlées à un point tel, qu'il serait à peu près impossible à des efforts individuels de reconstituer les troupeaux.

C'est l'Association qui se charge de ce soin. Sur un ordre émané de son comité, chaque *ranch* met en route un nombre de *cow-boys* proportionnel à son importance, et les achemine vers un lieu de rassemblement choisi par lui. Chaque homme doit emmener six ou huit chevaux, — quelquefois dix, — et ce n'est pas trop pour le métier qu'ils ont à faire. C'est un des officiers de l'Association qui prend le commandement de la petite armée ainsi constituée ; alors commence une immense battue circulaire, au cours de laquelle on ramène tous les animaux vers une localité désignée d'avance. Ces battues durent généralement un mois, couvrent souvent une étendue de quatre ou cinq cents milles, et ont pour résultat de former un troupeau de trente ou trente-cinq mille bœufs ou chevaux, comprenant quelquefois de cent à cent cinquante marques différentes. Chacun reprend alors son bien et retourne chez soi.

Le rôle de l'Association ne se borne pas à ces opérations. Pendant tout le reste de l'année, elle veille d'une manière fort active et très efficace sur les intérêts communs. Elle entretient, à cet effet, dans les localités un peu importantes, tout un personnel d'agents chargés surtout de réprimer les vols, qui sont d'ailleurs bien moins communs qu'on ne pourrait le croire. Il arrive bien de temps en temps que des mineurs ou même quelques fermiers tuent un bœuf de *ranch* pour le manger; mais ils ne s'aventurent guère à les voler pour les vendre, car les risques seraient trop grands. Cette sécurité est due à l'usage de la marque. Les *ranchmen* s'interdisent absolument la vente au détail. Les animaux dont ils veulent se défaire doivent être envoyés sur les marchés de Chicago ou de Saint-Louis. — Tout animal marqué, trouvé à l'ouest du Missouri, est donc réputé appartenir au propriétaire dont il porte la marque. — Celui-ci a le droit de le saisir ou de le faire saisir par les agents de l'Association en quelque endroit qu'il soit. On ne se figure même pas avec quelle brutalité se font ces saisies. L'année dernière, M. B..., le directeur du B. O. B., était venu faire une visite à Raymond A..., qui le reconduisit jusqu'à Buffalo-Gap lorsqu'il voulut partir. Ils allaient se séparer, quand on aperçut un fermier du voisinage qui arrivait à la station dans son *buggy*. L'un de ses chevaux portait la marque du B. O. B., je ne sais par suite de quelle circonstance, car le fermier en question est assurément un fort honnête homme. Sans dire un mot, M. B... sauta à bas de sa monture, courut à la voiture, coupa les traits du cheval et l'emmena, laissant le fermier se tirer d'affaire comme il le pourrait.

Ces manières d'opérer sont-elles bien légales? Je n'oserais l'affirmer. Mais les agents des associations sont généralement des gaillards qui ont d'excellents revolvers et qui s'en servent avec une grande facilité. Il arrive bien malheur à quelques-uns de temps en temps, mais je n'ai jamais entendu dire qu'ils eussent eu des démêlés avec la justice. Les juges et les shérifs sont habituellement pour eux pleins d'égards, et ils ont d'excellentes raisons pour les respecter, car les associations de *ranchmen* sont, en réalité, complètement maîtresses du pays.

Elles disposent d'ailleurs de ressources très considérables qui sont alimentées par plusieurs sources différentes. Chaque associé paye une cotisation assez forte au prorata de son capital. De plus, chaque année, après la grande battue, le grand *round up,* dont j'ai parlé plus haut, il est procédé, au profit de l'Association, à la vente des *mavricks,* et cette vente produit assez souvent des sommes considérables.

Il faut maintenant que j'explique ce que c'est qu'un *mavrick.* L'origine de ce mot est d'ailleurs assez curieuse.

Les plus vieux *ranchs* de ce pays-ci ne datent que d'une vingtaine d'années. Ils ont coïncidé avec l'établissement du chemin de fer *Union Pacific*, qui a forcé les Indiens à remonter vers le Nord ou à rentrer dans leurs réserves. Mais cette industrie était pratiquée depuis longtemps dans le sud des États-Unis, sur les frontières du Mexique. Il paraît que l'un des premiers qui l'exercèrent s'appelait Mavrick. C'était, dit la légende, un bonhomme d'humeur paresseuse et débonnaire, fort aimé de tous ses voisins. Il avait une manie : c'était de ne pas marquer ses bœufs ; mais comme tout le monde, excepté lui, les marquait, il était convenu que tous ceux dont le cuir était vierge de tout contact avec le fer rouge lui appartenaient.

Tout alla donc pour le mieux pendant quelque temps. Puis, un beau jour, la guerre de la sécession éclata. Les *cow-boys* partirent en masse pour aller faire, sous les ordres de Stuart et de Kirby Smith, ces *raids* qui ont fourni tant de sujets de conférence aux professeurs d'art militaire et auxquels leur apprentissage les rendait tout particulièrement aptes. Leurs maîtres n'étaient pas restés en arrière. La plupart servaient comme officiers dans les troupes du Sud. Quant aux animaux, on les avait abandonnés à leur malheureux sort. Quand je dis malheureux, j'emploie un terme manifestement impropre, car, évidemment, ils ne pouvaient qu'être enchantés de cet abandon.

Au bout de quatre ou cinq années, quand la guerre fut terminée, beaucoup de *ranchmen* et de *cow-boys* s'étaient fait tuer ; mais ceux qui restaient, et Mavrick était du nombre, s'empressèrent d'aller voir ce qu'é-taient devenus leurs troupeaux. La première impres-sion fut excellente. De tous côtés gambadaient des vaches, des génisses, des taureaux et des veaux en nombre incalculable. Mais tous ces animaux, nés pen-dant la guerre, n'étaient pas marqués. Mavrick en conclut immédiatement qu'ils lui appartenaient. Mal-heureusement ses voisins se refusèrent à adopter cette manière de voir, et les tribunaux s'étant déclarés en leur faveur, ils finirent même par ne rien lui laisser du tout. Mais l'affaire fit du bruit, et depuis ce temps la langue américaine s'est enrichie d'un mot. On appelle *mavrick* tout animal trouvé errant et sans marque.

Or le nombre en est encore assez considérable. Il y a toujours quelques génisses qui, chaque année, trouvent moyen d'échapper à la marque. Les veaux ou poulains dont les mères crèvent sont également réputés *mavricks*, puisque personne ne peut les réclamer. Tout cela finit par constituer des troupeaux de plusieurs milliers de têtes dont la vente, comme je le disais tout à l'heure, fournit des ressources importantes aux associations.

Le colonel Log prend, du reste, son rôle de vice-président très au sérieux. Aussi jouit-il d'une grande considération. Il est au plus haut degré ce qu'on appelle un officier efficace, un *efficient officer*. Entre ses mains, la direction a pris des allures tout à fait militaires. Le *cow-boy* le plus intraitable se soumet à ses décrets. Il est arrivé à ce résultat remarquable en créant une *black-list*, c'est-à-dire un tableau où sont inscrits les noms de tous ceux dont les peccadilles ont dépassé la moyenne. Ceux-là ne peuvent plus être employés par aucun des membres de l'Association. Tout cela doit donner énormément de besogne à ce brave colonel, qui lance à chaque instant des circulaires dont nous voyons des exemplaires affichés aux murs de la salle à manger où nous déjeunons. Les proclamations des mandarins chinois se terminent toujours par la formule : « Tremblez et obéissez! » Celles du colonel Log commencent invariablement par une phrase qui a quelque analogie. *Orders must be obeyed if the Association busts!* Littéralement : l'Association fera exécuter ses ordres, quand elle devrait y sacrifier son dernier sou! Dans les deux territoires où opère l'Association, le Wyoming et le Dakota, il y a huit ou dix grands journaux qui sont inspirés par elle. Aussi, au point de vue politique, est-elle toute-puissante. Les compagnies de chemins de fer seules osent quelquefois lutter contre elle.

Vers deux heures, quand la grande chaleur est passée, nous reprenons le chemin de Rapid-City. Nous arrivons bientôt sur les bords de *Box Elder Creek*. *Puce dans les cheveux* et son intéressante famille n'y sont plus. Mais il me prend la fantaisie d'aller examiner l'emplacement de leur campement : j'ai eu quelque peine à le retrouver. Les feux avaient été allumés dans un petit repli du sol. Les tentes et les broussailles les masquaient si complètement que, s'il avait convenu aux Sioux de ne pas se montrer hier au soir, nous serions certainement passés à cinquante mètres d'eux sans nous douter de leur présence : car, un instant après les avoir quittés, je me suis retourné, et, bien que la nuit fût assez claire, je n'ai plus rien vu du tout. Ils ne courent aucun danger et n'ont aucun intérêt à se dissimuler, et cependant, avant de partir, ils ont probablement jeté dans le *creek* tous les charbons et toute la cendre qui provenaient de leurs feux, car j'ai eu quelque peine à en retrouver la trace. En pleine paix, ils prennent instinctivement toutes les précautions auxquelles nous avons tant de peine à nous astreindre en temps de guerre. Nos ancêtres de l'âge de pierre devaient agir de même. Mais de longs siècles de sécurité nous ont si bien enlevé cet instinct, qu'une pareille existence ne serait pas tolérable pour nous. Ces alertes perpétuelles, qui finissent par énerver le civilisé le mieux trempé, leur semblent toutes naturelles. Je faisais cette réflexion en lisant l'année dernière dans les

journaux une histoire qui a fait beaucoup de bruit aux
États-Unis. Il s'agissait d'un chef apache nommé Géronimo. Ayant eu quelques difficultés avec les autorités
du Texas, il se mit un beau jour en campagne à la
tête de toute sa bande, composée de soixante-dix ou
quatre-vingts guerriers, suivis de cent cinquante ou
deux cents femmes ou enfants. Ils commencèrent par
piller une centaine de fermes, en ayant soin d'en scalper soigneusement tous les habitants. On mit à leurs
trousses deux régiments de cavalerie régulière, com-
mandés par l'un des meilleurs officiers de l'armée, le
général Crook, frère de celui qui a été massacré il y a
quelques années en compagnie du général Custer, par
les Sioux de Sitting-Bull. Les Indiens ne pouvaient pas
sortir d'un désert assez étroit, parce qu'il était entouré
par des zones trop peuplées pour qu'ils osassent s'y
aventurer. Ne pouvant pas, comme on dit en vénerie,
prendre un grand parti, ils étaient obligés de revenir
à chaque instant sur leurs voies, ce qui permettait aux
Américains de renouveler constamment les troupes qui
les poursuivaient; aussi cette poursuite était menée si
vivement, que la bande ne pouvait jamais prendre de
repos. Chaque jour il fallait marcher; et l'on faisait
souvent soixante ou quatre-vingts kilomètres. Les chevaux crevaient l'un après l'autre, mais les Indiens
trouvaient toujours le moyen de se remonter aux dépens des fermiers. Au bout de trois mois seulement,
ils se décidèrent à se rendre, et encore ne prirent-ils
ce parti que sur la promesse qui leur fut faite qu'on
se contenterait de les transporter en Floride. Je me
hâte d'ajouter que cette promesse a été tenue. Pendant
ces trois mois, on ne leur avait pris aucun traînard; il
paraît même que madame Géronimo avait trouvé le

temps de donner un héritier à son seigneur et maître,
et, pour employer les expressions consacrées, la mère
et l'enfant se portaient bien.

Tout en cheminant à travers la Prairie, le colonel se
met à nous parler politique. En sa qualité d'ancien
confédéré, il est démocrate, mais sa démocratie n'a
rien de bien absolu, car, comme vice-président de
l'Association des *ranchmen,* il soutient une politique
nettement républicaine. Une pareille dualité d'opinions n'est possible que dans ce pays-ci, où il n'y a au
fond qu'une seule politique, celle de l'assiette au
beurre, et où ce sont toujours les personnes et jamais
les principes que l'on discute. Il y a cependant une
question sur laquelle il n'entend pas la plaisanterie :
c'est celle de la prohibition. C'est ainsi qu'on appelle
ici l'interdiction des boissons alcooliques. Dans le territoire du Dakota, il faut payer une patente de 1,000 dollars par an pour pouvoir vendre une boisson contenant de l'alcool. Il me semble que cela est suffisamment
prohibitif; mais il y a des gens qui ne trouvent jamais que leur prochain soit assez vertueux. Le colonel, qui ne voyage jamais sans une grosse bouteille de
whiskey, déclare qu'il ne sera heureux que lorsque
le territoire aura adopté les lois de nos voisins de
l'Iowa.

Dans cet État-là, les prohibitionnistes règnent en
maîtres. Il est absolument interdit d'y vendre ou d'y
donner une boisson alcoolique quelconque, et notez
bien que le cidre et la bière sont considérés comme
alcooliques au premier chef. Vous pouvez avoir du
vin ou de la bière chez vous; vous pouvez en boire en
vous enfermant dans votre salle à manger. La loi veut
bien vous le permettre : je ne sais pas trop du reste

comment elle pourrait vous empêcher de le faire. Mais si vous vous avisez, non pas seulement d'en vendre, mais même d'en offrir un verre à un ami qui dîne chez vous, cet ami ou n'importe qui n'a qu'à aller vous dénoncer au premier magistrat venu pour toucher la moitié d'une amende de 100 ou 150 dollars, à laquelle vous êtes parfaitement sûr d'être condamné. Ce sont surtout les ministres protestants de toute dénomination qui se montrent les plus enragés. Aux noces de Cana, le vin étant venu à manquer, Notre-Seigneur s'est donné la peine de faire un miracle uniquement pour éviter à ses voisins le désagrément de boire de l'eau pendant la fin du dîner, et des gens qui citent la Bible à tout moment ont la prétention de nous faire croire que c'est un crime de boire du vin! Les Américains aiment à se décerner à eux-mêmes le titre de peuple libre (*free people*) par excellence, et s'estiment les gens les plus heureux du monde parce qu'ils sont tous colonels ou capitaines dans la garde nationale, que chez eux toutes les fonctions sont électives et qu'ils peuvent écrire tout ce qui leur convient dans les journaux. Il paraît que tout cela suffit à leur bonheur, car ils font bon marché du reste. S'il me fallait absolument opter entre les joies d'un gouvernement parlementaire, la liberté de la presse, la garde nationale avec tous ses honneurs, et un régime quelconque qui me garantirait le droit de boire ce que bon me semble sans être exposé à une amende de 150 dollars, mon choix serait bientôt fait, et je crois qu'il n'y a pas un Français sur cent qui ne pense comme moi.

Ce qu'il y a de curieux, c'est de voir l'ingénuité que déploient les vertueux Iowans pour éluder, avec un merveilleux ensemble, les lois qu'ils se sont librement

données et dont ils sont si fiers. L'an passé, j'allais de
Chicago à Buffalo-Gap. J'avais pour compagnon de
voyage un des hommes les plus spirituels que j'aie
jamais rencontrés, — un avocat du Midi, — M. F...,
qui allait voir son neveu, Raymond A... Il ne croyait
qu'à demi aux récits navrants que je lui avais faits au
sujet de la cuisine américaine. Jusqu'à Chicago, il me
plaisantait même assez agréablement sur ce qu'il appelait mes exagérations. Au premier buffet que nous
rencontrâmes en quittant la cité des Prairies, il fut
obligé d'avouer que je n'avais pas tout à fait tort; au
second, son front s'assombrit; au troisième, toute sa
verve était tombée. Il alla se coucher de bonne heure.
Le lendemain matin, je m'aperçus que pendant la nuit
on avait accroché à notre train un wagon-restaurant.
Comme généralement on y trouve quelque chose à
manger, j'allai faire part de cette bonne nouvelle à
M. F..., qui était encore dans son lit :

— Laissez-moi, cher monsieur, me dit-il d'une voix
dolente. La nourriture américaine est une chimère !
Cela n'est que trop vrai ! Puisqu'il faut déjeuner par
cœur, chimère pour chimère, j'aime mieux rêver que
je déjeune chez moi, dans mon bastidon, sur le bord
du Rhône. D'ailleurs, qui dort dine !

Et il se retourna dans son lit. Il avait bien tort, car
je parvins à réunir les éléments d'un déjeuner presque
sérieux. Il y avait notamment un petit vin de Californie qui n'était pas mauvais du tout.

A midi, le wagon était encore accroché. On annonça
le souper. J'allai derechef chercher M. F... Il était levé
et mourait de faim : aussi me suivit-il sans difficulté.
L'annonce du vin lui avait notamment fait beaucoup
d'effet. J'en commandai tout de suite une bouteille.

Le nègre qui nous servait me regarda un instant d'un air d'indécision, puis il alla consulter son patron, un monsieur superbe, qui vint aussitôt à moi.

— C'est vous qui demandez du vin? me dit-il.

— Mais oui! vous m'en avez donné ce matin.

— C'est que ce matin nous étions dans l'Illinois; depuis vingt minutes nous sommes entrés dans l'Iowa.

M. F... laissa échapper un sourd gémissement. Il pressentait quelque malheur.

— Rassurez-vous, continua le fonctionnaire en voyant notre air accablé, ne seriez-vous pas dyspeptique?

— Moi! jamais de la vie! J'ai, grâce à Dieu, un estomac d'autruche.

— Alors vous devez être anémique? Vous souffrez, cela suffit. Je suis docteur en médecine. Tous les directeurs de *dining-cars* de l'Iowa sont tenus de justifier d'un diplôme. Je vous prescris l'usage du vin. Voilà l'ordonnance. Remettez-la au garçon. Seulement le prix est doublé, et il est bien entendu que c'est une tisane que vous prenez, et non une boisson de simple agrément. Du reste, pour bien marquer la nuance, vous la boirez dans une tasse à thé.

Ainsi fut fait. J'ai bien tort de raconter cette anecdote, qui est cependant absolument vraie, parce que personne ne voudra la croire. Je l'avais contée à mes trois médecins. Eux aussi étaient restés incrédules. Mais il leur a bien fallu se rendre à l'évidence quand ils ont vu l'autre jour, à la première station de l'Iowa, un fonctionnaire monter dans le train et mettre les scellés sur l'armoire aux vins du wagon-restaurant, en ne laissant à la disposition du docteur-restaurateur que quelques bouteilles soigneusement comptées et dont le nombre était inscrit sur un procès-verbal. Et

puis le lendemain, quand nous sommes entrés dans le
Nébraska, je leur ai fait voir un autre fonctionnaire
qui venait lever les scellés de l'armoire et vérifier de
nouveau le nombre des bouteilles. Pour chacune de
celles qui manquaient, il fallait justifier d'une ordonnance.

Pendant que le colonel cherche, sans le moindre
succès, à me faire comprendre les beautés de ce régime, ses braves petits chevaux continuent à trotter.
Ils trottent même tant et si bien que vers neuf heures
du soir ils nous amènent à la porte du *Harney's Hotel*.
Tout en les regardant tourner le coin de la rue pour
aller manger le picotin d'avoine qu'ils ont si bien
gagné, je m'amuse à faire le décompte du nombre de
milles qu'ils ont faits depuis hier à deux heures.
Trente-cinq pour aller, — autant pour revenir, —
cela fait soixante-dix. Ce matin, c'est le même attelage qui, pendant quatre ou cinq heures, nous a
menés à travers le *ranch*. Nous avons certainement
fait encore une vingtaine de milles. Nous arrivons donc
à un total de quatre-vingt-dix milles, soit cent qua-
rante-quatre kilomètres. Et ces chevaux, dont l'un a
quatre ans et l'autre cinq, ont l'air d'être si peu fatigués, que le colonel compte les mener demain au fort
Meade, à quarante-cinq milles d'ici.

C'est encore un des agréments des hôtels américains que, si l'on arrive cinq minutes après l'heure fixée
pour la fin des repas réguliers, il est impossible de s'y
procurer quoi que ce soit à manger. En conséquence,
Raymond et moi, allons dîner au restaurant élégant
de Rapid-City. Cet établissement porte le nom affrio-
lant de *Restaurant du Bon Ton (sic)*! (Prononcez
Bong-Tong, pour vous conformer aux usages locaux.)

C'est, paraît-il, le rendez-vous des joyeux viveurs de la localité, — jeunes *ranchmen* échappés du *ranch* et commis en rupture de banque. Une douzaine de ces messieurs achèvent de dîner en compagnie de cinq ou six femmes. Nous avisons aussi dans un coin un vieux *ranchman* dont nous avons fait la connaissance hier au concours, et qui fume mélancoliquement sa pipe. Il veut bien nous mettre au courant de la situation :

— Ces jeunes gens, me dit-il (*them young fellows*) — (dans ce pays-ci, il n'est pas bien porté de dire *these*), — sont en train de célébrer la mise en liberté de cette grande fille rousse que vous voyez là et qui s'appelle Mabel Taylor!

— Et qu'avait donc fait cette pauvre dame pour aller en prison?

— Oh! rien de bien grave. Elle tient ici un bar (*den*). L'autre jour, ayant eu une petite discussion avec un de ses clients, elle lui a cassé une bouteille de whiskey sur la tête. Et le coup était si bien appliqué, qu'il a failli mourir. Alors le shérif l'a arrêtée. Mais il est sur pied maintenant, et elle en a été quitte pour une huitaine de jours de prison et 200 dollars d'amende.

— Il paraît qu'il ne fait pas bon se disputer avec elle?

— Non! c'est une femme très musclée! (*She is a very muscular woman.*) Il y a quelques semaines, elle a eu déjà une discussion avec un autre de ses adorateurs, un petit Allemand employé dans une banque. Elle lui a proposé de vider leur différend au moyen d'un combat de boxe. J'y ai assisté, cela était très intéressant.

— Vraiment?

— Oui! on était convenu de s'en tenir aux règles

du marquis of Queensbury. (Sa Grâce le marquis de Queensbury a écrit, il y a une centaine d'années, un livre sur la boxe qui fait encore autorité dans la matière.) Il y avait un arbitre et deux seconds. Mabel et l'Allemand ont retiré tous leurs vêtements jusqu'à la ceinture : l'arbitre a donné le signal, et le combat a commencé.

— Vous m'intéressez vivement! Et comment cela s'est-il passé?

— Oh! très régulièrement. C'est Mabel qui a reçu le premier coup sur le nez. Regardez, elle l'a encore un peu de travers. Elle est tombée sans connaissance. Mais son second lui a fait avaler un verre de whiskey, et elle était sur pied en moins de trois minutes. A partir de ce moment-là elle a eu constamment le dessus. Au bout d'une demi-heure, l'Allemand avait les deux yeux bouchés, trois dents cassées et la poitrine toute couverte de bleus. A la fin, les seconds n'ayant pas pu le remettre sur pied en temps voulu, l'arbitre a déclaré qu'il était vaincu. »

L'héroïne est une grande fille rousse montée sur une paire de pieds formidables, qui, malgré leur dimension, ne pourraient probablement pas la porter dans ce moment-ci, car elle est plus d'aux trois quarts ivre. Je ne parle pas de sa toilette, qui est simplement inénarrable. Du reste, il faut venir dans le Far-West pour savoir ce à quoi peut en arriver, en fait de combinaisons de couleurs, l'imagination d'une Américaine abandonnée à elle-même. Mais il faut convenir qu'elles ne demandent pas mieux que de s'instruire quand elles en ont l'occasion. Aussi, à New-York, on voit maintenant un grand nombre de femmes qui, grâce aux importations françaises, sont réellement très bien mises.

Elles poussent même la docilité à un point très remarquable, s'il faut en croire une histoire qu'on m'a contée il y a quinze jours à peine.

Je quittais New-York pour aller à Chicago. J'avais
pris le New-York-Central-Rail road. Nous étions partis vers dix heures. Il faisait une chaleur atroce. Je
commençai par lire consciencieusement, depuis le titre
jusqu'aux annonces, les cinq ou six journaux dont je
m'étais muni; puis je me mis à regarder le paysage.
Nous longions la rive gauche de l'Hudson. C'est là que,
s'il faut en croire la légende, le bon Rip van Winckle
s'endormit pendant quinze ans après avoir bu un verre
de grog avec les fantômes d'anciens pirates. Je m'en-
nuyais beaucoup. Aussi, la chaleur aidant, je m'affa-
dissais considérablement et j'en étais venu à me dire
que, si un fantôme d'ancien pirate m'offrait un verre
de grog en me garantissant que je m'endormirais jusqu'à Chicago, il me rendrait un service dont je lui
témoignerais volontiers ma reconnaissance en faisant
dire quelques messes pour le repos de son âme.

Je fus interrompu dans mes méditations par le maître
d'hôtel du *dining-car* qui venait annoncer que le
déjeuner était servi. Je m'empressai de me rendre à
son appel. Quand j'arrivai, je vis que plusieurs personnes m'avaient déjà précédé. Je cherchais de l'œil
une place libre, lorsque tout à coup, à mon grand
étonnement, j'entendis quelqu'un qui m'appelait par
mon nom et en français. C'était une gentille petite
femme, toute pimpante, avec un joli chapeau surmon-
tant une de ces bonnes figures gaies comme on n'en
voit que chez nous :

« Mettez-vous donc là, me disait la petite femme.
Tenez! il y a une place libre en face de moi. »

Naturellement je m'empressai de l'occuper.

« Vous ne me reconnaissez pas ! » continua-t-elle en riant de mon air ahuri.

Je balbutiai toutes les phrases idiotes qui ont cours en pareil cas. La figure ne m'était pas inconnue, mais le nom?... La vérité était que je ne me rappelais pas plus la figure que le nom.

« Mais l'année dernière, nous sommes revenus ensemble de New-York au Havre. Tenez, voilà ma carte. »

Et elle me remit une carte qu'elle tira d'un petit portefeuille des plus élégants. J'y lus d'abord son nom : madame Louise Taboureau; au-dessous, il y avait une petite vignette que je ne compris pas bien d'abord. Cela ressemblait à une paire de pattes de grenouille comme celles qu'on voit dans les amphithéâtres, préparées pour les expériences de galvanisme. Mais cela ne représentait pas du tout des pattes de grenouille, car au-dessous, en caractères très fins, il y avait :

REPRÉSENTANTE DE LA MAISON X..., A Z...

Bonneterie en tous genres.

Spécialité de maillots !

Avec les ressources du *dining-car* nous pûmes combiner un petit déjeuner très supportable. Madame Louise Taboureau est une très jolie fourchette. S. M. le roi Louis XIV aimait beaucoup les femmes qui avaient bon appétit, et lord Byron les détestait. Je soutiendrai toujours que c'est la doctrine du roi Louis XIV qui est la bonne. Au dessert, nous étions les meilleurs amis du monde. Elle me confia que sa tournée commerciale étant terminée, elle allait rejoindre, à Buffalo, son mari qui, de son côté, plaçait des vins, et qui l'attendait pour aller faire un petit tour dans le Canada avant de retourner en France.

« Eh bien, lui dis-je, êtes-vous contente des résultats obtenus? Comment va le maillot?

— Le maillot? Ah! il va bien mal, le maillot!

— Ah! vous m'affligez. Comment! la bonneterie est dans le marasme? Serait-elle atteinte, elle aussi, par la crise agricole? L'agriculture manque de bras; cela, c'est connu; mais je n'ai jamais ouï dire qu'elle manquât de jambes, et tant que les jambes restent, il y a de l'espoir pour la bonneterie! »

Madame Louise Taboureau voulut bien rire un peu de cette très médiocre plaisanterie.

« Je vous ai dit que le maillot n'allait pas : les bas non plus ne vont pas. Notre domaine incontesté, c'était le maillot! Pour les bas, nous avons toujours eu beaucoup de peine à lutter contre les Anglais! Mais ce sont les chaussettes pour dames qui vont! Si j'en avais eu trois fois plus, je les aurais toutes vendues.

— Comment! les chaussettes pour dames? m'écriai-je. Les dames portent des chaussettes?

— Mais vous ne lisez donc pas les journaux? Moi, je les lis, et bien m'en a pris. Deux mois avant de partir, j'ai lu que madame X... Vous connaissez madame X...?

— Vaguement.

— Eh bien, j'ai lu que madame X..., la grande élégante madame X..., ne portait plus que des chaussettes. Tous les chroniqueurs ne parlaient que de cela. Cela a été, pour moi, un trait de lumière. J'ai couru chez mon patron et lui ai dit : « Faites-moi des chaussettes, faites-m'en de toutes les couleurs de l'arc-en-ciel! je ne veux, cette année, emporter en Amérique

que des chaussettes! » Il a eu confiance, le patron! Je suis arrivée en Amérique avec une montagne de chaussettes pour dames. J'avais emporté les journaux qui parlaient de cela : je les montrais à toutes nos clientes. Quand elles ont su que madame X... ne mettait plus que des chaussettes, toutes ont voulu en avoir. Cette année, à Newport, à Saratoga, toutes les jambes élégantes se sont affranchies de la tyrannie des bas! — On ne porte plus que des chaussettes! — Personne ne veut plus de bas! Les bonnetiers anglais ont tous leur stock sur les bras. Ah! madame X... a rendu un fier service à la bonneterie française! Cette femme-là, voyez-vous, ajouta madame Taboureau enthousiasmée, si j'étais que du gouvernement, je la récompenserais.

— Mon Dieu! dis-je, certainement, si elle était Anglaise, on ne pourrait guère, dans l'espèce, lui donner l'ordre de la Jarretière. Mais puisqu'elle est Française, je ne vois pas pourquoi on ne lui donnerait pas le Mérite agricole. »

CHAPITRE VI.

10 *octobre*. — Me voici installé de nouveau, depuis plusieurs jours déjà, à Fleur de Lis. J'ai en horreur la vie d'auberge, surtout aux États-Unis ; aussi est-ce avec une très vive satisfaction que j'ai retrouvé mon *home,* comme diraient les Yankees. Mon revolver et mes immenses éperons de *cow-boy* ont repris leur place aux andouillers d'un massacre de daim qui me sert de porte-cannes. J'y ai pendu également les mocassins achetés à madame *Puce dans les cheveux.* Ils font un effet superbe.

En examinant les papiers qui se sont accumulés sur ma table pendant mon absence, j'ai retrouvé les feuilles qui contenaient la première partie de ces véridiques récits. Elles étaient là qui m'attendaient, retenues par un petit bloc de quartz aurifère qui me sert de presse-papier. En les examinant, je me suis aperçu que je n'avais pas encore fait choix d'un titre. J'en aurais bien un qui serait tout indiqué : *Fleur de Lis Ranch !* Seulement ce titre-là désolerait mon éditeur, qui me

trouve déjà horriblement compromettant. Il me parle
toujours de ce qui lui est arrivé pour les *Montagnes Rocheuses*. — Quinze jours après la mise en vente, il reçoit
une lettre du préfet de la Seine l'informant que la
commission spéciale chargée de choisir les livres destinés aux bibliothèques communales et scolaires, venait
d'assurer ce suprême honneur auxdites *Montagnes
Rocheuses*. Voilà un éditeur enchanté, supputant le
nombre de volumes qui vont lui être enlevés de la
sorte. Trois semaines après, j'étais candidat royaliste
dans l'Aisne, et une nouvelle circulaire paraissait, si-
gnalant mon pauvre livre à tous les instituteurs comme
ne pouvant, dans aucun cas, être mis entre les mains
de la jeunesse !

Je ne veux effaroucher les susceptibilités de personne. Mon livre ne s'appellera pas *Fleur de Lis !* Il
s'appellera *la Brèche aux buffles !* (Buffalo-Gap.) Ne
pouvant prendre le nom de la localité, je prends celui
du bureau de poste !

Je dois dire cependant que j'ai songé un instant à
un autre titre. J'ai été sur le point d'écrire sur la première feuille : *Histoire de l'invasion normande en
Amérique !* Si je ne l'ai pas fait, c'est que j'ai découvert qu'il existait déjà un livre, malheureusement peu
connu, je dis malheureusement, parce qu'il est des
plus intéressants, qui a un titre presque identique.
L'auteur, un savant archéologue normand, y reven-
dique pour ses compatriotes toute la gloire de la
découverte de l'Amérique. On savait déjà que Pinçon,
le pilote de Christophe Colomb, était natif de Dieppe ;
mais il paraît que, plusieurs siècles auparavant, les
anciens Normands avaient non seulement découvert la
côte actuelle des États-Unis, à laquelle ils donnaient le

nom de Vin-Land, à cause des vignes sauvages qui y sont très communes, mais que même ils y avaient établi des colonies florissantes, à ce point que le clergé et les fidèles auraient contribué au denier de Saint-Pierre levé pour subvenir aux frais de la première croisade. C'est, paraît-il, l'étude des Segas islandaises qui a mis sur la trace de ces histoires extraordinaires, et elles auraient été, plus tard, pleinement confirmées par des documents retrouvés dans les archives du Vatican.

L'auteur estime que ces établissements ont dû être détruits vers le douzième ou treizième siècle, probablement par les Indiens : ont-ils jamais existé ailleurs que dans l'imagination des archéologues? Voilà ce que je laisse à décider à des gens plus savants que moi. L'invasion normande, dont je songeais à devenir l'Augustin Thierry, est l'invasion très moderne et toute pacifique des États-Unis par les chevaux percherons et normands.

L'engouement dont ils avaient été l'objet lorsque, il y a une vingtaine d'années, quelques importateurs songèrent à les amener pour faire concurrence aux chevaux du Clydesdale et du Shire, cet engouement, dis-je, bien loin de se calmer, n'a fait qu'augmenter à mesure qu'on les a connus davantage. Voilà encore ce qui distingue cette invasion-là des invasions ordinaires. Chaque année, au printemps, on voit les acheteurs de l'Illinois et de l'Iowa arriver plus nombreux dans les fermes du Perche, et cela, malgré la progression toujours croissante des prix, qui résulte d'ailleurs uniquement de la concurrence acharnée qu'ils se font entre eux. Un bel étalon percheron valait 1,500 francs il y a vingt ans : on en a vendu un l'année dernière 17,000, à Nogent-le-Rotrou. C'était une exception, mais les prix de 10,000 francs sont assez ordinaires,

et je crois que la moyenne ne doit pas être inférieure
à 4,000. Comme on a exporté, cette année, environ
trois mille animaux, cela fait donc une rosée bienfai-
sante de 8 ou 9 millions qui s'est répandue sur quatre
ou cinq arrondissements, ce qui n'est pas à dédaigner
par le temps de détresse agricole que nous traversons.
Deux associations étroitement unies favorisent d'ailleurs
ce mouvement de la façon la plus intelligente. La première comprend tous les propriétaires, éleveurs et fermiers du Perche. C'est elle qui a créé le *Stud-book
percheron.* La seconde, *The American Percheron
Association,* a son siège à Chicago et dépense chaque
année des sommes très considérables pour favoriser
l'importation française. Elle a organisé notamment des
concours annuels uniquement réservés aux chevaux
percherons importés ou nés dans le pays. Le premier
a eu lieu l'année dernière. Pour donner plus d'autorité
aux décisions du jury, le comité avait obtenu des gouvernements américain, français et anglais, que chacun
d'eux désignât l'un des juges qui en feraient partie.
Notre gouvernement s'empressa naturellement de défé-
rer à cette demande, qui lui avait été transmise par la
voie diplomatique. Il désigna un inspecteur général
des haras, M. de la Motte-Rouge, auquel il adjoignit,
pour le seconder et aussi à titre d'interprète, un autre
officier supérieur de la même administration, M. Le
Couteulx de Caumont.

Autant je comprenais que nos amis d'Amérique se
fussent adressés au gouvernement français en cette
circonstance, autant, je l'avoue, il me semblait étrange
de demander au gouvernement anglais ou canadien de
se faire représenter dans un jury chargé, au fond, de
donner une sorte de consécration officielle à la supé-

riorité acquise par nos produits français sur ceux du
Shire et du Clydesdale, dont ils ont pris la place. Le
gouvernement canadien crut cependant devoir accepter
l'invitation qui lui était adressée, et se fit représenter
par M. A. Smith, directeur du collège royal des vétérinaires de Toronto; mais ce personnage sentit probablement bien vite combien le rôle qu'il était appelé
à jouer était délicat, car il ne fit qu'apparaître et
retourna au bout de vingt-quatre heures à Toronto.

Le juge américain était M. Loring, ancien secrétaire
d'État de l'agriculture. J'étais moi-même convié comme
représentant des éleveurs percherons, et j'arrivais
muni d'une assez forte somme et de deux médailles
d'or que la Société française faisait remettre au Comité
pour être distribuées en prix.

Je pus constater, en arrivant, que tout était monté
sur un pied véritablement grandiose. On s'attendait à
avoir tant de monde, qu'on avait décidé de tenir le
concours dans un grand parc situé à quelques kilomètres de la ville, qui est muni d'une très bonne piste
servant d'ordinaire aux courses au trot qu'aiment tant
les Américains. L'idée qui avait présidé aux aménage-
ments intérieurs était assez originale. Les organisateurs s'étaient fait envoyer par l'architecte de l'Eure-
et-Loir le plan très exact de l'ancien château des
sires de Nogent, et l'avaient reproduit de grandeur
naturelle, et jusqu'aux moindres détails, en se servant
comme matériaux de bottes de foin comprimé. Les
grandes salles voûtées de l'intérieur avaient même été
meublées dans le style du quatorzième siècle, et un
restaurateur de Chicago nous y servait tous les matins
un déjeuner qui malheureusement, lui, était du style
américain le plus pur.

Le château de foin, *Hay-Castle,* dont la description remplissait tous les journaux et le portrait couvrait tous les murs de la ville, n'était pas le seul américanisme du concours. Dès notre arrivée, on nous déclara, à M. de la Motte-Rouge et à moi, que le programme des divertissements, pour le lendemain, comportait une promenade dans les rues de Chicago, une *procession,* pour employer l'expression usitée. La composition du cortège était déjà fixée. A la tête devait marcher une troupe de cinquante musiciens revêtus de *magnificent uniforms* et jouant toutes les marches triomphales de leur répertoire : puis viendraient environ cinquante étalons primés en France et conduits par des hommes revêtus d'*uniforms* qui, sous le rapport de la magnificence, n'auraient rien à envier à ceux des musiciens. Derrière eux, une voiture à six chevaux devait contenir le sénateur présidant l'Association, M. de la Motte-Rouge et moi. Enfin l'arrière-garde du cortège devait être formée par quelques voitures-réclames pour l'établissement desquelles certains industriels de la localité n'avaient reculé devant aucun sacrifice. C'est du moins ce qu'annonçaient les milliers d'affiches flamboyantes qui couvraient déjà tous les murs et même tous les tramways.

En apprenant le rôle qui m'était réservé dans cette petite fête, les souvenirs de la marche triomphale du bœuf gras, ce vieil ami de mon enfance, se présentèrent immédiatement à ma mémoire. Je revis le beau cotentin aux cornes dorées, chancelant sur sa plate-forme roulante entourée d'un rang de druides aux longues barbes d'étoupe : derrière, le char triomphal où s'épanouissaient, sous la brise âpre de février, les nudités grelottantes de tout l'Olympe de la Courtille, et puis, bien en vue, dans ce cadre grandiose, la car-

riole du boucher et de l'éleveur! Pourrais-je atteindre
à la dignité fière et sereine avec laquelle ils saluaient
la foule enthousiaste qui se pressait sur leur passage?
Le Perche et le bas Maine avaient l'œil sur moi. Je
craignis de ne pas être à la hauteur des circonstances.
M. de la Motte-Rouge connut-il les mêmes angoisses?
Je l'ignore. Toujours est-il que nous trouvâmes, dans
notre modestie, la force de nous dérober aux honneurs
dont on voulait nous accabler, et ce fut mêlé à la foule
que j'assistai à ce défilé. Les musiciens avaient tant
d'or sur leurs habits, qu'on avait mal aux yeux en les
regardant; la voiture où nous aurions pu être était un
grand landau attelé de six chevaux blancs, conduits à
grandes guides par un monsieur très moustachu, coiffé
d'un chapeau mou. De l'intérieur, trois sénateurs[1], ou
congressmen, prodiguaient des sourires aimables à
leurs électeurs. Et pour mieux flatter les passions popu-
laires, — oh! politique! que ne fais-tu pas faire à tes
adeptes! — ils avaient accepté l'insigne en honneur
dans cette journée mémorable, une énorme bouffette
de rubans bleus appliqués sur une cocarde, autour de
laquelle on lisait écrit en grosses lettres d'or :

ÉTALONS FRANÇAIS !

Les camelots qui la vendaient ont dû faire des affaires
d'or, car, dans l'enceinte de l'exposition, toutes les
dames, par une délicate et flatteuse attention, avaient
voulu en fleurir leur corsage !

Tout le monde, d'ailleurs, s'était mis en frais d'ima-

---

[1] L'un de ces sénateurs était le général Logan, mort depuis,
mais qui, aux dernières élections, était le candidat des républicains
à la vice-présidence des États-Unis.

gination pour célébrer la gloire et les mérites des percherons ! Les journaux consacraient tous leurs premiers
Chicago à raconter leur histoire depuis les temps les
plus reculés jusqu'à nos jours. Ils montraient leurs
ancêtres repoussant les Sarrasins dans les plaines de
Poitiers, avec la collaboration des preux chevaliers qui
les montaient, et s'unissant avec leurs prisonnières,
les juments sarrasines, pour produire cette race merveilleuse qui, etc., etc. D'autres envisageaient la question au point de vue pécuniaire : ils parlaient des
savantes recherches du maire de Nogent, un archéologue distingué, qui a établi que c'était dans cette
localité que les habitants d'Orléans, délivrés des Anglais
par Jeanne d'Arc, avaient acheté le cheval qu'ils lui
ont offert, cheval payé, dit-il, 6,000 livres, ce qui représente, parait-il, environ 150,000 de nos francs.

Cela me semble beaucoup d'argent. Mais du train
que vont les choses, je ne désespère pas de voir bientôt des Américains modernes se montrer aussi géné-
reux que les Orléanais du temps passé. Si j'en juge
d'après ce que j'ai vu à ce bienheureux concours, ils
sont en bonne voie pour en arriver là. A ma connaissance, on y a refusé, d'un cheval déjà âgé, dix mille dollars. Il est vrai qu'il s'agissait du fameux *Brillant,* que
mademoiselle Rosa Bonheur a jugé digne de lui servir
de modèle, il y a quelques années, quand elle a voulu
offrir à l'Association percheronne américaine un tableau qui représentât le type de ses chevaux favoris.
Son comité a, du reste, reconnu ce don d'une manière
très délicate. Ils ont envoyé une expédition de trappeurs dans la Colombie anglaise, où se trouvent, dit-on,
les plus beaux chevaux sauvages. L'expédition est
revenue avec quatorze de ces animaux; on a choisi les

trois plus beaux, qui ont été envoyés en France et offerts
à la célèbre artiste, afin de lui servir de modèles pour
ses tableaux futurs. Je ne les ai pas vus, mais on m'a
dit qu'ils sont en ce moment à Fontainebleau.

Je ne sais pas s'il y a d'autres chevaux que *Brillant*
dont on ait offert 10,000 dollars; mais les prix de
5,000 dollars (25,000 francs) ne sont pas très rares, et
parmi les quatre cents animaux qui figurent au concours, la plupart importés cette année ou l'année dernière, je ne crois pas qu'il y en ait un seul dont le propriétaire voulût se séparer pour moins de 2,500 dollars
(12,000 francs).

Tous ces émigrés semblent témoigner par leurs
croupes arrondies et leur poil luisant qu'ils s'accom-
modent fort bien de l'avoine amère de l'exil. Plusieurs
de ceux que l'on fait défiler devant nous, à la porte du
château de foin, sont de vieilles connaissances. M. de
la Motte-Rouge leur a déjà distribué des couronnes, il
y a quelques semaines, au concours de Nogent. Je me
demandais s'ils n'allaient pas témoigner quelque émotion en reconnaissant ces tours à l'ombre desquelles
ils ont cueilli leurs premiers lauriers. J'ai bien constaté que la plupart avaient cherché à approcher leurs
lèvres des assises du monument; mais je crois que cet
hommage s'adressait plutôt à la matière dont elles
étaient formées qu'aux souvenirs patriotiques que leur
vue aurait dû éveiller en eux.

Il nous restait à faire connaissance avec les petites
familles qu'eux ou leurs prédécesseurs se sont créées
sur la terre d'exil, c'est-à-dire avec ces fameux demi-
sang, *grades,* dont les Américains se montrent si satisfaits. La race percheronne se montre généralement
assez rebelle à l'acclimatement, en tant que race pure.

Elle est redevable dans une si grande proportion de
ses qualités au sol et au climat du pays qui la produit,
que bien peu des nombreux essais qu'on a tentés pour
l'acclimater ailleurs ont réussi. Le succès des Américains, dont le sol et le climat sont si différents des
nôtres, est dû à ce qu'ils n'essayent pas de produire la
race pure; le but qu'ils se proposent est de produire
le demi-sang.

Nos hôtes avaient pris une excellente manière de
nous faire juger des résultats acquis. Il existe à Chicago
une foule de magasins et d'administrations qui, pour
leur service de camionnage, disposent d'une cavalerie
considérable. Autrefois, tous la recrutaient parmi les
demi-sang du Shire ou du Clydesdale : mais ces chevaux, originaires de prairies humides, transmettaient
si régulièrement à leur descendance des pieds défec-
tueux incapables de résister aux pavés des villes,
que maintenant on ne veut plus que des demi-sang
percherons pour ce service.

Les organisateurs du concours s'adressèrent à ces
administrations, leur demandant d'envoyer toutes, le
même jour, le plus grand nombre possible de leurs
chevaux attelés pour en former une « procession » qui
défilerait devant les tribunes. La plupart répondirent
à cet appel, et le total des chevaux inscrits dépassa
deux mille cinq cents.

Au jour dit, près de cent mille personnes s'entas-
saient dans les tribunes et autour de la piste, sur laquelle
défilaient cinq à six cents voitures attelées à deux, à
quatre et même à six chevaux. La plupart des expo-
sants avaient profité de l'occasion pour faire un peu de
réclame à leur industrie, ce qui, en somme, était bien
naturel. Un fabricant de savon avait envoyé un char

sur le sommet duquel se démenait un grand nègre, nu jusqu'à la ceinture, ayant toute la partie gauche du corps barbouillée de mousse; un marchand de thé recommandait ses produits à la faveur du public en faisant distribuer ses prospectus du haut d'un fourgon, par une jeune personne fort jolie, déguisée en Japonaise. Le fameux Studebacker, un fabricant de chariots qui fournit à peu près tous les fermiers de l'Ouest, faisait défiler cinq ou six chars attelés de six chevaux, sur lesquels des ouvriers exécutaient tous les détails de son industrie.

Si jamais le marquis de Mornay s'avise d'organiser une exhibition de ce genre au concours du palais de l'Industrie, assurément les attelages qu'il nous montrera seront plus corrects et surtout les cochers seront mieux tenus que ceux que nous avons vus à Chicago. En dehors de New-York, les Américains ne semblent pas se soucier de ces détails. J'ai vu les cochers de gens très riches conduisant des chevaux et des voitures superbes, vêtus de véritables guenilles dont un cocher de fiacre maraudeur de nuit ne voudrait pas chez nous. Du reste, les façons sont à l'avenant de la tenue. Il y a quelques années, j'étais invité à venir passer quelques jours dans un château américain : car il commence à y avoir quelques châteaux en Amérique. Au jour et à l'heure indiqués, j'arrive à la gare qu'on m'avait désignée. J'avise sur la plate-forme de la gare un brave homme vêtu d'un grand chapeau défoncé, d'une chemise de laine rouge qui avait vu des jours meilleurs et d'un pantalon gris enfoncé dans de grandes bottes. Le pantalon gris avait bien aussi fourni apparemment de bons et loyaux services, car on lui avait ajouté un fond vert. Ce fut ce détail qui me frappa. En Amérique, on voit très souvent des vêtements déguenillés : mais les raccommodages sont très rares. Ce personnage fumait une pipe. Il me regarda un instant avec un certain intérêt, puis tout à coup m'interpellant :

— *I guess, stranger!* me dit-il, *that you are the fellow they are expecting at the big house!*

— Je suppose, étranger, que vous êtes l'individu (individu est une traduction polie du mot *fellow*) qu'on attend.

Je répondis respectueusement que cela pouvait bien être.

— *Well!* continua-t-il, vous pouvez prendre votre malle! je vais vous mener!

Je mis ma valise sur mon épaule, et il me conduisit à un superbe landau qui m'attendait.

Ces façons étonnent toujours un peu : mais une fois qu'on les a admises, il faut reconnaître que les cochers américains conduisent certainement au moins aussi bien que les nôtres, sinon mieux, surtout à quatre et à six. Nous avons vu notamment à Chicago un gamin de douze à treize ans qu'on a applaudi tant il manœuvrait adroitement un superbe attelage à six.

Tous ces animaux ont un type singulièrement uniforme, mais qui ne reste tel qu'à la condition d'une infusion constante de sang percheron. Presque tous sont gris ou bais. Comme apparence, ils ressemblent à de gros carrossiers normands. Le croisement, tout en donnant aux membres un volume bien plus considérable, a aussi pour effet de diminuer la longueur exagérée du rein, qui est le grand défaut des chevaux américains, dont ils gardent cependant dans une très grande mesure les allures allongées. Dans ce pays-ci, on aime beaucoup apprécier les bêtes et les gens au point de vue du poids. Qu'un reporter parle d'un homme politique ou d'une actrice, il ne manque jamais de dire combien il ou elle pèse : on agit de même quand il s'agit de chevaux, et j'ajoute que, en ce qui les concerne, ce genre de classement a, j'en ai la conviction, une beaucoup plus grande valeur que nous ne le croyons généralement en France.

J'insiste sur ces détails [1], parce que cette question de poids est celle qui paraît le plus préoccuper les Américains dans le choix de leurs croisements, et qu'ils ne paraissent pas mal s'en trouver. Le poids du produit est généralement égal à la moyenne du poids des reproducteurs. Voulant avoir pour leurs chevaux de service des animaux pesant mille ou douze cents livres

[1] Cette question du poids des chevaux a jusqu'à présent été si peu étudiée en France, que le tableau suivant intéressera peut-être bien des éleveurs. Il indique les poids moyens de nos principales catégories de chevaux, et m'a été communiqué par M. Lavallard, le directeur de la cavalerie des omnibus, dont tout le monde connaît la haute compétence :

Cheval d'omnibus, poids moyen.	550 kilogr.
— de cuirassier.	500 —
— de dragon.	450 —
— de chasseur et de hussard.	400 —
— d'artilleur.	480 —

Les plus gros étalons percherons qu'on envoie en Amérique pèsent mille kilogrammes; quelques-uns ont atteint douze cents kilogrammes. Du reste, cette étude est féconde en surprises. Ainsi tous les animaux, à commencer par l'homme, s'alourdissent en vieillissant. Le cheval semble faire exception à cette règle. On observe aussi que plus un cheval a de sang, et plus il est lourd. Ainsi les chevaux d'artilleurs, plus gros que les chevaux de dragons, sont cependant bien moins lourds relativement. Les os d'un cheval de pur sang ont le grain tellement fin et la contexture si compacte qu'on peut presque leur donner le poli de l'ivoire. Les os des chevaux ordinaires sont au contraire assez spongieux. De toutes ces observations il faut conclure que les Américains n'ont pas si tort qu'on pourrait le croire de juger les chevaux au poids.

(livres anglaises), ils sont donc amenés à rechercher des étalons d'autant plus gros que leurs juments sont plus petites. C'est précisément l'inverse que nous faisons. Je persiste à croire que nous n'avons pas tort : mais en même temps je suis obligé de constater que les Américains réussissent, tout en faisant exactement le contraire. Il est très certain que les produits qu'ils obtiennent par ce moyen de sélection sont très beaux et surtout très aptes aux services qu'on attend d'eux. En tout cas, pour ces services, ces chevaux sont très supérieurs à ceux de la race beaucoup trop légère du pays.

La Providence, dans le but sans doute d'éviter des encombrements au purgatoire, prodigue aux pauvres humains une foule de petites misères qui ont l'avantage, en exerçant leur patience, de leur faciliter l'accès du royaume des cieux. Une de ces petites misères, réservée spécialement aux voyageurs, est particulièrement agaçante. C'est la misère du petit paquet.

On vous l'apporte au moment de votre départ : vous cherchez à le caser dans votre première malle : en long, il est trop court; en large, il est trop long. Vous le réservez pour la seconde; il ne va pas mieux : il a des bosses qui ne veulent pas entrer dans les creux des autres paquets, et des creux qui se refusent à admettre les bosses de ses voisins. Finalement, exaspéré, après vous être demandé un instant si vous ne le laisserez pas, vous finissez par le mettre dans quelque coin, au petit bonheur; il dépare la belle ordonnance de votre emballage; vous sentez qu'il n'est pas à sa place. Mais enfin il est casé, c'est l'essentiel !

Cette souffrance des voyageurs, elle est un peu la

mienne. Tous mes amis du Maine et du Perche me demandent constamment ce que deviennent en Amérique tous ces chevaux qui partent de chez nous. Je voulais le leur dire, et c'est pour cela que j'ai écrit le savant traité que vous venez de lire. Mais une fois qu'il a été écrit, je ne savais plus du tout où le placer. A chaque commencement de chapitre, j'essayais de le caser, et n'y arrivais jamais. Il me fallait une transition, et je ne la trouvais pas. L'art des transitions est un grand art. Il n'est pas donné à tout le monde de l'avoir, et quand on ne l'a pas, il faut savoir s'en passer. C'est ce que j'ai fait. Ceci posé, je reprends le cours de mon récit.

Il y a déjà une huitaine de jours que je suis rentré à Fleur de Lis, car je n'ai pas éprouvé le besoin de rester bien longtemps à Rapid-City, une seule visite au concours m'ayant paru bien suffisante. Sous un certain rapport, cependant, cette réunion avait bien son intérêt. Il y a douze ans, les Indiens régnaient ici en maîtres : les rares trappeurs qui avaient osé pénétrer jusqu'aux Black-Hills n'en étaient généralement pas revenus : les premiers émigrants étaient toujours obligés d'avoir le fusil à la main pour se défendre : et, sans l'aide ni l'appui de personne, par leur seule énergie, ces mêmes hommes ont pu, en ce petit nombre d'années, si bien développer les richesses naturelles de ce pays, qu'ils en sont maintenant arrivés à l'ère des concours agricoles! Et à leur concours, j'ai vu, en fait de vaches et de taureaux, des échantillons de durhams, d'angus et de jerseys qui n'auraient pas fait mauvaise figure dans un de nos meilleurs concours régionaux. J'ai malheureusement été obligé de constater que pas une de nos races bovines nationales n'y était repré-

sentée. Je m'imagine cependant que les charolais notamment réussiraient admirablement ici. Si l'on faisait
en leur faveur une campagne aussi énergique et aussi
suivie que celle qu'on a menée pour les percherons,
on arriverait peut-être à battre les durhams comme on
a battu les clydesdales. Les agriculteurs de la Nièvre
ou la Société des agriculteurs de France devraient s'occuper de cette question-là.

En outre des nôtres, il y avait quinze ou vingt chevaux importés de France ou d'Angleterre. Du reste,
lilia semper florent! Là, Fleur de Lis a brillé d'un vif
éclat, car nos étalons sont rentrés ici, il y a deux ou
trois jours, couverts de lauriers. Six premiers prix et
trois seconds! Tous ne viennent pas de Rapid-City. La
ville d'Hermosa s'est piquée d'honneur, et elle aussi
a organisé un concours. On m'a même fait l'honneur
de m'envoyer au Harney's Hotel une députation de
citoyens proéminents qui venaient me demander d'y envoyer nos chevaux et d'accepter la présidence du jury.
J'ai fait observer que la qualité d'exposant et celle de
juge me semblaient offrir quelques incompatibilités;
mais cette objection n'a pas paru sérieuse, car on y a
répondu en me faisant remarquer que c'était précisément cette double qualité qui devait m'engager à
accepter, puisque je serais bien sûr que nos chevaux
auraient les premiers prix.

L'argument était à coup sûr spécieux. Cependant,
modeste comme la violette, j'ai cru devoir persister
dans mon refus, et comme il faut éviter les tentations,
je n'ai même pas voulu paraître à Hermosa. Le programme de la fête comportait cependant une course
de *cow-girls* à laquelle j'aurais bien voulu assister.
Raymond A... m'a heureusement raconté comment les

choses se sont passées. Le prix était de 200 dollars,
et la distance à parcourir était de dix milles (seize
kilomètres). Il y avait douze ou quinze inscriptions.
Seulement, ce qu'il y avait de particulier dans le règlement de ces courses, c'est que les concurrentes n'étaient
pas obligées de faire tout le trajet sur le même cheval :
c'était donc plutôt une épreuve de résistance pour les
écuyères qu'un concours de vitesse pour les chevaux.
Chacune de ces dames en avait amené trois ou quatre,
que des amis tenaient tout bridés devant les tribunes.
Elle faisait à fond de train un ou deux tours de piste;
puis, dès qu'elle sentait son coursier un peu essoufflé,
elle le changeait et recommençait avec un autre. C'est
à la femme nouvellement mariée de notre shérif que
le prix a été accordé. Mais cette décision du jury a,
parait-il, excité de grands mécontentements, les autres
concurrentes soutenant qu'elle n'aurait pas dû prendre
part au concours, attendu que depuis son mariage elle
n'est plus une *cow-girl*. (*She ain't no more a regular
cow-girl.*) Les esprits sont même si montés qu'il y aura
bien probablement des coups de revolver tirés avant
que cette grave question soit définitivement enterrée.
Il est possible cependant que tout se passe tranquillement, le mari de ladite amazone ayant la réputation
de tirer lui-même remarquablement bien. En tout cas,
je suis joliment content de n'avoir pas eu à donner
mon avis !

Accompagné du fidèle François, j'ai quitté la bonne
ville de Rapid-City le surlendemain de mon retour du
7-Z Ranch. Comme je voulais arriver à Fleur de Lis
dans la journée, il m'a fallu prendre un train de mar-
chandises (*freight train*), car il n'y en a pas d'autres
dans la matinée. Le service n'est pas d'une régularité

absolue : le départ annoncé pour huit heures n'a eu
lieu qu'à onze. Ces trains sont toujours munis d'un
wagon spécial nommé *cabooze,* qui sert de logement
au conducteur et où il reçoit, moyennant finances, un
certain nombre de voyageurs, si cela lui convient.
J'avais pour compagnons deux *ranchmen* du Montana,
arrivés hier après un voyage de huit à dix jours à travers la Prairie et dont l'un allait à Chicago pour se
faire soigner d'une rupture du bras droit, résultat d'un
combat corps à corps avec un grizzly (*ours gris*). Il
paraît qu'il y en a encore beaucoup de leur côté. Le
second m'annonce d'un air aimable qu'il ne faut pas
que je compte arriver de bonne heure à Buffalo-Gap,
attendu que six cents bœufs nous attendent à la première
station, et qu'il faudra les charger avant d'aller plus
loin. Effectivement, au bout d'une demi-heure, le train
s'arrête à un endroit qui sera peut-être un jour une
localité très importante, mais où, pour le moment, il
n'y a qu'une seule et unique maisonnette en bois :
celle du chef de gare. Partout, autour de nous, s'étend
la Prairie : mais tout à côté de la station, il y a ce qu'on
appelle, dans ce pays-ci, une *chute...* Cela se compose
essentiellement d'un quai d'embarquement en bois, sur
lequel débouchent deux rampes d'accès défendues par
deux formidables barricades et espacées l'une de l'autre
de la longueur d'un wagon américain (vingt-cinq
mètres environ). Par leur autre extrémité, les rampes
s'ouvrent sur un grand corral divisé en plusieurs petits
compartiments. C'est au moyen de ces *chutes* qu'elles
construisent sur un grand nombre de points, tout du
long de leurs lignes, que les compagnies de chemins de
fer du Far-West parviennent à suffire, avec un personnel étonnamment restreint, aux exigences du formi-

dable trafic de bestiaux qui leur procure le plus clair de leurs recettes [1].

Les bœufs ont, paraît-il, quitté le *ranch* depuis une huitaine de jours. Ils sont en marche depuis ce temps-là et sont arrivés seulement la nuit dernière. On les garde dans la Prairie à quelques milles d'ici. Un *cowboy*, placé en vedette pour attendre le train, est allé prévenir de notre arrivée. Au bout d'une demi-heure, nous voyons à l'horizon un gros nuage de poussière qui s'approche rapidement vers nous. Bientôt nous distinguons le troupeau, que des hommes à cheval maintiennent en une masse compacte qui s'avance au galop de notre côté. En tête marchent vingt-cinq ou trente chevaux qui servent de guides, et qui sont eux-mêmes précédés par un homme à cheval sur lequel ils règlent leurs mouvements. Au moment d'arriver près du corral, ils font tout à coup un changement de front avec un ensemble merveilleux et vont se ranger sur notre droite comme un escadron en bataille. En ne voyant plus leurs guides devant eux, les bœufs s'arrêtent net, se bousculant les uns les autres, à quelques mètres du corral. On ne voit plus qu'une masse confuse d'où s'échappent des beuglements désespérés. Alors commence une manœuvre extrêmement curieuse. Les *cowboys*, les uns galopant autour de cette masse, les autres y pénétrant pour la guider, lui impriment un mouvement giratoire de plus en plus rapide; puis, tout à

---

[1] Les deux seules compagnies de chemin de fer qui desservent la région des Black-Hills sont l'Union Pacific et le Fremont-Elkhorn et Missouri-Valley. Elles ont, l'une treize cents, et l'autre seulement sept cents wagons à bestiaux. La première a transporté, dans le courant de l'automne 1887, deux cent mille bœufs, et la seconde cent vingt mille.

coup, sept ou huit d'entre eux se forment en haie, et poussent dans le corral quelques-uns des bœufs qui sont au bord. Tous les suivent avec une docilité que n'eussent pas désavouée les moutons de Panurge, et en un clin d'œil il n'en reste plus un seul dehors.

Une fois les portes refermées, le plus fort de la besogne est fait. Les bœufs, entassés les uns sur les autres, poussés toujours en avant par les cavaliers qui les pressent, s'engouffrent dans les couloirs qui les conduisent aux wagons. Chaque *car* en tient vingt ou vingt et un tellement serrés les uns contre les autres, qu'il leur est impossible de faire le moindre mouvement. On charge deux *cars* à la fois ; aussi le train se trouve rempli en moins de deux heures.

Pendant que toutes ces manœuvres s'exécutent avec une précision très remarquable, je me fais donner par le *ranchman* des détails sur ses opérations. Lui aussi a cruellement souffert. A l'entrée de l'hiver, il avait trente-cinq mille animaux ; il ne lui en reste plus que neuf mille tout au plus. Le voyage d'ici à Chicago dure cinq jours. On décharge deux fois les animaux en route, pour leur donner à boire et à manger. Malgré cela, ils souffrent, car ils perdent une centaine de livres de leur poids. C'est ce qu'on appelle le *shrinkage*. C'était pour éviter cette perte que notre compatriote M. de M... avait eu l'idée d'établir des abattoirs dans la Prairie, aux stations d'embarquement. D'une part, chaque animal lui fournissait cent livres de plus de viande ; de l'autre, un *car,* qui transporte vingt bêtes vivantes, suffit à en transporter cinquante ou soixante abattues. L'idée était donc excellente. Malheureusement, il n'a pas voulu se contenter de faire de l'industrie, il a voulu spéculer. Croyant que la viande allait augmenter de prix, il a

acheté à différents spéculateurs un nombre colossal de
bœufs. On parle de sept ou huit cent mille animaux,
livrables de mois en mois, pendant cinq ans. Comme la
viande a, au contraire, baissé de moitié, il se trouvait,
dans les derniers temps, obligé de payer 50 ou 60 dollars des bœufs que ses fournisseurs achetaient 28 ou 30,
et dont il ne trouvait l'écoulement qu'en réalisant sur
chacun d'eux une perte d'une douzaine de dollars. Aussi
sa liquidation a-t-elle été désastreuse; mais ce qui
prouve que son idée était bonne, c'est que beaucoup
de gens commencent à l'appliquer et y trouvent de
gros profits.

Avec les prix actuels et même sans tenir compte de
la mortalité, les pauvres *ranchmen* gagnent à peine de
quoi couvrir leurs frais. D'ici à Chicago, la compagnie
leur fait payer le *car* 89 dol. 50. Il y a environ mille
milles. Cela fait donc à peu près 4 dol. 80 ou 24 francs
par tête. La nourriture, pendant le trajet, leur coûte
2 fr. 50; le débarquement et la nourriture à Chicago,
1 fr. 25; la commission du facteur, 2 fr. 50; total environ, 30 francs. Un bœuf qui pèse en moyenne onze cents
livres au départ n'en pèse plus à l'arrivée que mille
et vaut 170 francs. Il ne reste donc pour le *ranchman*
que 140 francs par bœuf vendu. Il y a deux ans, il avait
au moins 100 francs de plus.

La vie du *ranch* a repris son cours ordinaire qu'avaient
interrompu le voyage à Rapid-City et la visite aux do-
maines du seigneur *Puce dans les cheveux*. Chaque
matin, François entre dans ma chambre vers six
heures. A sept, tout le monde se retrouve dans la salle
à manger. Le déjeuner est solide. Il se compose invariablement de viande froide, de thé ou de café, et de

cakes. Ceci est un hommage aux usages du pays, car un *ranchman* ou un *cow-boy* se croirait perdu s'il n'avait pas tous les matins son cake. C'est une sorte de crêpe extrêmement épaisse. On en prend deux, on les recouvre de beurre, on les réunit comme un sandwich, puis on arrose le tout d'une sorte de sirop brun fourni par la sève de l'érable à sucre (*maple sirup*). C'est un peu un pavé qu'on se met dans l'estomac; mais je dois déclarer que c'est très bon, et l'on peut m'en croire, car je ne suis pas suspect d'avoir une admiration exagérée pour la cuisine américaine.

Après déjeuner, tout le monde monte à cheval. On fait en ce moment l'inventaire. Les *herders,* partis dès la pointe du jour, sont allés *remettre* le troupeau dont on veut s'occuper. Cette expression de vénerie me vient tout naturellement à l'esprit, car tout se passe comme à la chasse. Les *cow-boys* ne font pas le bois, parce qu'il n'y a pas de forêt; mais ils prennent généralement connaissance des animaux au moment où ils viennent boire. Ils les suivent à distance, de manière à ne pas les inquiéter; puis, quand ils les voient s'arrêter, ils viennent au rapport à quelque endroit convenu d'avance où nous les retrouvons. Ils nous conduisent alors sur le sommet d'une colline d'où nous voyons les juments broutant tranquillement, entourées de leurs poulains et de leurs *yearlings,* car les *yearlings* restent toujours avec la mère jusqu'à ce qu'ils aient deux ans, et ils continuent même à la teter tant qu'elle n'a pas un nouveau poulain. Je crois que, si cela était possible, il faudrait tâcher de les séparer de leur mère au commencement du second hiver, car cet allaitement prolongé fatigue la jument sans grand profit pour le poulain.

Nos bandes de juments, qui ne sont pas surveillées par un étalon, comme celles du colonel Log, sont assez irrégulières comme nombre. Il y a des juments d'humeur morose, qui se tiennent en petits groupes de sept ou de huit : mais c'est l'exception. D'ordinaire, elles se réunissent au nombre de soixante ou de quatre-vingts. Un bon *herder* doit savoir les compter vite et sans se tromper. C'est un talent assez difficile à acqué-rir, car il faut aussi, quand il en manque, savoir tout de suite quelle est celle qui manque, et ce n'est pas une petite affaire quand un *herder* en a cinq ou six cents à surveiller. Il faut, d'ailleurs, autant que possible, faire ce récolement d'assez loin, car on doit évi-ter avant tout de troubler les animaux. Les juments aiment avant tout leur indépendance. Quand l'une d'elles quitte le *ranch,* elle ne se sauve, presque toujours, que parce qu'elle se sent surveillée. Certaines bandes sont très apprivoisées et se laissent approcher même par des hommes à pied. Mais ceci a un très grave inconvénient : cela facilite singulièrement les opérations des per-sonnes peu délicates qui seraient tentées de prendre des chevaux de *ranch,* sinon pour les voler, du moins pour s'en servir. Un *ranchman* de ma connaissance s'était avisé d'acheter à Omaha une centaine de juments réformées par les compagnies de tramways, comme boiteuses. Il les avait eues à très bon marché et croyait avoir fait une affaire superbe. Il ne tarda pas à changer d'avis. D'abord ses juments, qui avaient longtemps mangé de l'avoine, étaient très mauvaises poulinières ; ensuite elles étaient si bien apprivoisées, que tous ses voisins s'empressaient de les prendre quand ils avaient des charrois ou des labours à faire, et ne les relâchaient que quand elles étaient fourbues.

Je disais tout à l'heure que les juments nourries à l'avoine pendant longtemps étaient d'ordinaire des poulinières peu fécondes. Cela est bien connu en France. Mais c'est en voyant ce qui se passe dans ce pays-ci qu'on peut constater combien le système de stabulation et la nourriture que nous donnons à nos juments ont une influence fâcheuse sur la production. Dans nos fermes du Perche, on considère comme très bonne une moyenne de cinquante naissances sur cent juments. Ici, avec des juments vivant tout à fait en liberté et ne mangeant jamais d'avoine, on arrive assez souvent à 70, 80 ou même 90 pour 100. Un de nos voisins, l'*Anglo-American Company,* a même atteint, l'année dernière, le chiffre de 97 pour 100 : chiffre qui a été trouvé très élevé, mais qui, cependant, avait déjà été atteint ailleurs.

Mais pour obtenir ces grosses moyennes, il faut opérer avec des animaux parfaitement acclimatés. La plupart de nos bandes sont venues, l'année dernière, de l'Orégon. Aussi n'avons-nous, cette année, que 50 pour 100 de naissances, et tout le monde nous dit que nous devons nous estimer heureux d'en avoir autant. Il faut un an pour acclimater une bande. Et cette observation s'applique d'une manière absolue aux juments percheronnes importées. Il n'y en a pas plus de 8 ou 10 pour 100 qui donnent un poulain la première année de leur importation. Chose bien curieuse, le même phénomène se remarque, bien qu'à un degré moindre, chez les étalons, pour les clydesdales comme pour les percherons.

C'est à cause de cela que beaucoup de gens préfèrent importer des chevaux très jeunes, qu'on ne met en service qu'au bout d'un an, quand ils ont pris tout leur développement et qu'ils sont acclimatés. Il y a

quelques années, un importateur bien connu a voulu
encore enchérir sur cette idée. Il a embarqué au Havre
cent malheureux poulains de trois mois, qui n'étaient,
par conséquent, même pas sevrés. On les nourrissait à
bord avec du lait conservé et de l'eau blanche. Ce qu'il
y a de curieux dans cette affaire, c'est qu'il n'y eut
aucune perte pendant la traversée; mais seize moururent dans les huit jours qui suivirent le débarquement, et les autres ont fort mal réussi. Je ne crois pas
qu'il soit bien sage d'importer des chevaux ayant
moins de deux ans, non pas tant au point de vue des
pertes qu'on s'expose à subir que parce qu'ils ne prennent pas en Amérique le développement qu'ils auraient
pris en restant un ou deux ans de plus aux vieux pays,
comme on dit ici.

Il faut ajouter que, loin d'être très considérables,
ces pertes sont, en définitive, assez minimes, et trop
souvent elles sont occasionnées par le manque de
soins. Il y a évidemment des traversées malheureuses,
mais il y a aussi des gardiens négligents. La moyenne
des pertes en mer, à moins de tempête, ne devrait
pas dépasser 2 1/2 ou 3 pour 100. M. Dunham, le
grand importateur, me racontait qu'il lui était arrivé
d'amener six cent trente chevaux de suite sans en perdre
un seul. Quand la traversée n'a pas été trop rude, n'a
pas duré plus de douze ou quinze jours, et que les
chevaux ont été bien soignés à bord, ils arrivent en
excellent état, sans même avoir les jambes engorgées.
On a seulement à constater quelques capelets sans
importance, qui disparaissent rapidement. Ils souffrent,
en général, bien plus des cinq ou six journées qu'il
leur faut passer en chemin de fer pour gagner Chicago,
à cause du mauvais état de la voie et des trépidations

FLEUR DE LIS RANCH. — ÉTALON « VIDOCQ ». — TROUPEAU Nº 1 : JUMENTS DE L'ORÉGON.

qui en résultent. On trouve cependant maintenant sur toutes les lignes de magnifiques wagons-écuries nommés *palace cars*, contenant dix-huit stalles et admirablement aménagés en vue du transport des percherons, pour lesquels ils ont été spécialement construits.

Il est généralement près d'une heure quand nous rentrons pour déjeuner; je passe l'après-midi dans ma chambre à écrire, ou bien, prenant un fusil, je descends le *creek* en tirant les lapins, les lièvres et les rares poules de prairie que mon chien arrête. Ces chasses ne sont du reste pas bien heureuses. Cependant, l'autre jour, il s'est produit un incident assez original.

Je venais de sortir, quand tout à coup, à cinquante pas à peine de la maison, mon chien tombe en arrêt devant une toute petite touffe d'herbe. Assez étonné, je m'approche et aperçois un superbe serpent à sonnettes que mon chien avait évidemment surpris au moment où il faisait sa sieste. Il était encore enroulé sur lui-même, mais relevait déjà la tête d'un air peu rassurant. Heureusement, le chien était à bonne distance; il n'y avait donc pas péril en la demeure. J'eus l'idée de m'offrir une petite chasse à courre. Tout près de là, au coin du jardin, se trouvait l'appartement des cochons, comme on dit en Normandie. Le *ranch* en possède un ménage. Ils ont même des noms empruntés à la politique contemporaine. Le personnel du *ranch* est jeune, et la jeunesse est passionnée! Comme je n'ai malheureusement plus la même belle excuse, je les appellerai, — c'est des cochons que je parle, — *Marat* et *Théroigne de Méricourt*.

J'allai ouvrir la porte de leur logis. *Marat*, qui était occupé à grignoter un gros épi de maïs, mit immédiatement le nez dehors, grogna deux ou trois fois d'un air de satisfaction, sortit en trottinant et puis se mit à explorer les environs. *Théroigne* ne tarda pas à le suivre, accompagnée de sa petite famille qui folàtrait autour d'elle. Je les poussai devant moi dans la direction du serpent. Il avait déjà détalé, mais en arrivant près de la touffe d'herbe qui lui avait servi d'abri, *Marat* s'arrêta tout à coup en ronflant d'un air de vif intérèt. Il donna quelques vigoureux coups de boutoir dans le sol, comme pour bien s'assurer de la nature des émanations qui venaient titiller ses nerfs olfactifs, puis, poussant deux ou trois grognements brefs, il se mit en chasse, le nez à terre comme un chien qui suit une voie. Il avait rencontré celle du serpent à sonnettes.

Théroigne s'était arrêtée, suivant de l'œil son conjoint. Quand elle le vit repartir, elle s'avança lentement comme pour se rendre compte de ce qui se passait. Elle aussi, du premier coup, comprit manifestement ce dont il s'agissait, car, poussant une exclamation joyeuse qui correspondait clairement à la fanfare du bien-aller, elle prit chasse à son tour.

J'avais suivi toute cette scène, qui m'intéressait vivement. Du reste, si j'avais eu un cor de chasse, j'aurais pu sonner la vue, car, à cinquante ou soixante pas devant la meute, je voyais distinctement briller au soleil, par moments, le long corps gris d'argent de la bête de chasse, qui filait entre les pierres, à la recherche probablement d'un trou protecteur. L'animal se rendait évidemment compte de la gravité de la situation, car de temps en temps il levait la tête pour regarder derrière lui d'un air inquiet, et il n'avait pas tort, car nous gagnions rapidement du terrain sur lui.

Quand nous fûmes tout près, le serpent vit bien

qu'il ne fallait plus essayer de fuir. Il fit tête tout de
suite à la meute. Dressé d'au moins vingt ou vingt-cinq
centimètres, sifflant avec fureur et agitant ses grelots,
il attendait bravement l'attaque, la gueule largement
ouverte. *Marat*, de son côté, s'était arrêté brusquement,
le corps replié en arrière, tous les poils de son dos
hérissés : son petit œil lançait des flammes. Derrière
lui, la truie immobile également, ses petits entre les
jambes, grognait sourdement comme pour l'encourager.

Ce ne fut pas long. Tout à coup, *Marat* bondit en
avant : ses deux pieds retombèrent sur le corps du
serpent, qui tomba les reins brisés. Je crois qu'il avait
eu le temps de mordre son adversaire au col, mais le
venin se fige dans la graisse des cochons et ne produit
aucun effet.

La minute d'après, toute la petite famille était atta-
blée; je suis fâché d'être obligé de dire que, dans
l'ivresse de son triomphe, *Marat* paraissait disposé à
tout garder pour lui. Mais *Théroigne,* bonne mère, se
chargea de le ramener bien vite à de meilleurs senti-
ments. Elle commença par bourrer ce père dénaturé
deux ou trois fois, puis elle s'adjugea une bonne moitié du serpent, en découpa quelques tronçons qu'elle
distribua à ses petits, et commença à manger elle-
même avec le plus bel appétit. Au bout de cinq minutes, il n'en restait rien.

C'est aussi dans l'après-midi que les deux gars normands s'occupent un peu du jardin, sous l'œil bien-
veillant des *cow-boys,* qui jamais ne s'aviseraient de
les aider. Je suis toujours stupéfait quand je vois tout
ce qui sort de ce malheureux jardin à peine soigné,
dans lequel on ne met jamais de fumier, et qu'on s'est

contenté de labourer deux fois, au printemps, avec une charrue. Il y pousse des choux, des potirons et des carottes à ne savoir qu'en faire. Nous mangeons tous les jours des melons excellents. Les navets qu'on en tire font l'admiration de François. Il m'en a apporté quelques-uns l'autre jour qui pesaient plus de deux livres. Mais ce qui me semble phénoménal, c'est le rendement des pommes de terre. L'année dernière, Raymond avait trouvé, dans un journal, l'annonce d'un jardinier de New-York qui proposait à tous les amateurs de leur envoyer, à titre d'expérience, deux livres d'une variété nouvelle d'*Early-Rose* dont il disait merveille. On lui en a demandé. Les deux pommes de terre qu'il a envoyées ont fourni cinquante-quatre œils : ils ont été plantés au printemps dernier dans un coin du jardin. On a fait la récolte hier, et j'ai eu la curiosité de faire peser devant moi ce qu'on a retiré des trous. Ces deux livres de graines ont donné deux cent sept livres de pommes de terre, dont plusieurs pesaient plus de deux livres : cela fait donc un rendement de cent pour un ; tandis que, chez nous, un rendement de quinze ou vingt pour un est considéré comme satisfaisant. J'ajoute que ces pommes de terre sont excellentes. J'en ai fait mettre de côté quelquesunes que je ferai planter en Normandie l'année prochaine; mais je doute qu'elles donnent d'aussi bons résultats [1].

Nous avons quelquefois des visites. L'autre jour, je prenais le frais devant la maison, quand j'ai vu arriver

[1] Je me hâte d'ajouter que ce résultat a été trouvé remarquable même en Amérique, car les pommes de terre de Fleur de Lis ont eu le premier prix au concours de Sioux-City.

un brave homme dans une voiture. C'était un Allemand,
petit fermier établi à vingt ou vingt-cinq kilomètres
d'ici. Il avait tué un bœuf et venait nous proposer de
lui en prendre un quartier. Quand M... a eu réglé avec
lui cette importante question, je lui ai demandé son
histoire. Il m'a conté qu'il avait commencé par être
commis dans un magasin de nouveautés, à Düsseldorf,
et qu'un beau jour, ayant eu une discussion avec son
patron, il s'était avisé d'émigrer. Il a d'abord cherché
à faire fortune dans les grandes villes de l'Est. Il n'a
abouti qu'à une misère noire. Alors il est venu faire
de l'agriculture ici ; mais il n'est pas encore bien satisfait des résultats obtenus et songe à faire autre chose.
Je ne sais plus à propos de quoi je suis amené à lui
demander de quelle religion il est. Sa réponse m'a
paru typique :

— Dans ma jeunesse, j'ai été luthérien. Mais maintenant je suis athée !

Je me hâte d'ajouter que tous nos voisins ne lui
ressemblent pas. L'année dernière, je vois un beau
jour deux cavaliers armés jusqu'aux dents s'arrêter à
la porte. L'un d'eux, un homme superbe, de six pieds
de haut, arrive à moi :

— Vous êtes le baron de Grancey, me dit-il.

— Pour vous servir !

— Vous êtes catholique ?

— J'ai cet avantage.

— Très bien ! voici ce qui nous amène. Je m'appelle
Ignace Bellemare. Je suis Canadien ; mon compagnon
est Irlandais d'origine. Il s'appelle John Walsh. Nous
sommes tous les deux fermiers à une vingtaine de milles
d'ici. Nous sommes établis déjà depuis plusieurs années.
Nous n'avons pas à nous plaindre. Nos fermes sont très

bonnes, la mienne notamment; je ne la donnerais pas pour 10,000 dollars! Mais, tous les deux, nous avons des enfants. Walsh en a neuf et moi sept. Les voilà qui grandissent, et nous ne trouvons dans ce pays aucun secours religieux. J'aimerais mieux les voir morts qu'hérétiques (textuel). Nous avons écrit à l'évêque, qui nous a répondu que, si nous parvenions à construire une chapelle et à assurer l'entretien d'un prêtre, il nous en enverrait un à Custer. Alors nous nous sommes mis à courir le pays pour chercher tous les catholiques qui s'y trouvent et leur demander des souscriptions. Voilà déjà quinze jours que nous sommes en route. Vous êtes ici bien loin de Custer, mais cependant j'espère que vous nous aiderez! Si nous ne venons pas à bout de réunir la somme nécessaire, nous sommes décidés à quitter le pays!

Et il me tendit la liste de souscription. Lui et Walsh s'étaient inscrits en tête pour 100 dollars chacun, qu'ils s'engageaient à payer chaque année!

Après m'être inscrit à mon tour, j'ai gardé ces deux braves gens à dîner. Justement, on venait d'inaugurer la maison d'habitation et l'on devait pendre la crémaillère quelques jours plus tard. Raymond A... m'avait annoncé que, pour célébrer cet événement, il comptait organiser un bal! Je priai mes convives de nous amener leurs filles. Et, au jour dit, nous vîmes arriver une cavalcade composée du père Walsh et de ses quatre filles. En les voyant sauter en bas de leurs chevaux, bêtes et gens ruisselants de sueur, je me disais qu'il fallait avoir bien envie de danser pour accepter notre invitation. Il était à peu près huit heures quand mesdemoiselles Walsh ont fait leur apparition : elles venaient de faire une quarantaine de kilomètres : elles ont dansé toute la nuit; et, le lendemain, à sept heures du matin, elles sellaient elles-mêmes leurs chevaux et repartaient pour retourner chez elles.

La pendaison de crémaillère de Fleur de Lis a, du reste, de l'avis général, été le grand succès de la saison. Le beau sexe était brillamment représenté. Il y avait quatorze danseuses. 'D'abord, la belle Laura, la servante de l'auberge de Buffalo-Gap : elle était venue accompagnée de son oncle Thompson, l'éditeur en chef du *Buffalo-Gap News,* qui publia le lendemain un premier-Buffalo de trois colonnes uniquement consacré à la fête. Cette littérature fut même l'origine d'une brouille grave entre lui et Raymond. Quelques semaines plus tard, après mon départ, Thompson vint lui réclamer 40 dollars pour prix de cet article, que personne ne lui avait demandé. Raymond refusa naturellement de payer. Mais il eut tort : car il venait justement de changer son épicier. Or l'ancien était précisément juge; Thompson le cita à comparaître devant cet honorable magistrat, qui se fit un véritable plaisir de se venger d'une pratique récalcitrante, en la condamnant à payer les frais et le principal.

Outre la belle Laura, il y avait d'abord les quatre filles de notre ami Walsh, puis cinq ou six femmes de fermiers et une ou deux *cow-girls* venues des *ranchs* du voisinage. En fait de danseurs, il y avait vingt ou vingt-cinq *cow-boys* dont Raymond avait, pour plus de sûreté, consigné les revolvers au vestiaire. L'orchestre était également composé de trois *cow-boys,* dont l'un jouait même remarquablement bien du violon; un autre avait une flûte, et le troisième, un instrument dont je ne sais pas le nom, mais dont il tirait des sons bien extraordinaires.

J'ai vu quelquefois dans des colonies françaises des fêtes dont le personnel était composé d'éléments analogues. On y donnait du vin et de la bière à discrétion : il y avait bien quelquefois, très rarement, à la fin de la soirée, un ou deux des invités qui n'étaient plus très solides sur leurs jambes, mais jamais on ne se battait; ici, le premier mot des *ranchmen* qui arrivent, c'est : « Surtout ne donnez pas une goutte de bière ou de whiskey, ou, sans cela, il y aura mort d'hommes »; et tous les revolvers sont mis sous clef. Il est certain que chez ces gens-ci il y a une brutalité innée dont nous ne trouvons pas de trace chez nous. Mais, sous d'autres rapports, il faut convenir que la comparaison n'est pas à notre avantage. Que serait chez nous le personnel féminin d'une fête du genre de celle dont je viens de parler? Et de quelle nature seraient les danses qu'on y danserait? Je réponds à cette double question par une ligne de points. . . . .

. . . .

Ici, ces filles d'auberge et même ces *cow-girls* ont, je le crois, quelque extraordinaire que cela puisse paraître, une conduite habituellement régulière. En tout cas, leur tenue est irréprochable. Quant à leur chorégraphie, je suis tombé de mon haut en voyant en quoi elle consiste! Tout ce monde s'est mis à danser une sorte de menuet très compliqué, et comportant une foule de saluts des plus cérémonieux dont *cow-girls* et *cow-boys* s'acquittaient avec un air de conviction admirable. L'un des exécutants, un *bull whacker,* transformé pour la circonstance en maître de cérémonies, en réglait toutes les figures, les annonçant à haute voix comme le font chez nous les ménétriers de village. Ce sont bien probablement les trappeurs canadiens qui ont introduit ces usages dans ce pays-ci. En tout cas, je ne m'attendais guère à retrouver dans la Grande Prairie du Dakota le menuet oublié chez nous.

Au fond, cependant, cela est moins étonnant que cela n'en a l'air. Ce qui constitue un divertissement pour l'homme, c'est bien moins de faire une chose amusante en soi que de faire, une fois par hasard, une chose toute différente de celles qu'il fait habituellement. Quand un régiment passe dans la rue de Rivoli, tous les enfants qui sont dans les Tuileries quittent leur bonne pour courir après la musique, et, si on les laissait faire, tous les soldats, sapeurs en tête, quitteraient la musique pour aller tenir compagnie aux bonnes! Plus une société est frivole, et plus ses divertissements sont sérieux. Réciproquement, plus elle est travailleuse, et plus ils doivent être grossiers. Les seigneurs de la cour de Louis XIV, pour lesquels les questions d'étiquette étaient les grosses affaires de la vie, prenaient un plaisir extrême à entendre cinq actes de Racine. De nos jours, un ingénieur qui a fait du calcul intégral pendant toute la matinée se repose en allant entendre la chanson du *Bi du bout du banc*. Je me suis laissé dire que l'illustre Chicard, auquel nous devons, paraît-il, le cancan moderne, était maître des cérémonies dans l'administration des Pompes funèbres : quand il avait passé sa journée à marcher en tête de deux ou trois convois avec l'air digne et navré que lui imposaient ses fonctions, il ne pouvait remettre ses nerfs en équilibre qu'à la condition de consacrer sa nuit à l'exécution de cavaliers seuls dont les municipaux parvenaient à grand'peine à contenir la folle exubérance dans de justes limites; inversement, un *cow-boy* qui passe sa vie le revolver à la main et qui ne salue jamais

personne trouve extraordinairement amusant d'être
poli une fois par hasard.

Cette année, nous n'avons pas eu de bal. Il ne faut
pas abuser des meilleures choses! Nous n'avons cependant pas été complètement privés de relations mon-
daines. Un instant, nous avons espéré la visite des officiers du fort Meade. Ils n'ont pas pu venir, et nous
l'avons vivement regretté, car les officiers de l'armée
régulière sont, en général, parfaitement bien élevés.
Il est même très curieux de voir combien, pour le
recrutement de leurs officiers, les Américains ont conservé les traditions aristocratiques des armées de l'ancien régime. Dans une de ses lettres au Congrès, Washington disait : « Je veux avant tout que mes officiers
soient des *gentlemen*. » Encore maintenant, on cherche à arriver à ce résultat. Ce n'est pas par le concours
qu'on entre à West-Point, le Saint-Cyr américain. Dans
chaque promotion, il doit y avoir un élève de chaque
État, qui ne peut être admis que s'il justifie de la recommandation des deux sénateurs dudit État. Il passe
alors un examen d'aptitude. S'il est reconnu insuffi-
sant, il est renvoyé, et les sénateurs en présentent un
autre.

Pour la marine, je ne crois pas qu'on observe les
mêmes règles, ce qui n'empêche pas du reste les officiers d'être également fort bien. Cependant les relations qu'ont avec eux leurs camarades des marines
européennes ne sont généralement pas très cordiales.
J'ai toujours cru qu'une des principales raisons de cette
froideur est une particularité de leur organisation.
Chez nous, quand un navire entre en armement, les
officiers sont désignés par le ministre et l'équipage est
fourni par les réserves de matelots qu'on entretient

dans les ports. Il n'en est pas de même en Amérique, où les hommes et même, je crois, la maistrance ne sont engagés que pour une campagne. Il en résulte que ce sont les officiers qui sont chargés de former leur équipage. Ils n'entrent même en solde que lorsqu'un commissaire aux revues a constaté que l'équipage était au complet. Or, malgré les tarifs élevés de la solde, ce recrutement est assez difficile en Amérique, car la population maritime de ce pays, qui n'a jamais été très nombreuse, diminue tous les jours. Les officiers prennent donc à peu près tout ce qu'ils trouvent, sans trop s'inquiéter de la moralité ni des aptitudes des hommes qu'ils engagent. Aussi, à leur première relâche, s'empressent-ils de chercher à se débarrasser de tous ceux dont ils ne sont pas contents, pour les remplacer par des matelots étrangers. Du reste, les places ne manquent pas, car une bonne partie de leurs hommes désertent à la première occasion, et ce sont presque toujours des déserteurs des marines étrangères qui embarquent en leur lieu et place. Les officiers américains arrivent, de la sorte, à se procurer des équipages superbes aux dépens de leurs voisins, qui, naturellement, ne sont pas très satisfaits de se voir enlever leurs meilleurs hommes. Cette manière de faire semble même si naturelle aux gens de ce pays, qu'il y a quelques années, un membre du Congrès ayant proposé de créer aux États-Unis une école de canonniers, il lui fut répondu que cette dépense serait bien inutile tant que les Écoles françaises et anglaises fourniraient tous les hommes dont la marine américaine pourrait avoir besoin. Je ne garantis pas la vérité de cette anecdote, bien que je la tienne d'une source que je crois autorisée; mais elle n'a rien d'improbable.

12.

L'armée se recrute par des procédés analogues. Des compagnies entières sont formées de déserteurs allemands ou même français. Les soldes des simples soldats sont de 100 à 150 francs par mois; aussi, bien que la discipline soit très sévère, il s'en présente autant qu'on en veut, ce qui n'a, du reste, rien de bien extraordinaire, l'effectif de l'armée n'étant que de vingt-trois mille hommes environ.

Ce mode de recrutement fournit de très belles troupes et des hommes superbes. Seulement ils désertent avec une facilité désolante. L'année dernière, je revenais un jour de Deadwood à Rapid-City; j'etais accompagné de Raymond A... et de deux ou trois autres personnes. Nous devions passer par le fort Meade pour y faire une visite au colonel commandant la garnison, pour lequel j'avais une lettre de recommandation du général Sherman, qui était alors le commandant en chef de l'armée. Nous n'étions plus qu'à sept ou huit milles du fort, lorsqu'au sortir d'un ravin, nous nous trouvâmes tout à coup en présence d'un piquet de cavalerie qui observait la campagne, embusqué dans un petit taillis. Les hommes avaient vraiment très bon air avec leurs grandes bottes à l'écuyère bien cirées, leurs gants à la Crispin et leurs buffleteries admirablement astiquées. On était tout surpris de rencontrer des soldats si bien tenus au beau milieu des montagnes Rocheuses. Quand il eut reconnu à qui il avait affaire, l'officier qui les commandait m'avoua qu'il était à la recherche d'une bande de soixante-cinq déserteurs qui avaient quitté le fort la nuit précédente, avec armes et bagages. Le cas était grave, car l'effectif de la garnison n'atteint pas cinq cents hommes. Nous prîmes congé de lui, en lui souhaitant de réussir dans ses recherches, mais nous crûmes devoir renoncer à notre visite, pensant qu'après une pareille aventure le colonel devait être d'une humeur massacrante.

Je ne sais pas quelles suites a eues l'affaire, mais je serais bien surpris qu'un seul des déserteurs eût été repris. Dans tous les pays du monde, le propre des démocraties est une haine instinctive des armées régulières. Les habitants du Far-West sont très loin de faire exception à cette règle. Le gouvernement leur donne des soldats pour les protéger contre les Indiens; et les *cow-boys* comme les mineurs détestent ces soldats, et ne sont jamais si heureux que lorsqu'ils peuvent en faire déserter quelques-uns. Aussi, pour employer l'expression consacrée en France, les relations entre la troupe et l'habitant sont exécrables. On entend constamment parler de bagarres survenues entre eux : bagarres qui dégénèrent quelquefois en véritables batailles.-Il y en a eu une notamment l'année dernière, dont j'ai lu le récit dans les journaux, récit que je veux consigner ici, parce qu'il me semble curieux.

Un prospecteur avait découvert une mine d'or dans un vallon désert nommé *Bloody-Gulch*, à vingt ou vingt-cinq milles d'un fort. Notez bien que je ne dis pas que ce fort fût le fort Meade. Il s'empressa naturellement de vendre sa trouvaille à une compagnie qui se mit aussitôt à l'exploiter. Les travaux furent poussés activement. Au bout de quelques semaines, il s'était formé à *Bloody-Gulch* ce qu'on appelle un *mining-camp*, c'est-à-dire une agglomération de baraques en bois et de tentes, où logeaient les cent ou cent cinquante mineurs qu'employait la compagnie. Un médecin y était venu chercher fortune. Il y avait aussi, naturellement, un *bar* que tenait une femme. Elle y vendait aux plus justes prix les différentes boissons chères aux Américains. On raconte qu'elle y vendait encore bien autre chose.

Un beau jour que le camp était désert, car c'était l'heure du travail, et tous les hommes étaient dans la mine, un soldat du fort qui flânait dans les environs entra dans le *bar*. Que venait-il y chercher? C'est ce que l'histoire ne dit pas. Toujours est-il qu'une discussion ne tarda pas à s'élever entre lui et la dame du comptoir : discussion au cours de laquelle ce militaire peu galant se mit tout à coup à donner une épouvantable volée de coups de bâton à la dame en question.

Celle-ci commença par pousser quelques hurlements pour appeler au secours; mais, voyant que personne ne venait, elle prit le parti de s'évanouir. Cependant ses cris avaient été entendus par le médecin, qui probablement cueillait des simples dans la montagne. Il vint voir ce dont il s'agissait et crut devoir adresser quelques observations au soldat : mais celui-ci, qui paraît décidément avoir été doué d'un bien mauvais caractère, lui envoya deux balles de revolver à travers le corps; puis il enfourcha son cheval, qu'il avait laissé à la porte, et reprit tranquillement le chemin du fort.

Quelques instants après ces événements, les mineurs sortaient de la mine. Leur première visite fut naturellement pour le *bar*. Ils y trouvèrent le médecin fort mal en point. Il put cependant leur raconter ce qui s'était passé. Quant à la femme, elle allait déjà un peu mieux. Une douzaine d'hommes bien armés montèrent aussitôt à cheval et partirent à la poursuite du soldat, qu'ils ramenèrent au bout de quelques heures, solidement ficelé sur sa selle. On l'enferma dans un magasin, puis, tout en buvant, on discuta sur ce qu'il y avait lieu de faire de lui. Quelques-uns étaient d'avis de le remettre au shérif. Mais on objecta que cette manière de procéder était bien longue et ne donnerait probablement pas des résultats satisfaisants. Il parut plus simple de nommer immédiatement un comité de vigilance dont les membres allèrent chercher le soldat et le pendirent, sans autre forme de procès, à la maîtresse branche d'un gros pin qui poussait devant la porte d'une petite chapelle catholique que les mineurs, Irlandais pour la plupart, avaient construite près de la mine.

Une fois l'opération terminée à la satisfaction générale, on retourna dans le *bar* pour y célébrer cet heureux événement par de nouvelles libations. Puis, les têtes s'échauffant, plusieurs orateurs prirent la parole. L'un deux, après avoir félicité le comité de la mesure énergique qu'il venait de prendre, fit remarquer que les citoyens de *Bloody-Gulch* espéraient bien qu'on n'en resterait pas là. Il y avait dans le camp deux ou trois brebis galeuses; il était impossible de se le dissimuler. Pourquoi ne pas profiter des bonnes dispositions dans lesquelles on se trouvait, pour les envoyer rejoindre le soldat?

Cette motion fut accueillie tout d'abord avec faveur. Néanmoins un ou deux des assistants crurent devoir soulever quelques objections. Assurément les individus en question n'étaient pas à leur place dans une réunion d'hommes aussi distingués. Cependant, s'ils étaient véhémentement soupçonnés de divers méfaits, on n'avait pas contre eux de preuves absolument certaines : c'étaient donc plutôt des suspects que des criminels; il serait peut-être un peu vif de les pendre tout de suite.

Ces paroles sages et modérées firent une grande impression. Justement l'un des individus dont il s'agissait passait devant la porte du *bar*. On l'appela et on lui signifia qu'il lui était donné un quart d'heure pour sortir du camp, et que, s'il y reparaissait jamais, il serait pendu sans rémission. Il accueillit cette communication avec beaucoup de philosophie, tout en regrettant que l'état de ses finances lui rendît pour le moment très pénible un déplacement. Les assistants étaient de bonne humeur. On ouvrit aussitôt une souscription. Elle produisit 25 dollars, qui lui furent remis à titre d'indemnité de route. Ceci aplanit si bien les difficultés, que le personnage en question, montant sur un tonneau, commença un speech que les journaux ont reproduit religieusement.

Il ne se dissimulait pas que sa conduite avait parfois été un peu répréhensible. Aussi, sentant le tort que sa présence occasionnait à la bonne renommée du camp, il avait depuis longtemps formé le dessein d'aller chercher fortune ailleurs. L'honorable assistance venait de lui en fournir les moyens. Il ne pouvait que lui en être très reconnaissant, et, pour bien témoigner qu'il ne conserverait aucun mauvais vouloir envers les *gentlemen* qui en faisaient partie, il leur offrait à tous une tournée!

Ce petit discours fut généralement trouvé de très bon goût. On en apprécia surtout très fort la péroraison. On but donc à la santé et aux frais de l'orateur. Puis, comme une politesse en vaut une autre, plusieurs des personnes présentes offrirent à leur tour des *drinks* variés. Chacun en avait déjà avalé cinq ou six, quand l'un des assistants, qui avait une montre, fit remarquer qu'il ne restait plus que deux minutes avant l'heure de l'expulsion. Tout le monde sortit donc bras dessus bras dessous, pour reconduire le voyageur jusqu'aux limites du camp. Là on lui souhaita toute espèce de prospérités; on lui souhaita surtout de ne pas revenir, et puis chacun regagna son lit.

Quelques jours se passèrent : à peine deux ou trois querelles avaient-elles amené des coups de revolver sans importance et qui n'avaient pas troublé sérieusement la sérénité des habitants de *Bloody-Gulch;* chaque soir, cette tranquillité admirable servait de thème aux conversations des buveurs réunis dans le *bar.* Le pendu se balançait toujours aux souffles de la brise printanière, n'effrayant même plus les écureuils qui venaient grignoter des pommes de pin jusque sur ses épaules. La victime était elle-même presque remise de ses émotions. Quant aux coups qu'elle avait reçus, il n'en restait pour ainsi dire plus de traces, les taches noires qui déshonoraient ses contours satinés ayant successivement passé du noir au bleu foncé, du bleu foncé au jaune strié de rouge, et du jaune strié de rouge au vert pâle, qui est, comme chacun sait, le ton final de ces affections polychromes. Il semblait donc que tout fût terminé, et les membres du comité de vigilance de *Bloody-Gulch* savouraient paisiblement les joies d'une popularité qui se manifestait à eux par des offres de *bosom-caressers,* de *gumticklers* et d'autres boissons variées et si nombreuses, que chaque soir il fallait les porter dans leur lit, lorsqu'un beau jour cette félicité générale fut troublée par un événement imprévu.

La cloche de la mine venait d'annoncer la cessation du travail. Les hommes, remontant du puits, se disposaient à rentrer chez eux : quelques-uns étaient déjà sortis, lorsque tout à coup on entendit une fusillade épouvantable. Deux ou trois ouvriers tombèrent, les autres commencèrent par se barricader à l'intérieur de l'usine, puis on chercha à se rendre compte de la situation.

Elle n'était pas brillante. Une trentaine de soldats s'étaient échappés du fort après avoir juré de venger leur camarade. Arrivés sans être signalés, ils s'étaient embusqués dans le *bar* et, sans crier : Gare ! avaient tiré sur les premiers ouvriers qu'ils avaient vus. Heureusement, ceux qui restaient dans l'usine avaient des revolvers. Ils purent même se procurer quelques fusils. Pendant une demi-heure, on se fusilla à cent pas de distance sans se faire grand mal, les deux partis restant soigneusement à l'abri. On commençait à se demander comment cela finirait, quand l'ingénieur de la mine accourut effaré : il fit signe qu'il voulait parler. Le feu cessa aussitôt. Des délégués vinrent même s'aboucher avec lui :

« Messieurs, leur dit cet habile homme, il y a déjà deux ou trois mineurs de tués et autant de blessés. Du côté des soldats les pertes sont à peu près égales. Comme représentant de la Compagnie, je suis obligé de constater que vous avez déjà cassé toutes les vitres de l'usine, et, si cela continue, vous allez mettre son matériel dans le plus piteux état. Ne pourrait-on pas s'entendre ? L'exercice que vous venez de prendre a dû vous altérer ! Allons tous au *bar !* J'offre à boire à tout le monde ! C'est la Compagnie qui régale ! »

C'était parler d'or. Au bout d'une demi-heure, mineurs et soldats étaient, pour la plupart, fraternellement étendus par terre, tous plus ou moins ivres-morts. L'accord se fit assez facilement ; ceux qui pouvaient encore se tenir debout allèrent décrocher le pendu : on l'enterra, on coupa sa corde en petits morceaux, et chacun en prit un. Les Américains ont grande con-

fiance dans ce genre de fétiche. L'année dernière, lors
de mon passage à Chicago, je voulus acheter une tente.
On m'indiqua un grand store, dont le directeur, —
un gentleman très distingué, — voulut me faire lui-
même les honneurs. Il me raconta que c'était lui qui
fournissait de cordes les shérifs de la ville, et me
montra une glène qui était toute prête pour l'exécution des anarchistes. Il ajouta qu'il était convenu avec
les shérifs qu'on lui rendrait les cordes quand elles
auraient servi, et, désireux de faire participer sa clientèle aux bénéfices d'une occasion aussi exceptionnelle,
il avait décidé que toute personne qui ferait dans sa
boutique une acquisition d'une valeur supérieure à cinq
dollars en recevrait un morceau par-dessus le marché.

Si nous n'avons pas eu la visite des officiers du fort
Meade, nous avons, en revanche, eu celle des autorités
civiles du comté, qui ont bien voulu honorer Fleur de
Lis de leur présence pendant deux jours, la semaine
dernière. Je crois que c'est feu M. Menier, l'inventeur
du seul chocolat qui blanchisse en vieillissant, qui a
écrit ou fait écrire un gros livre pour réclamer l'établissement, chez nous, d'un impôt unique basé sur le
capital. Ce système fonctionne dans ce pays-ci. J'avoue
ne pas l'admirer outre mesure. En fait de liberté, les
Américains se contentent volontiers du mot; ils ne
tiennent pas absolument à la chose. Il faut avoir cet
heureux tempérament pour se soumettre de bonne
grâce à l'inquisition que comporte ce système d'impôt.
On voit arriver chez soi un beau matin un monsieur
qui vous annonce qu'il est l'assesseur. Il entre dans
votre maison, l'estime à sa guise, ainsi que le mobilier,
regarde si votre montre est en or ou en nickel, — je

n'invente rien : le dernier qui est venu ici a fait cela, — il tâte vos matelas pour savoir s'ils sont en crin ou en varech, compte vos chevaux et vos bœufs, et puis consigne le tout dans un gros livre qui contient déjà le résultat de sa visite chez vos voisins; le gros livre est du reste à la disposition du public, et si quelqu'un découvre que ledit voisin a dissimulé un cheval, un bœuf, ou même une modeste pendule, il se fait un véritable plaisir de le dénoncer.

Ce travail a pour but d'arriver à une estimation aussi exacte que possible du capital existant dans le comté, meubles ou immeubles. Une fois ce résultat obtenu, on établit le budget des dépenses : routes (pour mémoire), écoles et construction de prison ou de palais de justice (*court houses*). La comparaison des deux totaux donne tout de suite, au moyen d'une simple division, la proportion dans laquelle il faut que chacun contribue aux dépenses. Ce tantième est naturellement assez variable. Chez nos voisins du comté de Lawrence, où la majorité se compose de simples mineurs ne possédant rien et, par conséquent, échappant aux taxes tout en décidant des dépenses, on paye, je crois, 12 ou 15 pour 100 par an ; sur son capital, bien entendu. De plus, le comté, qui a huit mille habitants, a environ un million de dollars de dettes, sans qu'il soit possible de savoir à quoi a pu être dépensé cet argent, car il n'existe dans tout le comté qu'une seule route, et cette route a été construite par une compagnie qui fait payer un demi-dollar à toutes les voitures qui s'en servent.

Dans les comtés où la population se compose principalement d'agriculteurs ou de *ranchmen,* on s'en tire à meilleur compte, et l'impôt à payer ne dépasse guère 3 ou 4 pour 100 du capital. Les *ranchmen* arrivent même généralement à payer beaucoup moins. D'abord, l'assesseur ne peut guère compter le nombre d'animaux existant sur les *ranchs*. Il est donc obligé de s'en rapporter aux déclarations toujours inexactes, est-il besoin de le dire? des intéressés. Ceux-ci ont d'ailleurs toujours la ressource de faire sortir tout ou partie du troupeau en dehors des limites du comté au moment de l'*assessment*. C'est ainsi que, l'année dernière, un de nos voisins qui avait bien, à ce moment-là, vingt ou vingt-cinq mille bœufs, est venu à Custer et a affirmé, sous serment, devant le conseil, que sa compagnie ne possédait dans le comté que trois vaches laitières et le cheval sur lequel il était monté; ce qui était, du reste, absolument vrai, car quarante-huit heures auparavant il avait fait passer la Chayenne à tous ses bœufs, qui vagabondaient dans la réserve indienne, où ses *cow-boys* allèrent les rechercher cinq ou six jours après.

Dans la pratique, on finit toujours par arriver à s'entendre après d'interminables discussions et de très abondantes libations; on aboutit à une sorte de cote mal taillée d'après laquelle, les amis du gouvernement payant très peu, le vide des caisses est comblé par ses ennemis, qui se consolent en pensant que leur tour viendra un jour ou l'autre. Seulement on comprend aisément combien il est intéressant d'être dans de bons termes avec le parti au pouvoir. C'est pourquoi nous avons couvert de fleurs, je parle au figuré, bien entendu, le trésorier du comté et l'un de ses amis qui ont bien voulu nous honorer de leur visite.

En attendant le dîner, que j'ai recommandé à François de soigner tout particulièrement, je leur ai fait faire naturellement le tour du propriétaire. Ces messieurs se sont montrés très satisfaits de tout ce qu'ils ont vu. Ils ont admiré surtout le potager. Dans ce pays-ci, il y a très peu de fermes qui aient un jardin : en fait de légumes frais, on ne récolte jamais que des pommes de terre, et la grande majorité des habitants sont persuadés que les petits pois sont, comme les sardines, tous deux originaires de boîtes en fer-blanc. L'ami du trésorier était vivement intrigué par le cresson, qu'il voyait pour la première fois. C'est nous qui l'avons introduit dans ce pays-ci, où il était absolument inconnu. Il en pousse maintenant tout du long du *French creek*. Nous aurons passé en faisant le bien ! *Transiit benefaciendo !*

Pendant que j'ai expliqué le cresson à l'ami du trésorier, le trésorier lui-même est resté en arrêt devant une planche de carottes. Ce végétal ne lui est pas inconnu, me dit-il; il se rappelle en avoir mangé il y a six ou sept ans et en a conservé un souvenir délectable. Croyant reconnaître dans ce naïf aveu une insinuation cachée, je me suis empressé de faire signe à François, que j'apercevais dans la pénombre de la cuisine en toque et veste blanche, mais toujours chaussé de ses immenses bottes à l'écuyère, et lui ai enjoint d'ajouter au menu un plat de carottes à la Vichy.

Je dois avouer, du reste, que l'effet a été complètement manqué. Consciencieusement et sans mot dire, ainsi qu'il convient à des Américains, nos hôtes ont mangé de tout ce qu'on leur a servi, mais sans donner le moindre signe d'approbation ou de désapprobation.

— Permettez-moi de vous offrir encore un peu de carottes, ai-je dit au trésorier quand il eut terminé; vous m'avez dit que vous les aimiez.

— Des carottes ? Où y a-t-il des carottes ? a-t-il répondu.

— Mais vous venez d'en manger !

— Cela, des carottes ? Ah ! mais je les ai toujours mangées crues !

Le malheureux ! mon âme a été inondée de ce sentiment que les poëtes déclarent divin et qui s'appelle la pitié ! C'est par des bienfaits qu'il faut faire connaître son pays aux étrangers. L'Amérique nous a donné la liberté. C'est, du moins, ce qu'affirmaient une foule de braves gens avec lesquels j'ai voyagé l'année dernière, qui venaient à New-York pour l'inauguration de la « Liberté éclairant le monde », construite avec les dons de souscripteurs français. J'avoue que je ne suis pas du nombre. Mon excuse est que je ne savais pas que nous fussions redevables de la liberté aux Américains. Quelques semaines plus tard, en les voyant dans l'Iowa n'avoir même plus le droit de boire à leur soif, je me disais qu'ils nous en avaient peut-être trop donné, puisqu'il leur en restait si peu. Mais si je dois continuer à voyager en Amérique, combien je bénirai le jour où les Yankees, reconnaissants et devenus gras, élèveront, sur l'île d'Ouessant, une statue monumentale représentant un cuisinier faisant le geste de jeter à travers l'Océan, vers New-York, un exemplaire de la *Cuisinière bourgeoise !* En ce temps-là, on trouvera peut-être quelque chose à manger dans les hôtels américains.

Le Yankee est-il absolument rebelle à la cuisine, comme tant d'indices sembleraient le prouver ? Je ne le crois pas. Il y a quelques semaines, il est plus que probable que pas un des *boys* du *ranch* n'avait, de sa vie, mangé autre chose que l'horrible lard rance du pays ou quelque autre abomination du même genre. J'étais extrêmement curieux de savoir quel accueil feraient ces natures agrestes à la cuisine de François. Ils n'étaient pas bien disposés, cela était évident. Tout dépendait du début. Quand Bossuet s'écriait : « Madame se meurt! Madame est morte! » tous les cœurs vibraient à l'unisson. Il n'avait en réalité pas besoin d'exorde. Tout son auditoire était déjà ému et remué. D'une seule envolée il pouvait l'enlever jusqu'aux sommets où il planait lui-même. Eût-il agi de même s'il avait eu affaire à un auditoire hostile ou simplement indécis, à un auditoire qu'il lui aurait fallu instruire? Assurément non. Il aurait été insinuant.

Eh bien, François a été insinuant. Il n'a pas enlevé son public de vive force : il l'a conquis. J'ai observé sans rien dire sa manière de procéder : sa diplomatie a été admirable. Le premier jour, il s'est contenté d'observer les agissements du cuisinier du *ranch,* un Italien importé de France, qui, s'appelant François également, a reçu le numéro deux. Dès le lendemain, les *boys* étonnés constataient que leurs chers *cakes,* tout en ayant conservé à peu près leur apparence ordinaire, avaient pris une saveur toute particulière : ils étaient devenus des crêpes. Leurs beefsteaks, au lieu d'être déshonorés, comme c'est la mode dans ce pays, par le contact immédiat de la plaque du fourneau, passaient par le gril avant de venir s'étaler voluptueusement sur un lit de cresson. La première soupe causa une très vive impression. Aux États-Unis, on n'en connaît guère que deux. La première, qu'on donne dans tous les hôtels, est de l'eau de vaisselle dans laquelle flottent des débris de tomates. Elle a cet avantage qu'étant horrible d'apparence, il n'y a que des touristes consciencieux comme moi qui osent y goûter une fois pour se rendre compte de leurs sensations : mais ils ne recommencent jamais, de sorte que la même peut servir indéfiniment.

La seconde est plus dangereuse, parce qu'elle a une apparence candide qui trompe. En voici la recette : Vous mettez sur le feu une casserole pleine de lait. Quand le lait bout, vous videz dedans le contenu d'une boîte d'huîtres conservées et vous servez chaud! Le patient croit à une simple soupe au lait; il prend pour une pâte quelconque les formes indécises qu'il voit flotter dans la masse liquide : inconsciemment, il en déverse le contenu d'une cuiller dans sa bouche. Alors commence son supplice. Immédiatement une odeur de marécage d'une intensité inouïe remplit tout son être : éperdu, il fait un mouvement de déglutition désespéré, puis, s'il est dans une maison particulière, — c'est habituellement dans les maisons particulières qu'on vous tend ces traquenards, — il cherche un domestique pour faire enlever subrepticement son assiette : mais en Amérique, il n'y a jamais de domestique! et il lui faut répondre aux mots aimables de la maîtresse de maison qui lui demande invariablement ce qu'il pense de son *oyster soup!* Notre plat national! ajoute-t-elle toujours avec une complaisance marquée.

La soupe a été acceptée avec une faveur qui, douteuse au commencement, n'a pas tardé à s'affirmer. A partir de ce moment, François, sûr de son triomphe, n'a plus ménagé ses effets. Le chou et la tomate, embellis par son art, ont révélé les saveurs que développent en eux des farces savamment combinées. Nos *cow-boys* ont connu les douceurs du civet de lièvre; des salmis onctueux leur ont fait apprécier la poule de Prairie sous un jour tout nouveau. Une fois même, François les a initiés aux jouissances que réserve aux initiés la dégustation de la fondue au fromage, cette admirable et savante composition dont nous devons, paraît-il, la recette aux pieux Bénédictins de Belley! C'est, si je ne me trompe, M. de Brillat-Savarin qui nous l'a conservée, lors de la dispersion de ces braves moines : et c'est, je dois le reconnaître, le triomphe de François. A bord du paquebot qui nous a amenés, le ministre d'Amérique en Hollande, un homme d'esprit doublé d'un gourmet, deux qualités bien rares par le temps qui court, se lamentait devant moi, disant qu'il ne pouvait plus trouver de cuisinier capable de *rédiger* une fondue au fromage. Je réclamai en faveur de François, qui, le soir même, grâce à l'autorisation de mon camarade K..., le capitaine du bateau, nous en préparait une qui a eu un succès fou.

En même temps que leur goût se raffinait, leur esprit s'ouvrait aux conceptions de la science gastronomique. Avant-hier, je revenais d'une longue course à cheval, accompagné de l'un d'eux, Georges Salisbury. Nous cheminions l'un à côté de l'autre, comme les gendarmes de Nadaud, mais plus vite, car nos chevaux ne quittaient guère le galop, allure inconnue à ceux de la maréchaussée, lorsque tout à coup j'entendis un vague son.

— *Say! mister baron!* disait Salisbury, qui paraissait sortir d'une longue rêverie : *Say! What a dandy cook that boy of yours is!* (Quel homme que ce cuisinier que vous avez amené!)

Sentant qu'une partie de la gloire de François rejaillissait sur moi, je crus devoir m'incliner.

— Mais, continua Salisbury, il nous a donné hier une soupe sucrée. Il l'avait faite avec un potiron (*pumpkin*), et puis il y avait des petits morceaux de pain

grillé qui nageaient dedans. Je n'ai jamais rien mangé
de si bon! Mais, dites-moi, mister baron, je croyais
qu'une soupe ne devait jamais être sucrée?

Partant de l'ignorance absolue, Georges Salisbury en
était arrivé en huit jours à ce point de culture gastronomique, qu'il ne s'inquiétait plus seulement du goût d'un
plat : il tenait à être renseigné sur les conditions dans
lesquelles il devait être servi. Quel triomphe pour François! Je me souviens d'un grand tableau que j'ai vu
quelque part : je crois que c'est dans une préfecture de
province. Au centre, on voyait une grande femme vêtue
d'une draperie rouge. Elle tenait d'une main une balance; de l'autre, un rouleau de papier; à côté d'elle,
deux autres femmes étaient debout sur les marches du
trône où elle était assise : l'une armée d'un grand sabre,
l'autre distribuant des fruits, des légumes et beaucoup
d'autres bonnes choses à une foule de gens tout nus qui
accouraient de tous les points de l'horizon. Pour moi,
les tableaux allégoriques sont comme les ballets; je ne
peux jamais les comprendre que lorsque l'on me les
explique. Je pris donc des informations. Il paraît que
celui-là représentait la Barbarie venant demander des
lois à la Civilisation afin de connaître le bonheur! N'est-
ce pas absolument l'histoire de Georges Salisbury? Tant
qu'il a vécu dans l'ignorance des lois les plus élémen-
taires de la gastronomie, il n'a jamais mangé que du
bacon et est resté maigre comme un coucou : le voilà
prêt à s'incliner devant cette science qui s'est révélée
à lui par la soupe au potiron! Le malheur, c'est qu'il va
peut-être engraisser : et il rendra les poneys poussifs.

Du reste, Georges Salisbury n'est pas le seul des
boys qui s'intéresse à l'œuvre de François. Rien de
moins chasseur, de moins braconnier, pour employer

un mot français qui ne peut pas avoir d'équivalent dans un pays où la chasse est libre, que le *cow-boy*. Il vit constamment au milieu du gibier sans s'en occuper. Et non seulement il ne prend aucun intérêt à l'observer, mais il ne l'apprécie même nullement comme nourriture. J'ai bien souvent entendu des *cow-boys* parlant des privations qu'ils avaient endurées dans telle ou telle expédition contre les Indiens, ou dans tel ou tel *round-up,* dire qu'à un certain moment ils n'avaient plus de lard et en étaient réduits à se nourrir de lièvres, d'antilopes ou de poules de Prairie. Depuis que François leur a révélé le civet de lièvre et la poule de Prairie en chartreuse, ils reviennent presque tous les jours avec des lièvres ou des poules de Prairie qu'ils tuent au posé, à coups de revolver, dans les *creeks*.

Toutefois, si François apporte à l'Amérique les bienfaits de sa science, il y fait aussi de bien précieuses découvertes. Nous avons, tout près d'ici, un village de chiens de Prairie. Nous avons eu la curiosité, l'autre jour, d'aller leur faire une petite visite. Quand nous sommes arrivés, il y en avait une centaine qui, debout à l'entrée de leurs trous, prenaient le frais en échangeant leurs observations au moyen de ces petits aboiements brefs qui leur ont valu le nom sous lequel ils sont connus. Nous avons commencé par en tuer quatre ou cinq de loin, à coups de winchester. On ne peut guère les tuer autrement qu'à balle, car s'ils ne sont pas tués raide, ils trouvent toujours moyen de tomber dans leur trou. J'ai essayé de creuser un de ces trous. On m'avait dit que, dans tout village, il y en avait un qui était poussé verticalement jusqu'à l'eau, quelle que fût la profondeur qu'il fallût atteindre, et qu'il servait de puits à tous les habitants. Cela me semble bien extraordinaire. Et cependant je dois dire que tous les terriers que nous avons sondés s'enfoncent verticalement à quatre ou cinq mètres au moins.

Toujours est-il que nous avons rapporté nos quatre chiens de Prairie. Les Américains ne les mangent jamais. François, après les avoir examinés, a déclaré que ces chiens étant en réalité des lapins, leur devoir strict était d'aimer à être mangés sautés, pour employer le style de la *Cuisinière bourgeoise*. Je ne sais pas si réellement ils ont aimé à être mangés comme cela, mais ce que je puis affirmer, c'est que le chien de Prairie sauté constitue une des meilleures choses qu'on puisse manger.

Je ne veux pas terminer sans relater une petite scène dont j'ai été témoin hier au soir et qui m'a bien amusé. Je passais par hasard dans la salle où mangent les hommes. J'aperçus François qui, assis devant un gros volume étalé sur la table, discourait avec beaucoup d'animation. C'était un *boy* canadien qui servait tant bien que mal d'interprète. Tous les autres, qui paraissaient vivement intéressés, se serraient autour d'eux pour mieux voir de grandes chromolithographies dont le livre était abondamment garni. J'eus la curiosité de m'approcher pour savoir quel était l'ouvrage qui obtenait un aussi vif succès : me penchant à mon tour par-dessus l'épaule de François, je lus le titre du livre :

LA CUISINE CLASSIQUE

ÉTUDES RAISONNÉES ET DÉMONSTRATIVES
DE L'ÉCOLE FRANÇAISE

PAR

Urbain DUBOIS et Émile BERNARD

Ces deux grands hommes existent-ils encore? C'est
ce que j'ignore. Mais s'ils ne sont pas encore en-
dormis dans la paix du Seigneur, qu'ils sachent que
leur œuvre a pénétré jusque dans le grand désert du
Dakota!

22 *octobre*. — J'ai eu, dans le temps, un serviteur
qui, lorsqu'il entrait dans ma chambre le matin pour
brosser mes habits, ne manquait pas de me toucher à
l'épaule en me disant d'une voix discrète : « Monsieur
le baron a encore une demi-heure à dormir! »

Entre le génie et la bêtise, il n'y a souvent que le
saut d'une puce, a dit un profond penseur. Beaucoup
penseront que ce serviteur était un simple Calino; j'estime, au contraire, qu'il était un sage, qu'il avait fait
une étude approfondie des sensations de l'être humain
et que, ayant reconnu combien sont doux ces moments
de demi-sommeil qui précèdent le réveil complet, il
tenait à me ménager cette jouissance avant l'instant
où il savait qu'il me faudrait me lever.

Trop rares, beaucoup trop rares sont les jouissances
de la jeunesse qu'on peut encore goûter dans l'âge
mûr! Celle-là, heureusement, est du nombre. Aussi j'y
tiens tout particulièrement. Ce n'est donc pas sans un
mouvement de mauvaise humeur assez accentué que
je me suis senti, ce matin, arraché de ce doux état par
une sorte de cliquetis de castagnettes qui se faisait
entendre au pied de mon lit. J'ai entr'ouvert un œil
pour me rendre compte de ce qui me valait cette séré-
nade. François venait d'entrer dans ma chambre, courbé
en deux dans une peau de bique, l'air tout grelottant
et profondément malheureux. C'étaient ses dents qui,
en s'entrechoquant, faisaient entendre ce tapage.

— Ah çà! qu'est-ce qui vous prend? ai-je dit avec quelque impatience à ce fidèle serviteur.

— Monsieur le baron ne voit donc pas le temps qu'il fait!

Je voulus m'asseoir sur mon lit pour me rendre compte de ce qui se passait, mais je ressentis une si vive impression de froid, que je m'empressai de m'enfoncer de nouveau sous mes couvertures. Pendant ce temps-là, François avait tiré le rideau de ma fenêtre. Le ciel était cuivré, le jour était blafard; devant moi s'étendait la Prairie, couverte d'un manteau de neige d'une blancheur immaculée.

François continua :

— Ah! monsieur le baron, quel pays! Hier, à midi, j'ai regardé le thermomètre; il y avait vingt-cinq degrés de chaleur. Ce matin, il y a vingt-deux degrés de froid! La mare est gelée, les *boys* sont en train de la casser pour faire boire leurs chevaux. La glace a déjà un demi-pied d'épaisseur! Le *creek* est gelé! La viande est gelée! Tout est gelé!

Après cette énumération lamentable, il resta un moment pensif, l'œil noyé dans l'espace; mais cet œil ne tarda pas à s'illuminer :

— Si monsieur le baron le veut, dit-il, je lui soumettrai, ce soir, une glace à laquelle je pense depuis quelques jours. Cela m'est venu...

— Vous me direz une autre fois comment cela vous est venu. En attendant, apportez-moi de l'eau chaude, car celle de mon pot à l'eau doit être gelée, et allez préparer le déjeuner : je sortirai de bonne heure.

En ce moment, je suis tout seul à la maison. Raymond A... n'a pas perdu son temps à la foire de Rapid-

City. Il a vendu deux étalons et il a racheté une bande d'une centaine de juments dont il avait envie depuis bien longtemps. L'histoire de cette bande est assez curieuse. Elle appartenait à un vieux bonhomme nommé Shirwood, qui habite à quatre ou cinq cents milles d'ici, dans le Sud, du côté de Denwer. Comme beaucoup d'autres Américains, il a la passion des trotteurs. Il s'est procuré, il y a une douzaine d'années, quelques très beaux étalons *clays,* l'une des meilleures races du pays, puis les a croisés avec des juments du Colorado; et finalement, à force de sélections judicieuses, il était parvenu à constituer une bande des plus remarquables. Un beau jour il tomba malade. Sa femme prit peur et, sans le consulter, vendit tous les chevaux à crédit à un petit *ranchman* de ce pays-ci, qui les ramena dans les Black-Hills, mais qui se garda bien, naturellement, de jamais payer le premier sou de ce qu'il devait. Le pauvre Shirwood, dont la santé s'était un peu remise, est arrivé il y a quelques mois et est parvenu, avec l'aide du shérif, à rentrer en possession d'une partie de son troupeau. Seulement, il ne savait plus qu'en faire, et s'est décidé à le vendre à Raymond, qui est parti d'ici il y a cinq jours, avec Def. J... et deux ou trois *cow-boys,* pour aller en prendre livraison et le ramener ici. Je suis même assez inquiet de savoir comment ils vont se tirer d'affaire par un temps pareil.

Dès que j'ai eu le temps de me lester d'un énorme *cake* et d'une tasse de thé, enveloppé, moi aussi, dans une peau de bique dont le collet remontait jusqu'aux oreilles, je sors de la maison. Tout, dans les environs, a une apparence sibérienne des plus caractérisées. Les canards poussent des cris lamentables autour de leur mare gelée. Les poules, l'œil inquiet, la plume hérissée, sont toutes groupées auprès de la porte de la cuisine, implorant François II, qui leur distribue parcimonieusement quelques poignées de maïs. Quelques jeunes coqs de l'année se grattent déjà la tête d'un air consterné. Il est bien probable que leur crête est déjà gelée et qu'elle va tomber. Cela arrive régulièrement tous les ans aux volailles de ce pays-ci.

Un *cow-boy* rentre à ce moment, portant, pendu à sa selle, un mouton qu'il est allé chercher dans une ferme du voisinage. Il rapporte, en même temps, le courrier qu'il a pris hier à Buffalo-Gap. Il dit qu'à certains endroits il y a tant de neige dans le lit des *creeks,* qu'il a eu quelque peine à les traverser. Les deux *herders* sont déjà à cheval, se disposant à emporter des outils pour aller déferrer quelques chevaux de service qu'on a lâchés, parce qu'ils étaient blessés. Il n'y a pas de temps à perdre, car un cheval ne peut pas vivre sur le *ranch,* en temps de neige, ou du moins au moment du dégel, s'il est ferré, parce que les bottes qui se forment sous ses pieds l'empêchent de chercher sa nourriture, tandis que s'il est nu-pieds, ces bottes ne se forment jamais.

— *Say! mister baron!* me dit Sam Bunker, l'un des *herders,* est-ce que ce n'est pas aujourd'hui que Raymond A... va arriver avec les nouveaux chevaux?

— Je le pense.

— Ils vont passer dans le *Bear's Cañon!* Si le vent y a poussé la neige, ils n'en pourront jamais sortir; on va perdre des chevaux. Ne croyez-vous pas qu'il faudrait aller tout de suite pour voir ce qu'il en est? Si le passage est trop mauvais, j'irai au-devant d'eux pour les prévenir. Ils feraient un grand détour par Buffalo-Gap, pour entrer dans la vallée. Cela allongerait la route

de vingt ou trente milles; mais cela serait plus prudent.

— C'est une bonne idée que vous avez là, Sam!
Voilà le temps qui se lève, il fait moins froid, j'ai envie
d'aller avec vous!

— *All right,* baron! Attendez : je vais vous seller
un cheval.

Quelques minutes après, nous galopons côte à côte,
en descendant la vallée, dans la direction du *Bear's
Cañon.* Les Américains donnent ce nom, d'origine
espagnole, à des sortes de crevasses, souvent d'une
profondeur prodigieuse, qui se rencontrent de loin en
loin dans la Prairie, ou du moins qui servent à la faire
communiquer avec les massifs de montagnes qui ont
surgi de son sein à différentes époques géologiques.
C'est par elles que se fait le drainage des eaux de ces
massifs. Ce qui leur donne un aspect très caractéristique, c'est que leurs bords sont généralement tellement à pic, qu'une fois qu'on y est entré, il est à peu
près impossible d'en sortir autrement qu'en continuant
jusqu'au bout; à moins, bien entendu, de revenir sur
ses pas. L'un de ces *cañons,* le *Red Cañon,* qui débouche à une quarantaine de milles d'ici, est une des
curiosités du pays. Il a six ou sept lieues de long et
une profondeur moyenne de deux à trois cents mètres.
Le fond, assez large par endroits, est très maréca-
geux. De distance en distance, on trouve de petits îlots
de terre plus sèche, où l'herbe vient en abondance. Il
arrive souvent, au moment des gelées, que des bœufs
ou des chevaux égarés viennent sur ces îles pour y
chercher leur nourriture. Si le dégel survient avant
qu'ils en soient partis, ils ne peuvent plus s'en aller,
tant les marais qui les entourent sont profonds, et on

les voit d'en haut mourir de faim, petit à petit, sans
qu'il soit possible de venir à leur secours.

Le *Bear's Cañon*, tout en étant fort heureusement
d'humeur plus débonnaire, ce qui tient surtout à ce
qu'il n'a que cinq ou six kilomètres de long, n'a rien
à envier à son rival sous le rapport du pittoresque. On
y entre en suivant un ruisseau desséché dont le lit est
semé d'énormes galets et coupé à chaque instant de
ressauts qui ont été autrefois des cascades, et qui reprennent leurs anciennes fonctions au moment de la
fonte des neiges. On contourne la base d'énormes rochers calcaires de cent ou cent cinquante mètres de
hauteur, dans les fissures desquels quelques gros sapins
ont trouvé moyen de pousser, rétrécissant encore la
mince bande de ciel qui reste visible d'en bas. Aujour-
d'hui, ce ciel est d'un bleu superbe, car le soleil brille
de tout son éclat et la température est devenue très
supportable. Le vent n'a pas dû souffler dans le sens
du *cañon;* aussi nous n'y trouvons presque pas de
traces de neige. A certains endroits, la réverbération
du soleil sur les parois des rochers développe même
tant de chaleur, que ma peau de bique me pèse sur les
épaules. Les lièvres et les lapins paraissent s'être parfaitement aperçus de la différence qu'il y a, au point
de vue du confortable, entre cet endroit-ci et la plaine
que nous venons de traverser, car nos chiens en font
lever à chaque pas en fouillant les touffes d'églantiers
et de pruniers qui bordent le *creek* quand son lit n'est
pas trop resserré. Les bonnes prunes jaunes sont toutes
tombées. C'est bien dommage, car François nous en
faisait des tartes et des pies bien remarquables : il y en
avait tant, qu'elles couvrent le sol à certains endroits.
Le raisin a résisté. J'en cueille encore des grappes

très bonnes. Ai-je dit qu'on en trouve dans tous les *creeks?* Comment résiste-t-il aux températures de ce pays? Voilà ce que je ne me charge pas d'expliquer. Les grains sont petits, mais ils ont très bon goût et les ours en sont très friands; je suis persuadé que, si on cultivait graduellement ces vignes sauvages, on obtiendrait des raisins de table excellents. Les Américains, qui sont toujours pressés, ont introduit chez eux des chasselas de différentes espèces que la transplantation a modifiés d'une manière déplorable. Le grain est resté très gros, mais la pulpe est devenue adhérente au grain et le goût a complétement changé.

Sam Bunker me quitte à la sortie du *cañon* pour se mettre à rechercher les chevaux qu'il veut déferrer. Quant à moi, je vais demander l'hospitalité à un fermier qui s'est établi depuis deux ans, tout près de là, sur les bords du *French-Creek.* C'est un travailleur et c'est à lui que nous achetons notre avoine. Il a un peu mieux réussi que ses confrères. Cela ne veut pas dire qu'il ait fait fortune, au moins jusqu'à présent. Il habite avec sa femme et sept enfants dans une affreuse baraque en planches dont les murs n'ont guère que cinq pieds de haut, de telle sorte qu'on ne peut se tenir debout que dans le milieu de l'unique pièce qui sert de cuisine et de chambre à coucher pour toute la famille; je les trouve tous en train de grelotter autour d'un poêle qu'on bourre de débris de vieilles caisses. L'homme raconte que le froid les a si bien surpris qu'il n'a pas eu le temps de faire de provision de bois pour l'hiver. Il faut passer par Fleur de Lis pour aller en chercher dans la forêt. C'est une douzaine de kilomètres à faire pour aller et autant pour revenir, car on ne peut pas passer par *Bear's Cañon* avec une voiture. Comment les

FLEUR DE LIS RANCH. — TROUPEAU N° 6 : TROTTEUSES MESSENGER.

malheureux vont-ils faire? Tous ces gens ont un air
si misérable, que je me demande comment je pourrais
les aider un peu. Je m'avise de leur demander de me
vendre un dindon que je vois se promener dans la
neige. Les enfants, nu-pieds et à peine couverts de
mauvaises guenilles d'indienne, courent après lui et
finissent par l'amarrer solidement par les pattes à l'ar-
çon de ma selle.

De temps en temps, je regarde par la fenêtre dans
la direction par laquelle doivent venir nos gens. A la
fin, je vois poindre deux cavaliers qui arrivent à fond
de train malgré la neige, si épaisse par endroits qu'elle
atteint presque le ventre de leurs chevaux. C'est J... et
l'un des *cow-boys* que Raymond a envoyé en avant
pour reconnaître l'état du *cañon*. Ils me racontent
qu'ils sont en marche depuis trois jours. Les deux premières nuits, ils n'ont pas eu trop de difficultés; mais
la nuit dernière, dès que la neige s'est mise à tomber,
toutes les juments sont devenues inquiètes et cherchaient à chaque instant à s'échapper pour retourner
à leur ancien *ranch*. Il a fallu que tout le monde restât
à cheval toute la nuit. Le petit J..., qui arrive de France
il y a deux mois et qui est encore tout plein du feu
sacré, est dans la joie. Il trouve que le métier de *cow-
boy* est le plus beau de tous les métiers.

Bientôt nous voyons arriver le troupeau. Les juments
se montrent si rétives, qu'on les a maintenues aux
grandes allures depuis trente ou trente-cinq kilomètres, sans les laisser souffler, de peur qu'elles n'aient
le temps de se reconnaître. D... est en avant, servant
de guide. Il me salue de la main et continue dans la
direction du *cañon*. Tous les chevaux sont sur ses
talons, trottant la tête haute, l'œil inquiet. Deux *cow-*

boys galopent sur les flancs de la colonne, le grand chapeau écrasé sur la nuque, debout sur leurs larges étriers de bois, leurs pantalons et leurs jaquettes en cuir rouge se détachant sur la neige. Raymond ferme la marche. Bientôt l'avant-garde s'engage dans le *cañon*. Nous nous y engouffrons à sa suite. De loin nous voyons D..., dont le petit cheval gris bondit comme un chat au milieu des rochers. De temps en temps, quand on arrive à l'un des petits bassins formés par les eaux au bas des cascades, il hésite un instant avant de trouver la fissure qui permet de continuer la route. Quelquefois elle est si peu apparente, que les chevaux de tête refusent de s'y engager à sa suite. Alors tous les autres s'arrêtent en une masse confuse, chacun appuyant sa tête sur le dos de l'autre : les juments rappelant leurs poulains par un petit hennissement très doux et très expressif. Les *cow-boys* qui sont en queue chargent en poussant de grands cris. Les premiers se décident alors à bondir en avant, s'accrochant aux moindres aspérités du rocher, et tous les autres les suivent.

En moins d'une heure nous traversons le *cañon*. Il fait déjà presque nuit quand nous arrivons en vue du *ranch*. Les chevaux sont poussés dans la clôture et conduits sur le bord du ruisseau, en haut de la vallée, derrière les écuries, où les pauvres bêtes pourront trouver, en grattant la neige, de quoi manger un peu pendant la nuit. On ne peut pas les lâcher, car elles ne portent pas encore notre marque. D'un autre côté, il est un peu dangereux de les garder dans une clôture en ronces artificielles qu'elles ne connaissent pas et sur lesquelles, étant donné leur état d'inquiétude, elles vont peut-être se jeter cette nuit. Aussi

R... est assez inquiet et se promet-il de ne dormir
que d'un œil jusqu'à demain.

Il fait tout à fait nuit quand les *boys* viennent ramener
leurs chevaux à l'écurie. Tout à coup on entend un
grand bruit sourd et on voit de loin une masse sombre
qui descend la vallée. C'est le troupeau qui, dès qu'il
ne s'est plus senti surveillé, est reparti au galop en
reprenant la direction par laquelle il est venu. On distingue déjà les premiers, filant le nez à terre comme
des chiens qui chassent, pour aller passer derrière la
maison, le long du coteau pierreux et raide comme un
toit qui longe le vallon. D'un bond les *cow-boys* sautent
en selle et se précipitent pour leur couper la route.
Pendant un instant on dirait d'une mêlée de cavalerie.
Les pierres roulantes se détachent sous le piétinement
de tous ces chevaux et viennent tomber dans le lit du
creek avec un bruit d'avalanche. Comment les hommes
n'ont-ils pas été renversés cent fois ? Voilà ce que je ne
comprendrai jamais ; il faut que leurs poneys aient de
véritables crampons sous les pieds. A la fin, les juments
paraissent renoncer à toute idée de fuite et reprennent
lentement le chemin du haut de la vallée.

Après le dîner, je vois la grosse tête du gars Sosthène
passer par la porte entr'ouverte :

— Pardon, monsieur le baron, dit-il en me tendant
une lettre ; c'était pour dire à monsieur le baron que
j'avions reçu des nouvelles de nos gens.

— Eh bien, qu'est-ce qu'ils te disent ?

— Ah ! ben des choses ! Il y a beaucoup de pommes ;
la barattée vaut trente-cinq sous ! Il y a aussi le gars
Cénéry X... qui épouse la garcette à maître Z..., de
La...! Monsieur le baron les connaît ben ! Cela sera
pour après la Saint-André.

— Cela va bien. Et c'est tout?

— Ah! non. Il paraît qu'il y a un de ces messieurs députés qui est mort. Il va y avoir des élections; mais ces messieurs, ils disent comme cela qu'il ne faut pas voter. Alors tous les mauvais gars du pays vont encore nommer un républicain. Nos gens ne sont point contents! (Dédié aux comités de l'Orne.)

— Et le gars Bouc a-t-il reçu aussi une lettre?

— Oui.

— Il faut que vous répondiez tous les deux. Vous direz à vos gens que je suis content de vous.

— Merci ben, monsieur le baron. Mais si monsieur le baron voulait ben nous faire donner du papier du *ranch* avec le portrait des chevaux, cela ferait plaisir à nos gens!

— Tant que tu en voudras. Seulement, tu sais, il y a une fleur de lis sur l'enveloppe. Ta lettre sera ouverte avant que d'arriver.

Ceci est la pure vérité. Sous la Restauration et sous le second Empire, les journaux républicains n'avaient pas assez d'encre pour exprimer la vertueuse indignation que leur causait l'institution du cabinet noir : depuis qu'ils sont au pouvoir, leur vertu est devenue plus accommodante. Il est d'usage, dans les *ranchs* américains, de toujours se servir, pour la correspondance, d'enveloppes portant à l'extérieur la marque et l'adresse du *ranch*. Toutes celles qui m'arrivent en France, avec la fleur de lis, sont invariablement décachetées. Heureusement, cette perspective ne semble pas inquiéter outre mesure les deux gars. Raymond leur donne à chacun une belle feuille de papier, et, un instant après, en allant voir le temps qu'il fait, je les aperçois par la fenêtre assis devant la table de la cuisine, la tête très inclinée, tirant la langue en signe de profonde tension intellectuelle, et faisant de la main deux ou trois gestes en l'air avant de commencer chaque mot. C'est toujours ainsi qu'on opère dans les fermes du Perche, quand on veut écrire une lettre.

Pendant ce temps-là, les officiers sont réunis au salon. Ce mot d'officiers me vient tout naturellement sous la plume, et cela pour deux raisons. D'abord, c'est l'expression usitée dans le pays. On dit toujours les officiers d'un *ranch,* en parlant de ses directeurs. Ensuite, surtout le soir, quand les rideaux sont fermés et que la lampe, pendue aux solives du plafond, éclaire cette petite pièce carrée avec ses trophées de carabines et de revolvers pendus aux murs, il me semble être de dix ans plus jeune et je crois être avec d'autres officiers dans le carré d'un navire au mouillage. Parfois, l'illusion est si forte que, lorsque la porte s'ouvre, je tressaute comme si un timonier allait m'appeler au quart.

Après les grandes courses de la journée, j'aime beaucoup ces soirées dans le petit salon du *ranch.* Aujourd'hui, au dehors, le thermomètre pendu à l'appui de la fenêtre marque déjà quinze degrés de froid; mais à l'intérieur il fait très bon. Un grand feu pétille dans la cheminée; les bûches de sapin remplissent la maison d'une bonne odeur de résine. Assis autour de la lampe, mes jeunes compagnons sont en train de lire les lettres qui sont arrivées ce matin du vieux pays. Il y a aussi une foule de journaux. Le *Correspondant,* le *Buffalo-Gap News,* qui nous apporte les nouvelles locales; le *North-Western-Stock Journal,* l'organe officiel de l'Association des *ranchmen.* Nous avons un ami dans la rédaction qui publie constamment des articles aimables pour Fleur de Lis. Il s'appelle *Po-*

ney-Bill; c'est un ancien *cow-boy* devenu littérateur. Nous recevons aussi le *Courrier des États-Unis*, le grand journal français de New-York. Il a beaucoup de succès dans ce moment-ci, à Fleur de Lis et lieux circonvoisins, parce qu'il s'est mis à publier en feuilleton les premiers articles de la *Brèche aux buffles,* sans m'en demander la permission, cela va sans dire.

Mais, de tous ces journaux, celui que j'apprécie le plus, sans contredit, c'est le *Heart and Hand.* Le *Heart and Hand* est une assez grosse brochure qui paraît tous les mois à Chicago, depuis une dizaine d'années. Elle est tirée à vingt-cinq ou trente mille exemplaires, et envoyée gratuitement à tous les directeurs de *ranchs* du Far-West. La couverture représente une scène d'une poésie pénétrante. Au fond, le soleil se lève, éclairant un paysage qu'on sent tout humide, de rosée. Sur le premier plan, une demoiselle très élégante, gracieusement agenouillée dans l'herbe, cueille un bouquet de fleurs.

Sur le verso de la page, l'éditeur explique au public le but de son journal. Le Far-West abonde en jeunes hommes auxquels les circonstances rendent très difficile le choix d'une compagne. De l'autre côté du Mississipi, au contraire, une foule de suaves jeunes filles s'étiolent dans un isolement aussi pénible aux aspirations d'un cœur sensible que funeste au point de vue de l'accroissement de la population. C'est à mettre en rapport ces deux classes si intéressantes que l'éditeur du *Heart and Hand* a consacré sa vie !

Rien de plus simple que ses procédés : tout célibataire qui a envie d'avoir recours à ses bons offices n'a qu'à lui écrire. Il devra d'abord donner de sa personne une description aussi détaillée que possible; — cependant le journal déclare qu'il ne se porte pas garant de l'exactitude de ces descriptions. Ensuite il expliquera la nature de ses aspirations. Une insertion ne coûte que 35 cents (1 fr. 65). Il faut donc vraiment être tout à fait réfractaire au mariage pour reculer devant cette petite dépense. Elle peut même, dans certains cas, être réduite encore; car des bons d'insertions gratuites sont procurés à ceux qui voudront faire de la publicité dans le *Heart and Hand*. Ces bons portent un bien joli nom! Cela s'appelle des coupons de Cupidon (*Cupid's coupons*)!

Au point de vue littéraire, je suis obligé de reconnaître que le *Heart and Hand* laisse un peu à désirer. Le numéro que j'ai sous les yeux contient d'abord une tartine du directeur, établissant les avantages du mariage au point de vue sentimental, industriel, hygiénique et commercial; je trouve ensuite deux ou trois feuilletons assez ternes, quelques réclames intercalées dans le texte, notamment une en faveur d'une *French preparation to develop beautiful forms !* avec vignette à l'appui : mais tout cela n'est pas sérieux. Enfin, sous l'en-tête de *Cupid's columns* (les colonnes de Cupidon) commence le défilé des insertions. Voici quelques-unes des perles que je recueille dans cet écrin :

« 6290. *An educated and refined lady*. Une dame bien élevée et distinguée, âgée de quarante ans, taille cinq pieds quatre pouces, poids cent cinquante livres, demande à entrer en correspondance avec des messieurs ayant envie de se marier (*contemplating matrimony*). »

« 6306. *Où est mon idéal ?* Je suis catholique, intelligente et distinguée. Je désire me marier aussitôt que j'aurai trouvé un compagnon qui m'apporte amour, affection et fidélité. Il ne doit pas fumer ni boire. J'ai vingt-deux ans ; je suis blonde ; taille, cinq pieds quatre pouces ; poids, cent vingt-cinq livres ; suis très bien faite et très gentille : inutile de poser sa candidature, si l'on n'a pas une réelle valeur : mais ceux qui sont dans ce cas ne regretteront pas d'avoir fait ma connaissance. »

Le numéro 6313 entre dans plus de détails :

« Il me faut un homme qui ait les cheveux noirs et une volonté de fer ; qu'il se porte bien, qu'il soit propre... qu'il ne fume pas... qu'il soit républicain, et cependant (*cependant* est dur pour les républicains) qu'il ne soit pas un intrigant... qu'il connaisse déjà l'amour !... »

Cette demoiselle qui veut tant de choses termine en informant les amateurs qu'elle est blonde, qu'elle est grande, qu'elle a trente-cinq ans, qu'elle pèse cent-vingt-cinq livres et qu'elle donne des leçons avec beaucoup de succès. Mais elle ne dit pas de quoi.

Je passe maintenant à la colonne des gentlemen.

« 6330. Un *ranchman* désire entrer en rapport avec une femme brune de trente à quarante ans. J'en ai quarante-six, je pèse cent quatre-vingts livres et j'ai une grosse moustache. Une maison confortable est à la disposition de la personne choisie. Inutile de se présenter si l'on a des enfants ! »

Le numéro 6335 m'inspirerait plus de confiance, si la fin de son petit boniment n'annonçait pas une âme qui n'a pas encore pu suffisamment se détacher des biens de ce monde : qu'on en juge !

« 6335. Un chrétien d'un âge mûr, qui marche seul sur le chemin de la vie, désire entrer en rapport avec une dame agréable (*nice*). Il est nécessaire que cette dame soit morale et qu'elle ait une maison. »

On me dit que le rédacteur propriétaire du *Heart and Hand* fait d'excellentes affaires. Son journal tire à vingt-cinq mille exemplaires. Cet émule de feu M. de Foy fait-il beaucoup de mariages? Cela ne m'étonnerait pas. D'ailleurs, dans ce pays-ci, le mariage n'est guère qu'une expérience, à cause de la facilité des divorces. On me parlait, il y a quelque temps, d'un couple qui se trouvait gêné par certaines clauses du contrat de mariage. On alla trouver un homme de loi. Celui-ci examina attentivement le document en question : il était parfaitement en règle.

— Je ne vois qu'un seul moyen de remédier à la situation, leur dit-il : divorcez! Le contrat se trouvera annulé; vous pourrez ensuite en faire un autre à votre guise.

Le conseil était excellent, on le suivit immédiatement. En moins d'une heure, on fut divorcé, puis remarié!

CHAPITRE VII

Lundi 24 octobre. — Ce matin, dès cinq heures, Raymond est parti avec deux ou trois hommes pour aller chercher les chevaux arrivés hier. Il y a, autour de la maison, un parc de cent ou cent cinquante hectares, entouré de ronces artificielles (*barbed wire*). C'est là qu'on conserve les chevaux qui ne sont pas encore marqués, ou ceux qu'on veut garder à sa disposition. Seulement, on en a tant usé qu'il n'y a presque plus d'herbe. Aussi va-t-on commencer à les marquer dès aujourd'hui ; mais, en attendant, il faut les mener manger dans la vallée, sous la surveillance d'un homme. Je me lève un instant pour les voir défiler sous mes fenêtres. Un *cow-boy* marche en tête, grelottant sur sa selle, les pieds enfoncés dans ses grands étriers de bois ; les chevaux se pressent derrière lui, les juments protégeant leurs poulains et les rappelant d'un petit hennissement très doux quand ils s'éloignent. Il fait un froid terrible : le thermomètre marque — 18° centigrades. J'entends la neige qui crie sous les pieds. Les pauvres bêtes vont avoir bien de la peine à déblayer le *buffalo grass*. Quand on pense aux soins qu'on se croit obligé de donner aux chevaux, chez nous, on se demande comment ceux-ci peuvent vivre dans de pareilles conditions.

Du reste, en ce qui concerne les trotteurs, il n'y a pas longtemps que l'expérience est faite. Je suis assez disposé à croire que la bande que nous venons d'acheter est la première qui ait été élevée en *ranch*. D'ordinaire les trotteurs sont au contraire extrêmement soignés.

Ce genre de chevaux est à peine connu chez nous, car notre public ne s'intéresse presque pas aux courses de trot. C'est le contraire qui a lieu ici. Il y a maintenant aux États-Unis, un peu partout, mais surtout dans le Kentucky et en Californie, des établissements très importants consacrés à l'élevage du pur sang. Il existe un *stud-book* américain, et bon nombre de sociétés organisent chaque année des courses au galop; mais le gros public américain ne semble pas s'y intéresser. Le sport national par excellence, c'est la course au trot.

Autrefois, les chevaux qui y prenaient part étaient simplement des animaux chez lesquels on avait reconnu, à l'usage, des qualités exceptionnelles qu'on avait ensuite développées par l'entraînement. On ne savait généralement rien de leurs origines. Mais, petit à petit, les éleveurs ont opéré par voie de sélection, et il s'est formé dans chaque région de véritables races de trotteurs ayant des caractères bien distincts, et dont les produits ont une supériorité tellement incontestable que, bien qu'il n'y ait pas de règlement qui proscrive les autres, il n'y a, en réalité, jamais qu'eux qui prennent part aux concours. Les principales sont les *Hambletonians,* les *Mambrinos,* les *Clays,* les *Morgans* et les *Pilots.*

Je disais, tout à l'heure, que ces races avaient les origines les plus diverses. Il paraît certain qu'une ou deux au moins provenaient de percherons. On ne s'en douterait guère maintenant, car depuis quelques années toutes ont reçu une telle infusion de sang anglais que leurs caractères distinctifs sont devenus presque insensibles, et je crois même qu'elles finiront par ne plus former qu'une seule race.

Qu'il soit *Hambletonian, Clay, Morgan* ou *Mambrino,* le trotteur de nos jours est un animal à longues jambes et à long dos, peu gracieux, mais dont les performances sont vraiment extraordinaires. Dans les courses au galop, on ne se préoccupe guère que des résultats relatifs. Il est rare qu'on prenne note du temps dans lequel la course a été courue. Dans les courses au trot, il n'en est pas de même. A la rigueur, les chevaux peuvent très bien ne pas courir ensemble. On leur fait parcourir un mille : on note très exactement le temps employé, et la comparaison des résultats, le *record,* indique le vainqueur. Ces usages permettent de se rendre compte très exactement de la valeur relative de chevaux de régions différentes, et mieux, d'époques différentes : en d'autres termes, ils donnent des indications très précises sur les résultats de l'élevage.

Or l'examen des registres où sont consignées ces observations montre que les progrès accomplis dans cette voie sont extraordinaires. Le parcours est toujours d'un mille (mille six cent cinquante mètres). Le *record* d'un cheval, c'est le temps qu'il met à faire le mille. Il y a cinquante ans, très peu de chevaux avaient un *record* de trois minutes. Maintenant, un animal qui n'aurait pas au moins cette vitesse ne serait pas considéré comme méritant le titre de trotteur. Il a été constaté qu'à la fin de la campagne 1886-1887, il y avait aux États-Unis deux mille huit cent quarante-sept chevaux ayant un *record* égal ou inférieur à $2^m,30^s$: deux cents en ont un de $2^m,20^s$. Voici du reste un tableau qui montre combien les progrès ont été réguliers. Je l'extrais d'un livre très intéressant publié par le directeur du *Breeders Gazette* de Chicago, M. Saunders. Ce tableau indique les vitesses moyennes obtenues sur l'hippodrome de Buffalo (New-York), l'un des plus importants des États-Unis, pendant une périole qui s'étend de 1866 à 1884.

1866.	2^m33^s 1/2	1878.	2^m21^s 1/2
1867.	2^m29^s 1/4	1881.	2^m20^s 3/4
1872.	2^m26^s	1884.	2^m21^s 1/4
1875.	2^m25^s 1/2		

On a donc perdu un peu, de 1881 à 1884. Cela pourrait faire croire que le *record* de 1881, $2^m,21^s$ 3/4, était un *nec plus ultra*. Il n'en est rien cependant. J'ai dit plus haut qu'en 1886 il y avait plus de deux cents chevaux ayant un *record* de $2^m,20^s$; on a fait encore mieux. L'année dernière, j'ai vu, à Chicago, *Oliver K.* gagner avec un *record* de $2^m,17^s$. A New-York, aux débuts de la campagne 1887, plusieurs chevaux ont atteint le *record* de deux minutes : on parle même d'un *Morgan* qui l'aurait légèrement dépassé. C'est à se demander où l'on s'arrêtera, et si, comme Calino le remarquait des dépêches télégraphiques envoyées de l'est à l'ouest, les trotteurs américains ne finiront pas par arriver avant d'être partis.

Il ne faudrait pas croire que les chevaux qui obtien-

nent ces vitesses vertigineuses aient des allures désu-
nies. Elles sont au contraire, très généralement, parfaitement régulières. Quelques-uns, parmi les plus
remarquables, vont l'amble, comme nos pas-relevés
normands. On prétend même que les plus célèbres
trotteurs proviennent du croisement d'une jument am-
bleuse avec un étalon trotteur. Même lancés à fond de
train, il est très rare qu'ils cherchent à se désunir. Ils
sentent évidemment qu'ils ne gagneraient rien, sous
le rapport de la vitesse, à changer d'allure. Il n'y a
du reste pas une différence très sensible entre le train
d'une course au trot et celui d'une course au galop. J'entendais l'année dernière, à Chantilly, deux *sportsmen*
très connus parler d'une course, à laquelle nous venions d'assister, comme d'une des plus rapides qui
eussent été courues à leur connaissance. J'avais noté le
temps employé : je ne me souviens plus bien des chiffres ; mais je me rappelle avoir calculé que si un
trotteur, ayant un *record* de deux minutes, avait couru
avec les chevaux que nous venions de voir, il n'y aurait
eu à l'arrivée qu'une centaine de mètres entre lui et
le vainqueur.

Rien d'étrange comme l'aspect de ces courses. Le
parcours est toujours d'un mille juste : je l'ai déjà dit.
Le juge se tient dans une tribune élevée de douze ou
quinze pieds au-dessus de la piste. Devant lui, un gros
fil de fer est tendu horizontalement, à peu près à la
même hauteur, au travers de la piste. Sur une tablette
sont rangées des montres à secondes d'une construction
particulière, dont la trotteuse se dédouble à volonté,
une partie demeurant fixe, et l'autre continuant sa
course. Chaque concurrent part, à peu près quand et
comme bon lui semble. Au moment où le juge voit

passer chaque jockey sous le fil de fer, il pousse le ressort de l'une des montres, et quand le cheval repasse deux minutes à peu près plus tard, on voit d'un simple coup d'œil le temps qu'il à mis à faire le parcours. Les chevaux ne sont jamais montés. Ils sont attelés à ces voitures minuscules munies de roues énormes que tout le monde connaît. On les appelle ici des *sulkys*. L'homme, assis sur un tout petit siège, est si près de la croupe du cheval qu'il est obligé d'allonger ses deux jambes le long des brancards. Du reste, tout l'équipage a l'apparence la plus grotesque. Pour arriver aux vitesses extraordinaires qu'ils atteignent, les chevaux sont obligés, à chaque foulée, d'envoyer leurs pieds de derrière très en avaît de ceux de devant, ce qui les force à marcher les jambes de derrière très écartées. De plus, leurs mouvements sont tellement violents que, malgré cette allure particulière, il faut encore leur mettre des matelassures de tous les côtés; car, sans cette précaution, les pauvres bêtes se donneraient constamment des atteintes aux endroits les plus invraisemblables.

En outre de ces matelassures, l'équipement d'un trotteur comporte une pièce d'une utilité incontestable, paraît-il, mais qui m'a toujours vivement intrigué, parce que je ne comprends pas très bien comment elle peut agir : je veux parler des *toe-weights*. On appelle ainsi deux poids en bronze, de forme lenticulaire, qui se fixent sur la partie antérieure des pieds de devant au moyen d'une vis enfoncée dans le sabot. On ne fait jamais trotter un cheval sans lui mettre ses *toe-weights* : et si on négligeait cette précaution, il paraît qu'il se jetterait par terre presque immanquablement. Pourquoi? C'est ce que je me suis bien souvent demandé.

Je soupçonne que le *toe-weight* a pour effet, en déplaçant le centre de gravité du pied, de faire que, simplement par la vitesse acquise, ce pied se trouve retomber à plat sur le sol sans que le cheval soit obligé de faire l'effort spécial qu'il fait d'ordinaire dans l'allure du trot pour arriver à ce résultat. Grâce à l'inertie du *toe-weight*, il économiserait donc un mouvement, tandis que si l'on ne prend pas la précaution de lui en mettre, il arrive un moment où l'allure est si précipitée que les mouvements successifs du membre finissent par s'embrouiller : le cheval, qui a placé la plante de son pied verticalement au moment où il le levait, n'a plus le temps de l'étendre horizontalement pour reprendre le contact avec le sol, et il se jette par terre. Cette explication est-elle la bonne ? Je ne voudrais pas l'affirmer. C'est un problème de mécanique rationnelle à résoudre ; je me contente de le poser. Il y a des gens qui, en pareil cas, n'hésiteraient pas à couvrir vingt-cinq pages de papier de différentielles et d'intégrales : je ne suis pas de ceux-là. La science pure ne m'a jamais passionné. Si je fais jamais courir des trotteurs, je leur mettrai des *toe-weights,* sans pouvoir en donner la raison démonstrative.

On a beaucoup contesté, très à tort selon moi, l'utilité des courses en France. Un cheval de pur sang n'est pas bon à grand' chose : mais ce sont les bons pur sang qui font les bons demi-sang, et ce sont les bons demi-sang qui font les bons chevaux de service : de sorte qu'on peut dire que tous ceux qui se servent de fiacres bénéficient de l'amélioration que les courses ont amenée dans les races de chevaux. Il en est un peu de même pour les trotteurs américains. En cherchant à produire un cheval qui fasse le mille en deux minutes, un éle-

veur en produit cinquante qui ne peuvent pas paraître
sur un hippodrome, parce qu'ils ne le font qu'en trois
minutes. Mais il les vend, et ils deviennent d'excellents
chevaux de service; car, à la condition de n'avoir pas
à traîner de trop gros poids, ils conservent leur train
d'une manière extraordinaire. Un cheval attelé à un
buggy et marchant sur une bonne route fait très bien
six lieues à l'heure; j'ajoute qu'ils se vendent à des
prix très abordables : j'en ai vu d'excellents, à Chicago, dont on ne demandait que 1,500 ou 1,800 francs.

Chez les Russes aussi, on s'est beaucoup occupé de
ce genre d'élevage : on y a créé notamment la fameuse
race *Orloff*. Les trotteurs orloff valent-ils les trotteurs
américains? Je ne sais là-dessus que ce qu'en disent
les Américains. S'il faut les en croire, la supériorité
de leurs trotteurs sur ceux des Russes serait incontestable. Non seulement ils font le mille en moins de
temps, mais encore, et surtout, c'est quand on veut
prolonger la course et faire plusieurs milles que leur
supériorité devient très apparente. Enfin les Américains obtiennent chaque année des résultats meilleurs,
ce qui prouverait que leur élevage n'a pas dit son dernier mot, tandis que, depuis plusieurs années, celui des
Russes semble stationnaire. Du reste, voici encore un
tableau que publie M. Saunders, dans son livre sur
l'élevage, et qui me semble intéressant.

VITESSE MAXIMUM OBTENUE EN RUSSIE			VITESSE MAXIMUM OBTENUE EN AMÉRIQUE		
Un mille. . . .	2^m 31^s		Un mille. . . .	2^m 9^s	1/4
Deux milles. .	5	1	Deux milles. . .	4 46	
Trois milles. .	7	52 1/2	Trois milles. . .	7 21	1/4
Cinq milles.. .	13	56 3/4	Cinq milles. . .	13 00	
Vingt milles. .	1^h 8	53 1/2	Vingt milles. .	58 25	

C'est le dernier résultat que je trouve le plus étonnant. Faire vingt milles, c'est-à-dire trente-trois kilomètres, plus de huit lieues, en moins d'une heure,
c'est presque aller du train d'une locomotive. Or on
connaît cinq trotteurs américains, au moins, qui sont
arrivés à ce résultat.

Les documents que j'ai sous les yeux sont d'origine
américaine : je l'ai déjà dit. On peut donc les soupçonner d'une certaine partialité. Cependant ils citent
des faits qui doivent être vrais et qui semblent établir
que les *Orloff* sont encore inférieurs sous le rapport de
la durée. Il paraît que l'*Orloff* le plus vieux qui ait
gagné une course n'avait que douze ans. A cet âge-là,
non seulement les trotteurs américains ont encore toute
leur vigueur, mais la plupart des trotteurs les plus
connus n'ont obtenu leur maximum de vitesse que plus
tard, vers quinze ou seize ans. La fameuse jument
Gold smith Maid a gagné plusieurs courses quand elle
avait vingt ans, et elle venait de courir successivement
douze années de suite. Une autre jument très célèbre,
Jessie-Pepper, vient d'avoir un poulain. Elle a vingt-
neuf ans. Deux autres trotteuses, également très connues, *Lucy* et *Green Mountain Maid,* ayant l'une
trente, l'autre vingt-six ans, sont encore en plein service. L'entraînement pour les épreuves de trot comporte surtout d'énormes courses au pas : de plus, le
cheval est attelé. Cet entraînement doit donc être beaucoup moins pénible et dangereux que celui auquel on
soumet les chevaux de galop.

Les chevaux que nous venons d'acheter n'ont pas la
prétention de rivaliser avec les *étoiles* dont je viens de
parler. Ils ont cependant une excellente origine, car
ce sont des *Messenger-Clay :* une des variétés de la

grande famille *clay*. Raymond est très pressé de les marquer, car il a peur que quelqu'un d'eux ne s'égare ou soit volé. On a passé toute la matinée à dégager les corrals de la neige qui les encombre, opération qui a été singulièrement facilitée par le dégel, qui s'est établi tout d'un coup. A cinq heures, ce matin, le thermomètre marquait — 18°, à midi il en marque + 12; il fait un soleil splendide, et de tous les côtés de petits ruisseaux descendant des collines s'acheminent vers le *creek*.

Après le déjeuner, je monte à cheval pour accompagner Raymond et deux hommes qui vont chercher le troupeau. Nous le trouvons à deux milles du *ranch*, dans le fond de la vallée. C'est le gars Sosthène qui est de garde, monté sur un poney blanc si petit que ses pieds traînent presque dans la neige. Les chevaux sont en train de manger. Comme je suis moi-même à cheval, ils me laissent approcher sans se déranger, et je peux tout à mon aise les voir opérer. La nourriture qu'ils recherchent de préférence, dès qu'il fait froid, c'est le *buffalo grass*, une petite herbe toute courte qui, de loin, ressemble à de la mousse et pousse par larges plaques. C'est évidemment leur odorat qui les guide, car on les voit chercher, le nez à terre, puis ils grattent la neige avec le pied, et quand la pointe de l'herbe apparaît, ils achèvent de la dégager avec les lèvres. De malheureuses bêtes qui sont obligées de faire tout ce travail pour se procurer à manger devraient n'avoir que la peau et les os. Elles sont cependant dans un état superbe : leur poil, heureusement déjà long, est luisant comme si elles étaient pansées.

Elles se laissent réunir par les *boys* sans trop de difficulté, puis on les pousse lentement dans la direction du corral. J'ai déjà décrit ces grandes enceintes qui rendent tant de services dans les *ranchs*. Nous en avons quatre de dimensions différentes qui communiquent les uns avec les autres. Dans le plus grand, qui a cent pieds de diamètre, on garde les animaux qui attendent leur tour de passer dans un autre plus petit où se fait la marque.

On commence par les poulains. Il faut d'abord les séparer de leurs mères, ce qui n'est pas commode. Enfin ils sont tous dans un des petits compartiments du corral. On ouvre la porte qui le fait communiquer avec celui où doit se faire la marque. Elle a, à peu près, la grandeur et la forme de la piste d'un cirque. Au milieu se tient l'un des *boys,* à cheval, debout sur ses étriers ; il fait tourner autour de sa tête le lasso en cuir tressé dont l'extrémité est fixée au pommeau de sa selle. C'est une jolie petite pouliche noire qui est entrée la première en bondissant des quatre pieds, comme un chevreuil. Aussitôt la boucle du lasso est venue s'enrouler autour de son col. Elle saute en arrière, le nœud se serre, ses naseaux se gonflent, elle tombe comme une masse. On lui lie aussitôt les pieds, on lui applique le fer rouge sur l'épaule et on l'envoie rejoindre sa mère, qui, pendant l'opération, a deux ou trois fois essayé d'escalader les barrières pour venir la rejoindre. C'est une magnifique jument noire qui doit être une bien bonne poulinière, car elle est suivie d'un *yearling* et d'un poulain de deux ans.

On a bien vite terminé la marque des poulains. On passe ensuite aux chevaux : mais alors se présente une grande difficulté. D'ordinaire, quand on veut abattre un cheval, on le force à prendre le galop : puis on lui lance le lasso de telle sorte que la boucle arrive horizontalement, et tout près de terre, au moment où les

LA MARQUE DANS LE CORRAL.

deux pieds de devant sont en l'air. En retombant sur le sol, ils s'engagent dans le nœud, qu'on resserre brusquement; deux ou trois hommes s'attellent alors à la corde, l'animal fait des bonds énormes, interrompus quelquefois par une culbute complète; puis il finit par tomber sur le flanc : mais il est impossible d'opérer de la sorte avec des trotteurs qui n'ont jamais qu'une jambe en l'air à la fois.

Heureusement, Raymond a, dans ce moment, un *boy* merveilleux. C'est un garçon d'une trentaine d'années, nommé Harvey, qui a la réputation d'être le meilleur *roper* (jeteur de lasso) du pays. C'est lui qui nous a tirés d'affaire. Il a été vraiment étonnant. On faisait entrer chaque cheval, qui, effrayé, se mettait à trotter en rond autour du corral, cherchant une issue. Harvey, debout au centre, ne le quittait pas de l'œil. Il suffisait que l'animal fît une simple foulée de galop pour qu'il fût pris. Plusieurs fois même, ne pouvant pas trouver une seule irrégularité dans leur trot, il eut recours à un autre moyen. Il laçait un pied, puis, sans faire force sur le lasso, il attendait. Au bout d'un instant, le cheval s'arrêtait. Alors, d'un coup sec du poignet, il faisait une boucle par terre, devant l'animal, qui était pris du moment qu'il y mettait son second pied.

Comment de malheureuses bêtes, ainsi traitées, ne se cassent-elles pas les jambes? Voilà ce que je ne comprendrai jamais. Il y en a qui sont tellement énergiques qu'elles se relèvent deux ou trois fois, bien qu'ayant les pieds de devant attachés, retombant par terre comme des masses. Cependant il n'y a presque jamais d'accident sérieux.

En général, et quoi qu'on en dise, les *cow-boys* se servent assez maladroitement de leurs lassos. Je n'en

ai jamais vu aucun qui fût comparable à Harvey. Il est
tellement gracieux quand il opère que je suis resté
plus de deux heures, les pieds dans la neige, sans me
lasser d'admirer ses petits talents. Comme tous les
grands artistes, il a voulu varier ses effets. Il y a dans
la bande une douzaine de chevaux dont on a commencé
le dressage ; ceux-là se laissent approcher et même
brider sans difficulté. Pour les abattre, Harvey a
employé un procédé que je trouve merveilleux. A
Paris, les vétérinaires ont des bascules qui leur permettent d'abattre les chevaux sans le moindre danger.
Mais il n'y a pas un propriétaire qui n'ait eu un
moment d'angoisse en voyant opérer les vétérinaires
de campagne, car ceux-ci n'ont pas les mêmes ressources et sont obligés d'employer les entraves. C'est
pour ces propriétaires que je veux décrire par le menu
le procédé d'Harvey. En ce qui me concerne, je suis
bien décidé à ne jamais en laisser employer un autre
quand il s'agira de mes chevaux.

Voici donc comment il s'y est pris. Il mettait au
cheval un licol muni d'une corde longue de trois ou
quatre mètres. Puis il faisait un nœud à la queue de
l'animal. Si la queue était trop courte, il faisait avec
une ficelle une forte ligature au bout des crins. Il passait ensuite le bout de la corde au dedans de ce nœud
et tirait à lui. Le cheval se trouvait aussitôt plié en
deux, le nez au bout de la queue. Il le faisait alors
tourner sur lui-même. Le mouvement ne tardait pas à
s'accélérer, et, en moins de deux minutes, le cheval se
couchait de lui-même sur le flanc, les jambes allongées ;
il ne s'abattait pas, il se couchait très doucement, je le
répète ; j'ai vu faire cette opération douze ou quinze
fois : elle a toujours réussi.

Ces hommes sont réellement d'une adresse merveilleuse. J'ai lu dernièrement dans le *Live stock journal* la description d'une fête à laquelle j'aurais bien voulu assister. Les *ranchmen* des environs de Chayenne, voulant probablement encourager parmi leurs *cowboys* la pratique du lasso, ont eu l'idée, le mois dernier, d'organiser ce qu'ils ont appelé un *cow-boy tournament*, un tournoi de *cow-boys*. On avait construit un grand cirque dans lequel on s'est livré aux exercices les plus variés. L'un d'eux devait être particulièrement intéressant. On introduisait dans l'arène une cinquantaine de chevaux, les plus vicieux qu'on avait pu trouver. Un *cow-boy* arrivait à pied, portant sa bride, sa selle et son lasso; on lui désignait, au hasard, l'un des chevaux, et il fallait qu'en moins d'un quart d'heure il fût sur son dos, après l'avoir au préalable, et à lui tout seul, abattu, bridé et sellé. C'était un véritable tour de force. Plusieurs cependant ont réussi.

Cet Harvey m'intrigue beaucoup. J'ai eu ce soir, après dîner, une longue conversation avec lui. Il a un ton et des façons qui sembleraient indiquer qu'il n'était pas destiné à devenir un *cow-boy*. Il doit y avoir un mystère quelconque dans sa vie. Je n'ai rien pu tirer de lui relativement à ses antécédents. Il dit seulement qu'il est né dans le Texas et qu'il n'a pas quitté la Prairie depuis l'âge de quinze ans. Il parle couramment la langue des Sioux et celle des Pawnies. Il est *teetotaler*, ce qui est bien rare parmi les hommes de sa profession. Je lui ai proposé un verre de *sherry*; il l'a refusé obstinément.

« Autrefois, m'a-t-il dit, je buvais du *whiskey*; je dois en avoir bu des tonneaux; mais je me suis juré à moi-même de ne plus jamais boire d'alcool.

Cela vous fait faire des choses qu'on regrette trop. »

Il porte toujours un superbe revolver monté en argent. Il a dû s'en servir mal à propos. Avant de venir ici, il a travaillé pendant quelques mois sur le *ranch* du fameux Buffalo-Bill, qui se trouve à une centaine de milles dans le Sud. Il n'a pas l'air d'avoir conservé un bien bon souvenir de ses rapports avec lui. *He is a fraud!* dit-il. Nul n'est prophète dans son pays. Avant d'être consacré grand homme par les Anglais, Buffalo-Bill n'était pas un bien grand compagnon dans le sien. De son vrai nom, il s'appelait Bill-Cody et exerçait la profession de chasseur et d'*Indian Scout,* c'est-à-dire qu'il servait de guide aux troupes dans les guerres contre les Indiens. Quand on construisit le chemin de fer du Pacifique, la compagnie avait fondé dans tous ses ateliers des cantines pour nourrir ses ouvriers. Cody eut la fourniture de la viande qui s'y consommait. Dans ce temps-là, il y avait encore beaucoup de buffles, et les bœufs, au contraire, étaient assez rares et se payaient en conséquence. Cody ne fournit que des buffles, qui ne lui coûtaient qu'un coup de fusil. De là son nom. Quand le chemin de fer fut construit, il ne restait pas beaucoup de buffles dans la Prairie, mais Cody avait mis de côté une assez jolie somme. Il l'employa à acheter un *ranch,* dans lequel il perdit à peu près tout ce qu'il avait gagné. Il se lança alors dans la politique et acquit bientôt la réputation d'être un admirable agent électoral. C'est à lui que la plupart des hommes d'État du Nébraska doivent leur élection. Opérait-il pour l'amour de l'art? Personne ne l'a jamais cru. Ce n'est guère d'ailleurs dans les habitudes des agents électoraux, pas plus dans le Nébraska qu'ailleurs.

Toujours est-il qu'il y a trois ou quatre ans, se trouvant de nouveau à la tête d'une somme assez rondelette, il eut une idée lumineuse. Il ramassa une vingtaine des *cow-boys* les plus débraillés qu'il put trouver dans le pays. Il y en a deux notamment : Bill-Bullock et Bill-Clayton, dit Jerking-Bill, qui étaient la terreur de tous les bars de Buffalo-Gap et de Rapid-City. Il s'assura également des services de trois ou quatre *cow-girls*. L'une d'elles, Annie Duffy, habitait non loin d'ici avec sa mère, une veuve qui a un petit *ranch* sur la Platte. Il enrôla aussi quelques Sioux Chayennes et Ogalallas. Le matériel de la troupe se composait d'une trentaine de poneys et d'une des vieilles diligences qui faisaient le service entre Pierre et Deadwood avant que le chemin de fer fût établi. Bêtes et gens arrivèrent un beau jour en Angleterre, au commencement de la saison. Depuis deux mois, les murs de Londres étaient couverts d'affiches annonçant que le célèbre Buffalo-Bill, la terreur des Prairies, avait bien voulu consentir à laisser respirer le petit nombre d'Indiens qu'il n'avait pas encore massacrés, pour venir se montrer, lui et sa troupe, au public anglais. Un immense terrain avait été disposé dans un faubourg de Londres pour le recevoir.

On y courut. Bill-Cody est, paraît-il, un très bel homme. Une foule de misses anglaises en devinrent éperdument amoureuses. Elles lui envoyaient des lettres incendiaires et ne manquaient pas une de ses représentations. Il fut obligé de faire savoir qu'il ne donnerait plus de mèches de ses cheveux, sans quoi il ne lui en serait pas plus resté qu'à tous les Indiens qu'il avait scalpés. Ses *cow-boys* eurent également un vif succès. Une demoiselle se sauva de chez ses parents pour venir vivre avec l'un d'eux. Quant aux *cow-girls*, tous les journaux affirmaient que ces vestales refusaient journellement les plus grands partis de l'Angleterre.

Le spectacle par lui-même ne signifiait pas grand'-chose. *Cow-boys* et *cow-girls* se livraient d'abord à quelques exercices variés, tels que tir à la cible, lancement du lasso, etc.; ensuite commençait le drame! Une diligence arrivait sur la piste. Les Sioux, couverts de leur peinture de guerre et poussant des cris horribles, s'élançaient à sa poursuite, s'emparaient des voyageurs et commençaient à les soumettre aux tortures les plus savantes : mais les « gallants » *cow-boys* arrivaient à leur tour; les Sioux étaient naturellement vaincus, et tout se terminait par un grand défilé et quelques feux de Bengale.

Ce qu'il y a de plus drôle et ce qui montre l'extraordinaire badauderie de nos chers voisins, c'est que Buffalo-Bill devint absolument le lion de la saison. On l'invitait à dîner partout, et les lettres d'invitation envoyées aux autres convives portaient en vedette : *To meet Buffalo-Bill!* Le prince de Galles lui donnait des poignées de main toutes les fois qu'il le rencontrait, et quand la princesse de Galles venait à ses représentations, elle prenait son bras pour retourner à sa voiture. Sa fille était restée au *ranch*. Il la fit venir, et il n'y eut plus de *garden-party* élégant qui ne fût honoré de la présence de Mlle Buffalo-Bill!

Rien ne manqua à sa gloire! Elle traversa même l'Océan; et les citoyens proéminents du Nébraska, qui jusqu'alors n'avaient pas pris Bill-Cody bien au sérieux, sentirent si bien que cette gloire rejaillissait sur eux et sur leur pays, qu'un beau jour le journal officiel de l'État annonça sa nomination au grade de colonel dans la milice et aux fonctions d'aide de camp du gouverneur! Je crois que la célébrité de M. Franconi date du temps de la Restauration. Supposez que ce despote qui avait nom Charles X se fût avisé de le nommer caporal. Avec quelle vertueuse indignation les Manuels de MM. Compayré et Paul Bert ne signaleraient-ils pas aujourd'hui à la postérité une si odieuse prostitution des fonctions publiques : triste conséquence de la corruption inhérente à un gouvernement monarchique et impossible sous un gouvernement républicain!

Ce soir, il s'est produit un incident. Après le dîner, nous étions encore réunis dans la salle à manger, fumant au coin du feu, quand tout à coup nous entendons un tapage épouvantable partant de la grande pièce où mangent les hommes. Nous y courons. Tous les meubles avaient été rangés le long des murs, et deux Indiens exécutaient gravement une danse de guerre qui me sembla tout d'abord avoir une grande affinité avec la gigue anglaise. Les deux Indiens étaient simplement deux *cow-boys,* Billy Ackley et Dutch Gus, qui, entendant leur ami François se plaindre de n'avoir pas encore vu un seul Peau-Rouge, avaient voulu lui ménager cette petite surprise. Ils étaient du reste admirablement grimés. Billy Ackley surtout était superbe. Tout s'est terminé par une distribution de wiskey.

30 *octobre.* — Me voici dans le *pullman-car* qui va me ramener à Chicago. C'est le même qui m'amenait il y a quelques semaines avec mes trois docteurs. Ils sont déjà de retour en France. Leurs lettres, datées du Havre, me sont arrivées hier au moment où j'allais partir de Buffalo-Gap.

Il fait un temps splendide. La neige a complètement

15.

disparu, ce qui est bien heureux, car mes dernières journées au *ranch* ont été très occupées. Le matin, Raymond m'emmenait faire de longues courses à cheval. Cet été, un *boy* a découvert dans un petit vallon une source qu'on ne connaissait pas. Il va falloir y établir une petite maison et y défricher quelques ares de terre, sans quoi un fermier pourrait bien venir s'y établir. Il en est déjà venu huit ou dix qui se sont établis sur les bords du *French-Creek*, et leurs clôtures menacent d'en barrer le passage à nos animaux. Heureusement, les bords sont encore libres sur une longueur de près d'un mille. On va y établir un des *boys* qui occupera la place. Les chevaux de la nouvelle bande se montrent très tranquilles. Ils trouvent sans doute que l'herbe est meilleure ici qu'à leur ancien *ranch*. Un poulain de deux ans s'est fait écraser par une locomotive ; mais la compagnie paye sans trop se faire tirer l'oreille.

Pendant que Raymond, *general menager*, traite ces graves questions, ses camarades ne sont pas inactifs. On s'est laissé surprendre par les premiers froids : on ne sera pas surpris par les seconds. Tous les matins, Def... part pour la forêt avec deux hommes et trois chariots, et il en rapporte des troncs de sapin qui sont destinés à s'en aller en fumée à travers la cheminée. Toutes les forêts de ce pays-ci ont été brûlées à une époque quelconque ; et, à la suite de ces incendies, il reste toujours d'énormes souches hautes de dix ou quinze mètres, à moitié carbonisées, mais qui restent debout. Ce sont celles-là que l'on préfère pour le chauffage.

Pendant ce temps-là, M... prend très au sérieux ses fonctions de maîtresse de maison. Les sacs de farine et les boîtes de conserves s'accumulent dans le grenier. Le cellier est bourré de pommes de terre : les navets, les choux et les carottes sont mis en silos. Naturellement, la gelée de l'autre jour n'a rien laissé dans le jardin. C'est bien dommage, car il y avait encore des masses de melons merveilleux et de potirons délectables. Ils font maintenant la joie de *Marat* et de son intéressante famille.

Dans ce singulier pays, les poules exigent aussi des soins spéciaux. Elles gèlent dans leurs poulaillers, pendant l'hiver. Il faut leur creuser de petites caves où elles se réfugient pendant les grands froids : et malgré cette précaution, presque toutes perdent leur crête. On ne se figure pas quelle étrange figure cela donne aux coqs.

Les deux gars ont été mis en demeure de dire s'ils voulaient rester ou s'en retourner au pays. Le gars Leboucq, consulté le premier, a déclaré « que ben sûr c'était un pays ousqu'il n'y avait guère de cidre, mais que c'était un bon pays tout de même et qu'il resterait tant qu'on voudrait avec ces messieurs ». Il a même demandé si l'on ne pourrait pas faire venir son frère, qui lui a écrit pour lui dire qu'il voudrait « ben venir aussi ».

Il paraît qu'autrefois, du temps de Robert Guiscard, les gars normands aimaient beaucoup les voyages : mais ce goût-là leur avait bien passé. Il y a trois ou quatre ans encore, les Américains avaient toutes les peines du monde à trouver quelques gars qui consentissent à accompagner leurs chevaux plus loin que le Havre. J'éprouvais moi-même quelques difficultés à en trouver. Maintenant j'en aurais cinq cents en deux jours, rien que dans quatre ou cinq cantons, si je les voulais. Quand je suis dans le pays, il en vient tous les matins

qui me demandent de les emmener. Mais ce qu'il y a
de plus curieux, c'est qu'ils commencent à faire des
voyages pour leur propre compte. J'ai découvert cela
l'autre jour.

Un de nos fermiers me faisait voir son écurie. On ne
se figure pas, à moins de les avoir vues, ce que sont
maintenant les écuries de certains fermiers percherons.
Dans une seule ferme, près d'Alençon, on m'a montré
une fois cent quatre-vingt-quinze chevaux, dont bien
peu valaient moins de 3,000 francs. Le fermier a
42,000 francs de fermages, et il m'a avoué qu'il faisait chaque année de 15,000 à 20,000 francs de réclame
dans les journaux de Chicago. Il a commencé avec
presque rien et porte toujours la blouse. Un autre m'a
avoué que, depuis qu'il fait ce métier, il avait déjà été
obligé de donner plus de 200,000 francs de pourboires aux interprètes des Américains.

L'exploitation de maître Magloire F... est moins
importante, cependant il a toujours en moyenne une
trentaine de chevaux. Je fus donc assez surpris de voir
beaucoup de stalles vides.

— Oh! oh! dis-je, il paraît, maître Magloire, que
vous avez déjà livré bien des chevaux.

— Mais non, monsieur le baron! je n'en avons mé
point livré! Je n'avons point pu nous entendre avec
ces messieurs Américains! Alors le gars Cénéry, — le
gars Cénéry, c'est son fils, — le gars Cénéry, il a
entendu dire que les chevaux se vendaient bien dans
ce moment-ci, là-bas en Amérique, dans un pays dont
je ne savions point le nom, mais j'allons vous le montrer : je l'avons par écrit; il est parti, il y aura demain
huit jours, avec six chevaux. Il pense revenir dans
quatre ou cinq mois! Ah! il a ben de la sortie, le

gars Cénéry! J'étions point comme lui à son âge!

Un instant après, il me montrait ce petit bout d'écrit : le pays où son fils, un garçon de vingt-deux ans, était allé au petit bonheur, sans autre renseignement qu'un bruit recueilli sur un champ de foire, c'était Buenos-Ayres!

Ce qu'il faut noter, c'est que ces voyages ont une excellente influence sur tous ces jeunes gens. Cela leur ouvre l'intelligence; ils voient ce que c'est qu'une vraie république et reviennent tous réactionnaires enragés.

Le gars Sosthène s'est exprimé à peu près dans les mêmes termes que son compagnon. Cependant une de ses sœurs se marie en novembre, et il voudrait bien aller à la noce. Il est donc décidé qu'il va repartir : je crois qu'il s'est laissé effrayer par le froid de l'autre jour. J'avoue que je le comprends jusqu'à un certain point, et que je ne conçois pas comment les *cow-boys* peuvent y résister. Raymond me disait que, l'année dernière, il avait eu un jour l'imprudence d'approcher un clou de ses lèvres : il fut obligé d'arracher la peau quand il voulut le retirer. Lorsqu'on bride un cheval, il faut mettre le mors pendant quelques instants dans de l'eau chaude avant de l'introduire dans la bouche. Il n'est pas très rare de voir des *cow-boys* mourir de froid. Jusqu'à — 30°, ils continuent leur service; mais quand le thermomètre descend plus bas, personne ne sort plus. Les animaux se tiennent immobiles au fond des vallées, ne cherchant même plus à manger. Ils vivent de leur graisse. Aussi ceux qui sont maigres au commencement de l'hiver meurent-ils infailliblement.

Du reste, ce n'est pas seulement dans le Far-West qu'on a à supporter des températures aussi invraisemblables, c'est dans tout le nord des États-Unis. Un de mes camarades, commandant un transatlantique, me racontait que, l'an passé, il arriva en rade de New-York un jour. qu'il faisait très froid. Il alla chercher le mouillage auquel on attend la visite de la santé. Arrivé à son relèvement, il commande : « Mouille ! » L'ancre ne tombe pas. Pendant la nuit précédente, il y avait eu du gros temps : les embruns tombés sur le bossoir s'étaient congelés : il fallut casser à coups de masse deux ou trois tonnes de glace pour que l'ancre, qui pèse certainement mille ou douze cents kilogrammes, glissât sur son plan incliné.

Les malheureux fermiers, nos voisins, qui demeurent le long du French-Creek et de Lame-Johnny-Creek doivent, eux surtout, souffrir cruellement dans leurs maisons ouvertes à tous les vents. Chaque matin il en passe quinze ou vingt devant notre porte, allant chercher leur provision de bois dans la forêt. La plupart demeurent à vingt-cinq ou trente kilomètres. Il leur en faut au moins une trentaine de chariots, car ce bois brûle étonnamment vite, et dans ce pays-ci la charge d'un chariot est bien petite. Ils sont donc obligés de consacrer près d'un mois de leur travail, c'est-à-dire de leur revenu, rien qu'à l'acquisition de leur combustible. Comment peuvent-ils se tirer d'affaire ?

Du reste, plus j'étudie ce pays-ci et plus j'acquiers la conviction que la réussite d'un émigrant qui vient s'y établir avec peu ou point de capital, pour faire de l'agriculture, est purement et simplement une affaire de chance. Si la localité dans laquelle il a pris sa préemption devient importante ; si, pour une cause ou une autre, la population y afflue, il se trouvera quelque compagnie ou quelque spéculateur qui lui donnera un bon prix de ses terres pour les réunir à d'autres et en faire une grande propriété, ou pour y bâtir une ville. Mais, en attendant, il n'aura fait que vivre, et vivre d'une façon très précaire, si les années sont passables; si elles sont mauvaises, il y a gros à parier qu'il ne pourra pas tenir; il empruntera à 18 pour 100, et, un beau jour, il sera obligé de partir. Il n'en était pas de même il y a quelques années, mais avec les prix actuels des produits agricoles, un petit propriétaire ne peut pas vivre.

J'en ai encore eu la preuve l'autre jour. C'était le lendemain du dégel. Il avait « chu de l'ieau » pendant la nuit, comme on dit en Normandie, et la neige était presque fondue. Dans l'après-midi, j'eus la fantaisie d'aller chasser. Je descendis la vallée pendant deux ou trois milles, et puis, attachant mon cheval à un buisson, je me mis à battre les fourrés qui sont sur le bord du *creek*. Il paraît que le froid a fait revenir les poules de Prairie, car en moins de deux heures, mon chien en a fait lever huit ou dix compagnies, et j'ai pu faire une assez jolie chasse. Je me disposais à revenir, quand j'ai vu un homme à cheval qui arrivait sur l'autre rive du ruisseau, dans lequel il y a pas mal d'eau dans ce moment-ci. Il poussait devant lui deux vaches et un veau, et cherchait à les faire passer de mon côté. La première ne fit pas de difficulté. Mais, à peine entrée dans l'eau, la seconde, celle qui avait le veau, parut tout à coup changer d'avis : elle remonta tout à coup sur la berge et partit au galop dans la direction par laquelle elle était venue. Voyant l'embarras de son conducteur, je lui fis signe que je me chargeais de garder celle qui était de mon côté et qu'il pouvait courir après la fugitive.

Quelques minutes se passèrent. Mon tête-à-tête avec

ce quadrupède commençait à se prolonger et je me demandais si je n'allais pas me décider à lui fausser compagnie, quand l'homme reparut sur l'autre rive avec sa vache, qui cette fois se décida, sans trop se faire prier, à passer l'eau. L'homme vint à moi aussitôt :

— *Thank you very much, sir! much obliged* (grand merci)! me dit-il en me saluant.

Cette politesse m'étonna. En Amérique, on se rend parfois service, mais on ne se remercie jamais. A ce moment, un troisième cavalier survint. C'était Sam Bunker, le *herder*, qui rentrait de sa tournée.

— Tiens! dit-il en voyant mon compagnon, le gouverneur! Comment cela va-t-il, gouverneur? Il y a bien un an que je ne vous avais vu! Et la veille femme?

— Merci, Sam, cela va bien! la vieille femme aussi!

Je crus pouvoir interrompre ces touchantes effusions.

— Ah! dis-je à mon tour, vous êtes le père de Sam. Est-ce que vous êtes Américain?

— Non, monsieur : je suis Anglais. Sam est depuis longtemps dans le pays. Il a émigré quand il n'avait que quinze ans. Moi, je n'y suis que depuis trois ans!

— Et qu'est-ce que vous faisiez en Angleterre?

— J'étais garde, monsieur, chez le colonel sir Harry P..., à trente milles de Londres.

— Est-ce que vous ne vous trouviez pas bien chez lui?

— Oh! si, monsieur. J'avais vingt-cinq shillings de gages par semaine, une très jolie maison, autant de lapins que j'en voulais : nous avions une chasse superbe. On a tué jusqu'à six mille faisans dans la saison. Tous les invités de mon maître me donnaient des pourboires. Il y a des années où j'en ai reçu pour plus de cinquante livres!

— Et pourquoi diable êtes-vous venu ici?

— C'est Sam qui m'a décidé à venir le rejoindre :
j'avais quelques économies. Il m'a persuadé de venir
prendre une ferme à Point-of-Rocks.

— Et vous avez réussi?

— Oh, non! Tenez, voilà tout ce qui me reste de
ma ferme et de mes économies : ce sont ces deux vaches.
Elles sont bonnes laitières. M. Raymond les a achetées
pour le *ranch :* je viens les lui amener : il me les paye
50 dollars. Ce n'est pas cher, pour deux vaches et un
veau !

— Et qu'est-ce que vous allez devenir?

— J'entre la semaine prochaine à Sioux-City, dans
une maison de fous. Comme gardien! ajouta-t-il en
me voyant rire. Je tâcherai de gagner un peu d'argent
et puis je retournerai en Angleterre.

Nous cheminâmes pendant quelque temps tous les
trois ensemble. Au moment d'arriver à la maison, je
remarquai la figure affamée du pauvre père Bunker.

— Monsieur Bunker, lui dis-je, restez donc vingt-
quatre heures ici. Vous devez avoir envie de voir votre
fils? Et puis, je crois que mon cuisinier a dû faire deux
ou trois pâtés de poule de Prairie pour notre voyage.
Vous me ferez le plaisir d'en emporter un de ma part
à Mme Bunker.

— Merci bien, monsieur! Merci beaucoup pour ma
femme et pour les petits. Dieu sait qu'il n'y a pas beaucoup à manger à la maison.

Nous étions arrivés.

— Monsieur Bunker, dis-je en descendant de cheval, — il s'était empressé de me tenir l'étrier : jamais
pareille idée ne serait venue à son fils, — monsieur Bunker, permettez-moi une question. Est-ce qu'on vous a
jamais dit que vous aviez été un imbécile de quitter

l'Angleterre pour venir dans ce pays-ci?... (...*You were a fool to come here?*)

— Non, monsieur, m'a répondu M. Bunker en riant beaucoup; on ne me l'a jamais dit, mais je me le suis souvent dit à moi-même !

Avant de retourner chez lui le lendemain, il a pu voir son fils dans l'exercice de ses fonctions les plus délicates. Il y a quelques jours, un des *boys* a trouvé un *brunco*. Le *brunco* est à peu près aux troupeaux de chevaux ce qu'un *maverick* est aux troupeaux de bœufs. C'est un animal d'humeur vagabonde qui, ayant trouvé moyen d'échapper à tous les *round-ups*, ne porte aucune marque et, par conséquent, appartient à qui peut l'attraper. Celui-ci, un assez beau poney de quatre ans, gris de fer, était probablement las de son indépendance, car il s'est laissé lacer et ramener sans trop de difficultés. Mais il semble peu satisfait de son nouveau sort, car depuis qu'il est à l'écurie, il se tient dans un coin de sa stalle, sautant comme une bête fauve sur tous ceux qui veulent s'approcher de lui.

On a commencé son éducation il y a quatre jours, et c'est Sam qui a été chargé de l'initier aux belles manières. J'ai eu la bonne fortune d'assister à cette délicate opération; je fumais un cigare dans la cour, après mon déjeuner, m'amusant à tirer des pigeons au vol à coups de revolver..., ce qui est le sport favori des habitants de Fleur de Lis, et j'ajoute, pour les personnes sensibles, que s'il est un sport auquel la Société protectrice des animaux puisse donner sa pleine et entière approbation, c'est bien celui-là; j'étais donc en train de diminuer ma provision de cartouches, sans augmenter sensiblement les ressources du garde-manger, lorsque j'ai entendu dans l'écurie un tapage épou-

vantable. J'y courus. C'était l'éducation du *brunco* qui
commençait. On l'avait abattu dans sa stalle en lui
entravant les jambes, et malgré une défense héroïque,
on était déjà parvenu à lui passer un mors. Pour la
selle, ce fut encore plus difficile. Cependant on en vint
à bout. On le traîna alors dans la cour, où quelques
coups de *stock whip* le décidèrent à se relever; on lui
mit ensuite un mouchoir sur les yeux. Sam parvint à
sauter sur son dos : puis on retira le mouchoir.

Alors a commencé une scène fantastique. Le cheval
mettait sa tête entre ses deux jambes de devant, réu-
nissait ses quatre pieds et bondissait sur place à une
hauteur prodigieuse : c'est ce qu'on appelle *bucker*.
Cela dura vingt ou vingt-cinq minutes, pendant lesquelles je me félicitais bien sincèrement de n'être pas
à la place de Sam, qui ne faisait cependant pas trop
mauvaise figure. A la fin, le cheval s'arrêta net, et puis
tout à coup partit comme un trait en descendant la
vallée. Deux heures après, il revenait, ayant toujours
Sam sur le dos. Il avait fait ainsi trente ou trente-cinq
kilomètres sans s'arrêter. Le lendemain on a recom-
mencé : le cheval s'est déjà beaucoup moins défendu.
Au bout de trois jours, il était en service. Il est très
certain que M. le vicomte d'Aure, M. le comte de
Brèves et M. Baucher procédaient autrement quand ils
voulaient dresser un cheval. Mais il leur fallait plus de
temps pour y arriver. On peut ajouter qu'ils réussissaient
mieux. Tous les chevaux de ce pays-ci sont domptés;
mais on sent qu'ils ne sont jamais complètement dres-
sés. L'animal qui paraît le plus doux fait tout à coup
une défense folle au moment où l'on s'y attend le
moins. D'ailleurs, en voyant Sam Bunker cramponné
comme un singe sur le dos de son *brunco* et lui enfonçant

dans le ventre les énormes molettes de ses éperons, je me disais que si l'on traitait de la sorte un cheval de sang, il tuerait certainement quelqu'un ou se tuerait lui-même.

Hier au soir, toute la famille Rogers est venue me faire ses adieux. La mère avait arboré pour la circonstance une certaine robe de soie jaune dont j'ai cru devoir lui faire tous mes compliments. Elle m'a confié que c'était un souvenir de ses beaux jours à Shanghay. Sa fille s'était également endimanchée : ce qui ne l'empêchait pas de monter son poney sans selle : suivant son habitude. Le père était vraiment trop sale, aussi je l'ai envoyé dîner à la cuisine; mais j'ai invité ces dames à manger avec nous le dernier dîner de François. Je dois dire qu'il était fort bon. Un potage à la royale a commencé par éveiller l'attention des convives. Elle a été entretenue par des côtelettes d'antilope reposant sur une purée soubise, qu'avait précédée sur la table la célèbre fondue au fromage exécutée d'après la recette des PP. Bénédictins de Belley. Elle a produit son effet ordinaire! Deux poules de Prairie rôties, entourées d'un cordon d'alouettes, ont supporté les derniers assauts. Toutes ces bonnes choses ont été peu appréciées par la mère Rogers, qui n'a presque rien mangé. « Veau qui tette bien ne mange guère! » dit un proverbe de chez nous. En se mettant à table, elle a réclamé une bouteille de whiskey et a allumé un gros cigare; puis elle s'est mise à me raconter ses aventures de Shang-hay et de Hong-kong. Il y avait de quoi faire rougir un gabier de beaupré! A dix heures du soir, elle avait fumé sept ou huit cigares et bu un bon tiers de la bouteille sans avoir l'air de s'en porter plus mal. Elle et sa fille nous ont alors souhaité le bonsoir; elles ont remonté sur leurs poneys et sont parties à fond de train

pour retourner chez elles par une nuit tellement noire
qu'elles ne devaient pas voir la tête de leurs chevaux.

C'est vers midi, ce matin, que je suis parti de Fleur
de Lis. J'avais le cœur un peu gros en quittant tous
ces braves jeunes gens dont je viens de partager la vie
pendant six semaines. Tous les *cow-boys* sont venus
me dire adieu. Sam Bunker est arrivé le premier. Je
lui ai offert sa photographie, que j'avais faite deux ou
trois jours auparavant. Sa petite figure vieillotte, déjà
toute couturée de rides, s'est illuminée.

— *Thank you very much, mister baron!* a-t-il dit.
I will give it to my sunday girl! Je la donnerai à ma
fiancée.

C'est ainsi que j'ai appris que Sam Bunker avait une
fiancée. La malheureuse!

Harvey et les autres se sont contentés de me donner
une vigoureuse poignée de main, sans me renseigner
sur l'état de leur cœur.

— *Hope to see you again, mister baron!*

Les reverrai-je jamais? Cela est bien peu probable,
même si je reviens ici. Le *cow-boy* est un nomade.
Un beau jour, il arrive, s'assoit près du feu de la cuisine, et puis, au bout d'une demi-heure, demande si
l'on peut l'employer. Si la réponse est négative, il sé-
journe un jour ou deux et puis disparaît. Dans le cas
contraire, il reste quelques mois, et puis, un matin, il
vient demander son compte et s'en va, sans donner de
raisons. *I feel lonesome!*

En hiver, beaucoup sont sans place. Ils prennent
pension dans quelque *ranch*, fument et jouent toute
la journée. Quelle triste vie mènent ces pauvres dia-

bles ! Que peuvent-ils devenir quand ils sont vieux ? Et la vieillesse arrive bien vite pour eux. Sam Bunker a vingt-quatre ans : il a l'air d'en avoir dix de plus que son père, qui en a quarante-huit.

M... et Def... doivent venir passer une partie de l'hiver en France. Je leur donne donc rendez-vous à Paris. Raymond et J... m'accompagnent jusqu'à la gare. Le père Shirwood, en vendant ses chevaux, a affirmé que plusieurs qu'il a désignés avaient déjà été attelés. Nous en essayons une paire, qui effectivement ne fait pas trop de difficultés et nous mène comme le vent.

En arrivant à Buffalo-Gap, dont nous n'avons pas eu de nouvelles depuis plusieurs jours, à cause de la neige, nous sommes frappés de l'aspect extraordinaire qu'elle présente. Les rues de cette importante cité ne sont jamais très animées. Mais, aujourd'hui, elles sont presque désertes. Les citoyens proéminents qui en font d'ordinaire l'ornement ne brillent que par leur absence. Nous en apercevons seulement un ou deux qui, debout sur leur porte, regardent d'un œil effaré un groupe de dix ou douze *cow-boys* qui, le winchester en travers de la selle, remontent lentement la première avenue, se dirigeant vers la Prairie. Nous allons à l'hôtel après avoir mis nos chevaux à l'écurie. Là nous retrouvons quelques figures de connaissances; des boutiquiers de la localité : tous colonels, cela va sans dire. Ces messieurs causent entre eux avec beaucoup d'animation. Ils ont l'air très peu rassuré : je demande à l'un d'eux quelle est la cause de toute cette émotion.

— Une affaire bien désagréable, baron ! diablement désagréable ! ajoute-t-il après avoir craché avec une précision merveilleuse dans un crachoir éloigné d'au moins cinq mètres.

— Mais enfin, peut-on savoir?

— Voilà! il y a quatre jours, le M. O. N. a payé ses hommes. Quand ils ont eu leur argent, ils se sont grisés, puis ils ont commencé à faire du tapage.

— Il me semble qu'il n'y a là rien de bien extra-ordinaire.

— Oui, mais attendez! Vers une heure du matin, ils sont montés à cheval pour retourner au *ranch*, et avant de s'en aller, ils ont galopé à travers les rues de la ville, en tirant des coups de revolver dans les fenêtres.

— *Boys must have their fun!* Il faut bien que la jeunesse s'amuse. S'ils ne dépensaient pas leur argent chez vous, je ne sais pas comment vous feriez pour vivre.

— C'est vrai! Seulement, il paraît que deux ou trois citoyens se sont fâchés en voyant casser leurs vitres : ils ont tiré sur deux *boys* qui étaient restés en arrière et les ont tués.

— Oh! oh! voilà qui se gâte. Et qui est-ce qui a fait le coup?

— On ne le sait pas au juste. Sur le moment, on ne s'était aperçu de rien. Ce n'est que le lendemain matin qu'on a trouvé les deux hommes morts. Il y a eu une enquête du *coroner,* qui n'a pas découvert grand'chose. Mais les *boys* sont furieux. Il en vient tous les jours une troupe, pour savoir si l'on a découvert le coupable. Le shérif se garde bien d'arrêter personne. La prison est toute neuve! Si l'on y enfermait, dans ce moment-ci, un prisonnier, on la démolirait pour s'en emparer et le lyncher. D'un autre côté, ils ont dit aujourd'hui que si l'on n'arrêtait personne, ils allaient revenir une de ces nuits, mettraient le feu aux

quatre coins de la ville et scalperaient tout le monde !
Et ils sont bien capables de le faire ! Hier au soir, huit
ou dix personnes sont déjà parties par le train ! C'est
cela qui va donner de la valeur aux terrains ! ajoute
douloureusement mon interlocuteur, qui mâche sa chique avec fureur, signe positif de graves préoccupa-
tions, dans ce pays.

Je lui ai débité les quelques banalités polies que
m'ont semblé comporter les circonstances, et puis je
suis allé vaquer à mes affaires, en recommandant bien
à Raymond de ne pas envoyer un seul *boy* du côté de
Buffalo-Gap tant que l'émotion ne sera pas calmée.
Que les Américains se livrent entre eux au libre jeu de
leurs institutions, ils sauront toujours bien se tirer
d'affaire : mais si des étrangers s'y trouvaient mêlés
en quoi que ce fût, ce sont eux qui payeraient les pots
cassés. Du reste, il est facile de deviner ce qui arrivera.
On finira par mettre en prison quelqu'un ; puis, une
belle nuit, une centaine de *cow-boys* arriveront ; ils
s'empareront de la prison après une résistance simulée
du shérif, et pendront leur homme au poteau du télégraphe le plus voisin. C'est toujours ainsi que les choses
se passent.

Cependant, il me semble que depuis quelque temps
on entend un peu moins parler de *lynchages* qu'autrefois. Cela tient peut-être à ce que les *cities* ayant toutes
à présent des *court houses* et des écoles superbes, on
se met maintenant à construire partout des prisons
très perfectionnées qui rendent plus difficile l'enlève-
ment des prisonniers. Jusqu'à présent, celles de ce
pays-ci se composaient invariablement d'une enceinte
de gros pieux de sapin fermée par une porte de coffre-
fort et entourée d'un chemin de ronde dans lequel

veillait un député-shérif armé jusqu'aux dents. J'ai
visité l'année dernière la prison de Deadwood. Elle était
construite sur ce modèle. Il n'y avait même pas de
plancher. Au moment de ma visite, elle contenait quatorze assassins et un malheureux gamin de douze ans
condamné à six mois de prison pour avoir volé un
mouchoir dans une boutique. Tout ce monde vivait
pêle-mêle, dans un état de saleté épouvantable, sans
même avoir un lit de camp pour se coucher.

La plupart de ces braves gens étaient assurément
bien peu intéressants. Le juge qui m'accompagnait
m'en montra cependant un qui m'inspira une grande
pitié. C'était un Indien, de la tribu des Gros-Ventres.
Il portait le nom un peu compliqué de *Tue son ennemi
pendant la nuit* (Kill his enemy at night). Il jouissait,
paraît-il, d'une honnête aisance, ayant trois femmes et
vingt-sept poneys, ce qui constitue, chez les Gros-
Ventres, une médiocrité dorée. Il montait sur ses poneys
quand il voulait aller à la chasse, battait ses femmes
quand il se sentait les nerfs un peu agacés, se comportait d'ailleurs comme un parfait gentleman Gros-
Ventre et était aussi heureux qu'on peut l'être dans ce
bas monde, lorsqu'un beau jour, ayant sans doute bu
plus de whiskey que de raison avec un ami, ils se prirent
de querelle et il le tua.

Les anciens de la tribu se réunirent : on écouta les
plaintes de la famille du défunt : on entendit la défense
de l'accusé, et, tout bien considéré, il fut décidé que l'affaire pourrait s'arranger moyennant une indemnité de
douze poneys. *Tue son ennemi pendant la nuit* s'exé-
cuta galamment : il paya les douze poneys ; il en vendit même un treizième et en employa le prix à donner
un immense festin auquel furent conviés les parents

de la victime. Tout semblait donc terminé, et *Tue son ennemi pendant la nuit* se considérait, avec raison, comme étant complètement en règle avec la société des Gros-Ventres : la seule probablement dont il se souciât.

Malheureusement pour lui, il avait compté sans une des nombreuses bizarreries des lois américaines. Les shérifs n'ont pas d'appointements réguliers. Ils ont seulement des honoraires. Ainsi l'arrestation d'un criminel leur rapporte une certaine somme : de plus, on leur paye dix sols par mille qu'ils ont fait en poursuivant ledit criminel; mais, chose assez bizarre, les dépenses du retour sont à leur compte. Au point de vue particulier auquel se placent les shérifs, l'art d'arrêter un criminel est donc assez délicat. Si l'arrestation a lieu tout près de la prison, les honoraires ne valent pas le déplacement. Si on l'arrête au loin, on touche d'assez beaux honoraires, mais ils sont mangés par les frais de retour. Le grand art, c'est de suivre le criminel pendant des jours et des semaines, de lui faire faire une immense randonnée, puis de le rabattre du côté de la prison et de ne le mettre en état d'arrestation que devant la porte de cet établissement. A première vue, il semble difficile de remplir ce programme : cependant cela arrive assez souvent, car les criminels, pour peu qu'ils soient insolvables et qu'ils aient l'espoir de se sauver avant le jugement, se prêtent assez volontiers à cette combinaison, à condition d'avoir une part dans les bénéfices.

Pour *Tue son ennemi pendant la nuit,* on eut recours à un autre procédé. Un député-shérif se procura un mandat contre lui, puis il se présenta à son wigwam, lui proposa une partie de chasse, l'entraîna dans une « cité », de celle-là dans une autre, on le fit boire

et finalement, au bout de quelques jours, le malheureux se réveillait dans la prison de Deadwood pendant
que le trésorier du comté réglait la forte note que lui
présentait le député-shérif. Puis il reçut la visite d'un
avocat, qui commença par se faire donner les quatorze
poneys qui lui restaient, à titre de provision. Depuis
ce temps jusqu'au moment où je l'ai vu, c'est-à-dire
pendant deux ans, on ne s'est plus occupé de lui. Mais
le juge qui m'a donné tous ces détails m'a dit qu'un
jour ou l'autre on le pendrait probablement. En attendant, le shérif l'emploie à couper le bois qu'il brûle
dans son poêle. Il faut convenir que ce pauvre diable
doit avoir une bien singulière idée de la justice des
blancs [1].

Mais je me suis laissé entraîner hors de mon sujet.
J'en étais à parler du régime pénitentiaire dans les
Black-Hills.

Je ne sais pas si les choses en sont toujours au même
point à Deadwood; à Rapid-City, on vient d'inaugurer une prison qui me semble bien ingénieuse. On
entre dans une grande pièce haute de six ou sept
mètres, au centre de laquelle un pivot vertical en fer
supporte trois plaques de tôle horizontales, circulaires,
de trois mètres de rayon environ, et éloignées l'une
de l'autre d'à peu près autant. Des cloisons verticales
également en tôle, allant du centre à la circonférence,
forment six cellules à chaque étage. Cela a absolument

---

[1] Si quelque lecteur s'est intéressé aux aventures de l'infortuné
Tue ses ennemis pendant la nuit, il apprendra sans doute avec
plaisir que cet intéressant Gros-Ventre vient d'être relâché. Espérons que ses squaws lui seront restées fidèles. Il aura bien besoin
d'elles pour porter son mobilier lors des déplacements de la tribu,
car il ne lui reste plus un poney. (Décembre 1888.)

l'air des gaveuses Martin qu'on voit au Jardin d'accli-
matation et qui servent à engraisser la volaille. Une
grande cage en fer entoure tout l'appareil, qui est si
bien équilibré qu'un seul homme agissant sur un treuil
peut le mettre en mouvement avec la plus grande facilité. Quand le shérif désire y introduire un nouveau
pensionnaire, il amène une cellule vide en face de la
seule porte qui existe dans la cage, et une fois cette
porte refermée, d'un seul tour de clef il a mis en sûreté
tous ses prisonniers.

L'heure du départ approche. La nuit est déjà tombée; Raymond, J... et moi, nous nous acheminons
lentement vers la gare. Sur le quai, au milieu d'un
groupe, deux colonels quelconques, l'un journaliste,
l'autre épicier, je crois, sont en train de discuter vio-
lemment au sujet des événements qui viennent de se
passer : l'un prend le parti des citoyens, l'autre celui
des *cow-boys*. Bientôt ils en viennent aux gros mots :
damned scoundrel! confounded beggar! Nous les
voyons, la figure éclairée par le gros fanal de la station, le corps penché en avant, la mâchoire frémissante
comme pour mieux mâcher les injures qu'ils se jettent
à la tête. Chacun a la main droite sur son revolver,
qu'on devine caché dans la poche du pantalon par derrière, épiant tous les mouvements de l'adversaire pour
ne pas le laisser tirer le premier : épiés, à leur tour,
par les assistants, qui ne veulent rien perdre de la
scène, mais qui veulent avoir le temps de se mettre à
l'abri si on commence à tirer; car les balles vont droit
devant elles et entrent souvent dans la peau de gens
auxquels elles n'étaient pas destinées.

Je disais tout à l'heure que le lynchage semblait
être un peu en décroissance dans ce pays. Les duels

deviennent aussi très rares, au moins dans les environs.
Dans l'Orégon et dans le Colorado, l'usage s'en est conservé; mais la fantaisie la plus grande préside à leur
organisation. Dernièrement, les journaux ont parlé
d'une de ces affaires. Un certain Hank Vaughan eut une
discussion avec un ami. On jugea que l'affaire comportait une rencontre. Les deux adversaires furent mis en
présence : leurs mains gauches étaient attachées l'une
à l'autre au moyen d'un mouchoir. Chacun avait un
revolver dans sa main droite. A un signal donné, ils
commencèrent à tirer l'un sur l'autre. Quand on les
releva, chacun d'eux avait six balles dans le corps :
mais ce qu'il y a de plus extraordinaire dans l'affaire,
c'est qu'ils n'en moururent pas. Deux mineurs du Montana ont imaginé une autre combinaison pour régler
un différend survenu entre eux. Ils s'assirent sur des
petits barils de poudre dont la bonde était ouverte.
Chacun, armé d'une barre de fer rouge, cherchait à
atteindre la bonde du baril de l'autre. Ils étaient tous
les deux complètement ivres, de sorte qu'ils eurent
quelque peine à réussir. Finalement un des barils
éclata, mettant en bouillie le corps de celui qui était
dessus; mais il survint un incident auquel personne
n'avait apparemment songé. L'explosion se communi-
qua au second baril, de sorte qu'il ne resta plus rien
des deux adversaires.

Nous laissons les colonels s'expliquer et allons nous
promener à l'autre extrémité de la station, où nous
trouvons le P. Mac Glynn, le curé de Rapid, qui a une
si belle pelisse en peau de loup gris que je le prends
tout d'abord pour quelque grand seigneur esquimau
en déplacement. Il a entendu dire qu'un ou deux fer-

miers catholiques viennent de s'établir du côté d'Oel-
richs, à une cinquantaine de milles dans le Sud, et il
va vérifier le fait.

—Moi aussi, je suis en tournée de *round-up!* dit-il
avec son bon rire irlandais.

Tout à coup le train arrive, qui coupe court à la
discussion des colonels comme aux explications du
révérend. Je n'ai que le temps de serrer la main à mes
deux compagnons; le conducteur crie déjà le tradi-
tionnel « *All a board!* » je saute sur la plate-forme
du *car,* et nous nous enfonçons dans l'obscurité qui
couvre la Prairie.

En commençant ce travail, je le dédiais à tous ceux
de mes compatriotes auxquels le dégoût des événements
et la désespérance de l'avenir donnent des idées d'émigration. Autrefois, chez nous, personne ne songeait à
émigrer, parce que tout le monde se trouvait bien chez
soi. En France, il paraît qu'il n'en est plus de même
maintenant, car le nombre est grand de ceux qui veulent
quitter notre pays, et ce nombre augmente tous les jours.
Je parlais de toutes les lettres que je reçois à ce sujet.
Le dossier grossit dans des proportions qui m'effrayent.
Ce ne sont pas les coquins qui veulent partir. Ils n'y
songent pas, car ils n'ont jamais été plus heureux. Ce
sont les autres, qui se voient ruinés et qui sentent que
le temps est passé où il suffisait du travail et de l'hon-
nêteté pour se relever. L'année dernière, un fermier
des environs de Château-Thierry courait après moi
jusqu'à Londres pour me conjurer de lui faciliter les
moyens de passer en Amérique. Cette année, il y a
quelques semaines à peine, je me trouvais au Havre :
j'y ai vu un spectacle navrant. Sur le quai, attendant

leur tour pour embarquer, il y avait soixante-huit
paysans; je causai avec eux. Ils venaient tous du même
canton[1] de la Loire-Inférieure. C'étaient des ouvriers
agricoles ou de petits propriétaires qui ne pouvaient
plus vivre en France. L'un d'eux, qui avait quatre
enfants, avait gagné en moyenne dix sols par jour
pendant les quatre derniers mois! Ils partaient pour le
Canada. *Six cents autres,* du même canton, devaient
les suivre dans le courant de l'été. Nos journaux s'api-
toient toujours sur le sort des malheureux fermiers
irlandais, chassés par des landlords sans entrailles. Ce
qui obligeait ceux-là à quitter leur pays, c'est que là-
bas, aux Indes, il y a des hommes qui peuvent travailler
pour cinq sols par jour, parce que le climat leur permet d'aller tout nus et de vivre d'une poignée de riz, et
que, par conséquent, ils peuvent fournir leurs denrées
à ceux qui en ont besoin, à meilleur marché que tous
ces pauvres diables qui sont des hommes comme nous.

Leur curé les avait accompagnés. C'est lui qui était
chargé d'administrer les fonds mis en commun pour
le voyage, que le gouvernement canadien défrayait
d'ailleurs en partie. Le matin du départ, il leur dit la
messe. J'aurais voulu y aller, je ne le pus malheureusement pas. Une personne de la ville qui y a assisté m'a
conté ce qu'elle a vu. Parmi les émigrants, il y avait
beaucoup de femmes et d'enfants. Il y avait notamment
une pauvre vieille de soixante-seize ans! Tout ce
monde pleurait à chaudes larmes. Le curé, lui-même
très ému, leur adressa quelques paroles. On lui a peut-
être déjà retiré son traitement. En tout cas, le gou-

---

[1] Saint-Mars-la-Jaille. Le même bateau emmenait également
trois ou quatre familles de petits propriétaires de la Vienne, je
crois.

vernement de son pays ne perd pas une occasion de le molester. Le dernier mot qu'il ait dit à tous ces misérables pour lesquels la France républicaine n'a plus de pain a été celui-ci :

« Allez ! mes enfants, puisqu'il le faut ; mais du moins, restez toujours Français et catholiques ! »

Il a dit « Français » avant « catholiques » ! C'était peut-être un lapsus : mais il l'a dit. Je connais d'estimables personnages qui détestent les prêtres parce que, disent-ils, ce sont des hommes qui n'ont pas l'ombre de patrio-tisme : ces mêmes personnages ont envoyé leur sou-scription pour le monument d'un officier déserteur, Armand Carrel, qui a fait le coup de feu contre les troupes françaises en Espagne.

Mais voilà que je m'écarte de mon sujet. Ce que je voulais établir, c'est qu'il y a malheureusement en France, à l'heure qu'il est, un grand nombre de gens, un nombre de gens beaucoup plus grand qu'on ne le croit, qui en sont réduits à songer à l'émigration. Pres-que tous pensent aux États-Unis. Quelles sont leurs chances de réussite ? Voilà la question que je voudrais traiter en quelques mots.

Posons d'abord un principe. Quand un étranger arrive dans un pays, il se trouve ordinairement, à moins de circonstances tout à fait exceptionnelles, dans un état d'infériorité relativement aux gens du pays, parce qu'il ne connaît ni leur langue ni leurs usages et que, à mérite égal, ils aimeront toujours mieux avoir affaire à des compatriotes. Pour compenser cette infériorité, il faut :

Ou bien que l'émigrant ait des aptitudes tout à fait spéciales ; ceux-là se tirent d'affaire partout ; il est inutile de s'occuper d'eux ;

Ou bien qu'il se contente d'un salaire inférieur à celui que reçoivent, dans les pays où il va, les gens qui exercent des professions similaires.

Or, en ce moment, il existe en Amérique une crise terrible sur les salaires, due précisément, en grande partie, au million d'émigrants qui y arrivent chaque année. J'ai vu à Chicago un défilé de trente-cinq mille ouvriers sans travail, presque tous Allemands ou Autrichiens. Il est même bien intéressant de voir une république aux prises avec les problèmes que les organes républicains ont tant reproché aux monarchies de n'avoir pas résolus. A ces ouvriers sans travail et demandant du pain, on a répondu en les mitraillant. La liberté de la presse et la liberté de réunion, ces deux *palladium* — il faudrait peut-être dire *palladia* — de la constitution américaine, ont été aussi maltraitées l'une que l'autre. Sur les sept anarchistes condamnés à mort à la suite des troubles de Chicago, il y en avait un, à la rigueur, qui pouvait être considéré comme convaincu d'avoir jeté une des bombes qui avaient tué des *policemen;* les autres étaient simplement des journalistes ou des orateurs auxquels on reprochait des articles ou des discours incendiaires. Je trouve qu'un journaliste qui excite à brûler un monument est tout aussi coupable que ceux qui suivent ses conseils, et j'estime que si l'un est condamné, l'autre mérite de l'être également comme complice. Mais je ne suis pas Américain, et je ne reproche pas toujours aux autres de ne pas assez respecter les droits primordiaux de l'humanité. La vérité est que si les Américains ont pu, pendant bien longtemps, supporter toutes ces libertés, c'est qu'ils étaient très peu nombreux dans un très grand pays. A mesure que leur population augmente, ils s'aperçoivent qu'ils ont à faire face aux mêmes problèmes que nous. Et ils ne les résolvent certainement pas mieux que nous.

En somme, le marché du travail est presque aussi encombré en Amérique qu'en Europe. Il n'en était pas de même il y a quelques années. Il y a trois ou quatre ans encore, il avait une élasticité extraordinaire. Les grandes industries de l'Est s'arrachaient littéralement les arrivants. Ils prenaient dans les manufactures la place des Américains, qui, eux, allaient défricher les terres de l'Ouest. Ces beaux jours sont finis.

Un émigrant qui ne peut compter que sur son travail a donc bien peu de chance de réussir, au moins pour le moment. Il n'en est pas de même s'il dispose de quelques capitaux et si, sans s'attarder dans l'Est, il pénètre tout de suite dans les régions peu peuplées de l'ouest du Missouri. Les capitaux y sont encore très rares. A la condition d'employer les siens judicieusement, on peut donc espérer tirer un gros revenu de ceux qu'on y apporte. Malheureusement, le nombre des industries y est bien limité. Jusqu'à présent, il n'y a guère que les *ranchs*. Ceux de bestiaux viennent de passer par une crise terrible. Tous ceux qui opéraient avec des capitaux empruntés, et il y en avait beaucoup, ont sombré. Ceux qui ont résisté ont, je crois, un bel avenir devant eux. Nos compatriotes semblent avoir été particulièrement heureux. Dans le Montana et le Dakota, il y avait, à ma connaissance, cinq grands *ranchs* de bestiaux appartenant à des Français. L'un d'eux est en déconfiture, mais c'est parce que son directeur a voulu spéculer; un autre a changé de mains : c'est un Français qui l'a racheté. Les trois autres sont en pleine prospérité.

Les *ranchs* consacrés à l'élevage et à l'importation
des chevaux d'origine française commencent à être
assez nombreux. Le plus important est dans le Colorado. Il a été fondé par MM. Dunham et Studebacker
avec cinquante étalons percherons et trois mille juments
du pays. Ces messieurs vendent à part les meilleurs de
leurs poulains mâles comme étalons de demi-sang.
Pour leurs autres produits, ils ont des marchés passés
avec des compagnies de tramways ou d'omnibus qui les
leur prennent, dit-on, au prix moyen de 125 dollars,
environ 630 francs. La moyenne de l'ensemble doit
probablement se rapprocher de 1,000 francs. Outre
leur élevage, tous ces établissements ont des stations de
vente pour les étalons qu'ils importent chaque année.

Depuis vingt ans, les Américains viennent acheter
dans le Perche nos plus beaux reproducteurs. Jusqu'à
présent, le chiffre de leurs achats a été constamment
en augmentant. Pendant combien de temps cela va-t-il
continuer? Pouvons-nous espérer que cela durera longtemps, ou devons-nous craindre de voir cesser un commerce qui fait la fortune de toute une région? Cette
question offre évidemment le plus haut intérêt : je
voudrais la traiter en quelques mots avant de terminer.

Les Américains sont très satisfaits du résultat que
leur donne cette importation, cela est certain. Mais on
peut objecter qu'ayant maintenant un très grand nombre
de nos meilleurs étalons et de nos plus belles juments,
ils chercheront à produire chez eux le pur sang et que,
s'ils y parviennent, ils se dispenseront naturellement
de revenir chez nous.

J'estime que nous n'avons pas à redouter cette éven-
tualité. Prenez les chevaux européens les plus massifs :
Clydesdales, Shires ou Percherons. Transportez-les en

Amérique. Dès la première génération, leurs produits, même ceux de pur sang, seront déjà plus minces et auront une tendance très marquée à s'affiner de plus en plus. A la troisième ou quatrième génération, le type sera déjà complètement modifié. Du reste, ce phénomène s'observe très nettement même chez l'homme. L'immense majorité des Américains actuels descend de parents irlandais ou allemands établis en Amérique depuis très peu de temps. La population se recrute constamment de nouveaux éléments venant d'Europe. On serait donc autorisé à croire que cette population ne doit pas avoir de type bien caractérisé, ou que, si elle en a un, il doit se rapprocher de celui des peuples dont elle provient. Il suffit de se promener deux heures dans les rues de n'importe quelle ville de l'Est pour se rendre compte que cette opinion est erronée. Probablement sous l'influence d'un climat et d'un sol très secs, il s'est formé, en un temps extrêmement court, une race américaine offrant un type très distinct de celui des Irlandais et des Allemands. Ceux-ci ont généralement une apparence assez massive et notamment des extrémités énormes. Les Américains, au contraire, sont pour la plupart grands, mais très minces. Les femmes ont assez souvent de tout petits pieds. Mais ce qui, chez elles, caractérise surtout le type, c'est une apparence générale très frêle, et notamment le peu de développement de la poitrine et des hanches.

Les Américains qui veulent avoir de gros chevaux seront donc toujours obligés de venir chercher en Europe des reproducteurs. Ceci ne fait pas de doute pour moi. Et ils continueront à venir les demander à la France, parce qu'ils ont reconnu que les chevaux du Clydesdale ne leur donnaient pas d'aussi bons produits.

Ceci posé, on peut se demander quelle importance doit prendre ce commerce dans l'avenir.

Voici, selon moi, la réponse qu'il convient de faire à cette nouvelle question.

C'est surtout dans le bassin du Mississipi que cet élevage s'est développé jusqu'à présent. Ces régions sont peuplées actuellement par trente-cinq millions d'habitants, et cette population, principalement agricole, augmente chaque année, soit par l'émigration, soit par les naissances, de quinze cent mille âmes au moins. Il y a un rapport nécessaire entre le chiffre de la population et celui des chevaux dont elle a besoin. D'ailleurs, les compagnies de tramways et d'omnibus des grandes villes de l'Est commencent, elles aussi, à ne plus vouloir recruter leur cavalerie que de demi-sang percherons qu'elles font venir de l'Illinois. Notre marché va donc toujours s'élargissant.

Un journal très intéressant, le *Live stock journal,* estimait l'autre jour que la consommation annuelle des chevaux de trait aux États-Unis était d'environ seize cent mille chevaux. Il ajoutait que, pour faire face à la production nécessaire, il fallait environ soixante mille étalons.

Je crois que ces chiffres sont beaucoup trop faibles, car les Américains, surtout ceux des villes, usent vite leurs attelages. Rien qu'à Chicago, il faut chaque année trente mille chevaux nouveaux. Mais admettons qu'ils soient exacts. Un étalon ne dure pas en moyenne plus de dix ans. Il en faut donc au moins six mille chaque année. Le Perche en fournit trois mille; le Clydesdale doit en envoyer environ un millier. L'appoint serait composé de demi-sang.

Nous pouvons donc non seulement maintenir notre

exportation, mais nous devons même l'augmenter d'année en année, et cela dans une très notable mesure. Seulement il ne faudrait pas que cette prospérité grisât nos éleveurs... Or, malheureusement, ils me paraissent se lancer dans une voie bien dangereuse, en exagérant leurs prix d'une manière insensée. L'autre jour, au concours de Nogent-le-Rotrou, le même fermier a vendu trois poulains de deux ans 62,000 francs; un autre s'est vanté à moi d'avoir acheté 4,000 francs un poulain à *naître*. L'émulation s'en mêlant, on en a acheté beaucoup dans les mêmes conditions 3,000 et 3,500 francs. C'est de la folie : qu'ils prennent garde que ces folies-là ne profitent à l'élevage anglais!

FIN.

TABLE DES MATIÈRES.

CHAPITRE V.

CHAPITRE VI.

CHAPITRE VII.

FIN DE LA TABLE.

PARIS. — TYPOGRAPHIE DE E. PLON, NOURRIT ET Cie, RUE GARANCIÈRE, 8.

9 782013 675185